中国文化艺术职业教育年度报告

（2022—2023）

全国文化艺术职业教育教学指导委员会 编

清华大学出版社

北京

内 容 简 介

本书是文化和旅游部科技教育司委托课题"文化艺术职业教育发展年度报告（2022—2023）"资助研究成果，涵盖中国文化艺术高等职业教育、中等职业教育两个分报告，以及"三教"改革、产教融合、文化传承、乡村振兴四个专题报告。通过对 2022—2023 年度全国文化艺术职业院校办学情况的全面梳理和办学成效的系统总结，本书客观反映了全国文化艺术职业教育的发展新局面，为新时代文化艺术职业教育的高质量发展提供了理论支撑和路径参考。

本书既可为文化艺术职业教育领域的教育管理者提供决策支持服务，也可作为职业教育研究的参考用书。

本书封面贴有清华大学出版社防伪标签，无标签者不得销售。
版权所有，侵权必究。举报：010-62782989，beiqinquan@tup.tsinghua.edu.cn。

图书在版编目（CIP）数据

中国文化艺术职业教育年度报告. 2022—2023 / 全国文化艺术职业教育教学指导委员会编. -- 北京：清华大学出版社, 2025. 6. -- ISBN 978-7-302-69668-1

Ⅰ. G0

中国国家版本馆 CIP 数据核字第 2025QZ4422 号

责任编辑：鲜岱洲
封面设计：张　庆
责任校对：袁　芳
责任印制：杨　艳

出版发行：清华大学出版社
网　　址：https://www.tup.com.cn,　https://www.wqxuetang.com
地　　址：北京清华大学学研大厦A座　　　邮　编：100084
社 总 机：010-83470000　　　　　　　　 邮　购：010-62786544
投稿与读者服务：010-62776969, c-service@tup.tsinghua.edu.cn
质量反馈：010-62772015, zhiliang@tup.tsinghua.edu.cn
印 装 者：北京联兴盛业印刷股份有限公司
经　　销：全国新华书店
开　　本：185mm×260mm　　印　张：14　　字　数：264千字
版　　次：2025年6月第1版　　　　　　　印　次：2025年6月第1次印刷
定　　价：79.00元

产品编号：112515-01

中国文化艺术职业教育年度报告
（2022—2023）
编委会

主 编

薛 亮 施俊天

副主编

刘秀峰

编 委

毛江栋 黄杭娟 黄珊珊 黄启成
胡 莉 冯 梅 屈洪海 林秀珠

编 者

冯妮婷 胡卓群 蒋曼曼 韩幸娜
张 锋 季青嫒 杨晓浤 罗 妹
王园园 李雨波 胡罗宁

序

　　2022—2023年是全面贯彻党的二十大精神、深入贯彻落实习近平文化思想的开局之年。在我国步入全面建设社会主义现代化国家的关键起步阶段，国家把加快发展现代职业教育摆在突出位置，着力推动构建同市场需求相适应、同产业结构相匹配的现代职业教育体系，促进职业教育与经济社会同步发展。

　　这两年，全国各文化艺术职业院校积极贯彻中共中央办公厅、国务院办公厅《关于推动现代职业教育高质量发展的意见》《关于深化现代职业教育体系建设改革的意见》，认真落实文化和旅游部、教育部《关于促进新时代文化艺术职业教育高质量发展的指导意见》，全面落实"一体两翼五重点"等深化现代职业教育体系建设改革的重点任务，在立德树人根本任务落实、教学关键要素改革创新、专业数字化转型发展、产教融合赋能提升、国际文化交流互鉴等方面加快改革步伐，深化实践探索，着力破解难题，为有效支撑经济文化高质量发展，不断满足人民群众对高品质生活的追求做出了重要贡献，充分彰显了文化艺术职业教育的时代价值与使命担当。

　　在科技革命、数字革命、产业变革加速演进的时代背景下，面对新时代、新征程的使命要求，如何加快构建与中国式现代化相适应的现代文化艺术职业教育体系，如何在智能技术变革浪潮中实现文化艺术职业教育未来范式的创新探索与特色坚守，如何在职业教育新生态、新格局下全面提升文化艺术职业教育的关键办学能力，成为推动文化艺术职业教育高质量发展必须回答的时代课题。

为全面梳理全国文化艺术职业教育发展情况，系统呈现办学特色与办学成效，客观分析存在的挑战与短板，并为新时代艺术职业教育高质量发展提供理论支撑和实践指导，全国文化艺术职业教育教学指导委员会迅速行动，组织力量开展《中国文化艺术职业教育年度报告（2022—2023）》编制工作。

报告分为三个部分：导读、分报告和专题报告。"导读"部分阐述编制背景、研究对象、数据来源等基本情况，提炼发展概况，总结普遍困境与未来展望；"分报告"包括高等职业教育和中等职业教育两个子报告，分别从教育概述、发展状况、挑战分析与发展建议等方面进行全面梳理，其中高等职业教育子报告涵盖职业本科教育层次；"专题报告"从"三教"改革、产教融合、文化传承、乡村振兴等四个维度入手，按照"现状分析—实践成果—未来展望"的层次逻辑进行梳理分析。报告以教育部官网公布的文化艺术类中等职业、高等职业院校的教育质量年报为基础素材，系统梳理各省市发布的项目成果文件，通过数据提取与典型案例筛选，结合深度访谈获取的一手资料，并参照国家"新双高"建设等政策文件要求，对相关结论进行论证与阐释。

本次年度报告的编制工作由文化和旅游部科技教育司全程指导，浙江艺术职业学院牵头完成。报告编写工作得到了全国文化艺术类职业院校的大力支持，尤其是重庆文化艺术职业学院、四川艺术职业学院、山西艺术职业学院、福建艺术职业学院、深圳艺术学校、沈阳师范大学附属艺术学校等院校的领导和专家，对报告编制提供了宝贵意见，确保报告样本充足、体系完整、分析客观、论证深入，系统呈现文化艺术职业教育的质量成效和发展成果。在此一并表示衷心的感谢！

全国文化艺术职业教育教学指导委员会
2025 年 3 月

目 录

第一部分　导读 / 001

第二部分　分报告 / 007

　　分报告 1：中国文化艺术高等职业教育年度报告
　　　　　　（2022—2023 年）/ 009

　　分报告 2：中国文化艺术中等职业教育年度报告
　　　　　　（2022—2023 年）/ 059

第三部分　专题报告 / 099

　　专题报告 1：中国文化艺术职业教育"三教"改革报告
　　　　　　　（2022—2023 年）/ 101

　　专题报告 2：中国文化艺术职业教育产教融合发展报告
　　　　　　　（2022—2023 年）/ 130

　　专题报告 3：中国文化艺术职业教育致力文化传承发展报告
　　　　　　　（2022—2023 年）/ 162

　　专题报告 4：中国文化艺术职业教育助力乡村振兴发展报告
　　　　　　　（2022—2023 年）/ 185

附录 / 207

　　附录一　图索引 / 208
　　附录二　表索引 / 210
　　附录三　案例索引 / 214

第一部分
导　　读

文化艺术职业教育作为我国教育体系的重要组成部分，是培养新时代高技能文化人才队伍的重要载体，长期以来，在培育和践行社会主义核心价值观、繁荣发展中国特色社会主义文化、弘扬和传承中华优秀传统文化、推动文化产业繁荣发展等方面发挥着不可替代的作用。2022—2023年度，在文化强国战略与现代职业教育体系改革的双重驱动下，文化艺术职业教育展现出蓬勃发展的态势，同时也面临着转型升级的深层挑战。本报告基于对全国64所文化艺术类高职院校和253所中职院校的系统调研，通过文献研究、数据分析、案例剖析等方法，全景式呈现文化艺术职业教育发展脉络，凝练实践创新经验，解析现实困境与突破路径，旨在为政策制定者、教育从业者、行业企业及公众提供有益参考，协力推动文化艺术职业教育向更高质量、更深内涵、更强适应性迈进。

全国文化艺术类职业院校结合地域资源优势，形成了"以区域文化特色为根基，以产教融合为导向"的办学模式。艺术设计、表演艺术、民族文化艺术、文化服务等四大类专业均展现出鲜明的特色与培养侧重。师资队伍建设成效显著，"双师型"教师占比大幅提升。根据各院校教育质量年度报告数据统计，2023届文化艺术类高职毕业生总数达12.7624万人，毕业去向落实率达90.11%，在文艺院团、文创企业、文旅场景、公共文化机构等领域持续释放人才红利。

展望未来，报告提出文化艺术职业教育需以系统性思维统筹改革与创新，从以下几个方面着力推进高质量发展。深化教育教学改革，以"三教"（教材、教学、教法）改革为核心，推进"双师型"教师队伍建设，完善校企协同培养机制；加快数字化教材与艺科融合课程开发；推广项目式教学与虚拟仿真实训，推动教学模式向精准化、个性化转型。强化产教融合，以平台建设为支撑，拓展行业产教融合共同体与市域产教联合体功能，优化专业动态调整机制，精准对接国家战略新兴产业和区域支柱产业。厚植文化传承优势，加强非遗传承基地与名家工作室建设，开发地域特色课程，推动传统文化创造性转化；弘扬红色精神伟力，助力时代文化发展。服务乡村振兴战略，增设乡村文化振兴、文旅融合等专业方向，培养"懂艺术、接地气"的乡村人才；推动院校与乡村共建文化服务站、非遗工坊，强化"艺术＋农业""艺术＋旅游"跨界合作，形成可复制的文化艺术赋能乡村模式。完善政策保障体系，出台专项政策支持产教融合平台建设与数字化转型，吸引社会资本参与；健全质量评价体系，将产业适配度、文化贡献度纳入考核指标，构建"政校企行"协同生态，助力职业教育服务国家战略。

本报告包含两个分报告和四个专题报告，内容涵盖中国文化艺术职业教育的总体发展情况、高职教育年度报告、中职教育年度报告，以及"三教"改革、产教融合、文化传承、乡村振兴等领域的实践成果与创新举措。以下对各部分内容作简要介绍。

分报告1：中国文化艺术高等职业教育年度报告（2022—2023年）

报告从全国文化艺术高等职业教育发展概述入手，梳理学校数量及分布、学校专业开设及分布、学校规模及比较和职业本科学校数量及专业开设情况；从人才培养、教学建设与改革、教科研创、服务发展、国际合作和发展保障等六个方面分析文化艺术高等职业院校的发展状况，从办学理念、人才供给、关键办学能力、服务效能、治理瓶颈和国际交流等六个角度找出存在的困境与挑战，构建人才培养"新格局"、铺就高质量就业"新通道"、推进学校教育"新基建"、打造产教融合"新机制"、培育数字化教学"新生态"和书写国际合作"新篇章"，以重构中国式现代化进程下的现代文化艺术职业教育体系。

分报告2：中国文化艺术中等职业教育年度报告（2022—2023年）

报告分析文化艺术职业中等职业教育基本概况，包括学校数量、分布、性质、专业、学生规模等情况。同时从人才培养成果、教学建设改革、课程教学资源、师资队伍建设、实训基地建设、社会服务传承、国际化办学等七大块全面展现文化艺术中职学校教育发展状况。认为当前文化艺术中职学校面临生源萎缩、新艺术高考改革、文化产业变革等外部新挑战、新要求，建议文化艺术中职学校在探索职普融通中更新办学定位，在高质量产教融合中创新办学模式，同时努力寻求外部政策等支持。

专题报告1：中国文化艺术职业教育"三教"改革报告（2022—2023年）

报告对各类别维度文化艺术职业教育"三教"改革成果进行梳理和对比分析，结合数据分析和案例研究，系统呈现了文化艺术高职院校"三教"改革现状和创新路径。报告指出，文化艺术职业教育在加强"双师型"教师队伍建设、开发校企"双元"特色课程教材资源、推动数字赋能教育教学创新等方面取得了显著成效。报告认为，文化艺术职业教育要在深入剖析"三教"改革成效与困境的基础上，主动求变，探索内涵建设与服务能力提升的新路径，实现提质增效目标下的高质量发展。报告对教育强国建设要求下，文化艺术职业教育从"三教"改革到"五金""新基建"的未来发展方向提出了建议：一是把握职教形势，构建新双高背景下的内涵建设新载体；二是强化数智赋能，推进产教融合视域下的艺科融合新变革；三是凝聚特色优势，形成艺术职教领域的创新改革新格局。

专题报告2：中国文化艺术职业教育产教融合发展报告（2022—2023年）

报告从平台、基地、育人三个维度系统总结产教融合实践经验与创新路径。平台建设方面，构建市域联合体、行业共同体、职教集团等多元载体，形成"政行企校"协同发展的立体化平台生态；基地建设方面，推进产业学院、区域实践中心、生产性实训基地等产教融合实体建设，打造"教学—实训—生产"全链条育人场景，增强人才培养适配性；育人模式方面，深化中国特色学徒制与"订单式"培养，强化"艺术+科技"跨界能力培育，构建校企双主体协同育人新范式。针对政策支持不足、企业参与度低、协同机制不畅等问题，提出强化专项政策供给、完善利益共享机制、深化企业办学改革、创新数字技术赋能等对策。

专题报告3：中国文化艺术职业教育致力文化传承发展报告（2022—2023年）

报告从继承中华传统文化、革命文化、社会主义先进文化三个维度，客观、全面展示了全国文化艺术职业教育致力于文化传承方面的发展概况。报告指出，2022—2023年全国文化艺术职业院校通过赓续中华传统文化、承递革命文化精髓、激发先进文化活力等路径守护中华文明根基、弘扬红色精神伟力和助力时代文化发展，并实施构建新时代文化强国人才梯队和推动文化创造性转化、创新性发展等举措，为文化强国战略提供多维度支持。报告针对资源协同不足、产教融合深度不足、创新转化效能有待提高等挑战，提出了构建跨域协同的文化艺术职业教育体系、推动传统艺术与职业教育深度融合等发展对策。

专题报告4：中国文化艺术职业教育助力乡村振兴发展报告（2022—2023年）

报告聚焦2022—2023年文化艺术职业教育助力乡村振兴的实践。各院校在人才培养、文化服务、产业扶持等领域积极作为，专业设置紧密围绕乡村需求，培养大量专业人才；开展丰富多样的文化活动，传承创新乡村文化；助力乡村产业发展，提升竞争力、推动旅游升级。在特色实践中，文旅融合、非遗传承与艺术乡建等方面创新举措频出。同时，积极搭建平台，发挥多元功能，合作成果丰硕。然而，发展中也面临资源整合困难、文化保护与发展失衡、长效机制构建难题等挑战。展望未来，建议构建协同网络、促进文化协同、深化校地共生机制，以"千万工程"为引领，持续助力乡村振兴，推动乡村全面发展。

立时代潮头，担文化使命。本报告以实证精神梳理发展脉络，以发展眼光锚定未来坐标，系统呈现了文化艺术职业教育在守正创新中的实践探索与时代担当。面对文化强国建设的宏伟蓝图，职业教育既是传统技艺薪火相传的守护者，更是数字文明时代文化创新的开拓者。我们期待，这份报告能够为文化艺术职业教育深化产教融合、破解发展瓶颈提供实践借鉴，为构建中国特色现代职业教育体系注入文化动能。愿行业同人携手共进，让文化艺术职业教育成为传承文明根脉、赋能产业升级、服务民族复兴的重要力量，在历史与未来的交汇处，谱写中国式现代化的职业教育华章。

第二部分

分 报 告

分报告1：中国文化艺术高等职业教育年度报告

（2022—2023年）

《国家中长期教育改革和发展规划纲要（2010—2020年）》提出要建立高等学校质量年度报告发布制度，教育部2011年9月下发的《关于推进高等职业教育改革创新引领职业教育科学发展的若干意见》要求各地和各高等职业学校都要建立人才培养质量年度报告发布制度，不断完善人才培养质量监测体系。为贯彻落实党的二十大精神，深刻把握习近平文化思想的核心要义，贯彻中共中央办公厅、国务院办公厅《关于推动现代职业教育高质量发展的意见》《关于深化现代职业教育体系建设改革的意见》，文化和旅游部、教育部《关于促进新时代文化艺术职业教育高质量发展的指导意见》等重要文件精神，全面了解我国文化艺术职业教育2022—2023年度教育概况、发展情况、面临挑战与未来展望，课题组特撰写《中国文化艺术高等职业教育年度报告（2022—2023）》，以供参考和讨论。

一、全国文化艺术高等职业教育概况

根据教育部《职业教育专业目录（2021年）》，高等职业（以下简称高职）教育共设置19个专业大类，文化艺术大类为其中之一，内含艺术设计、表演艺术、民族文化艺术和文化服务4个专业类，共60个专业。开展文化艺术大类专业人才培养的高职教育，统称为"文化艺术高等职业教育"，主要依托三类高职院校实施：一是以戏曲、音乐、舞蹈等多门类表演艺术专业为优势和特色，基本以"艺术职业学院"命名的专科层次高职院校；二是以传统工艺美术、现代艺术设计等为优势和特色，基本以"工艺美术职业学院"命名的专科层次高职院校；三是以文化、影视、演艺、传媒为主要优势和特色的专科层次高职院校，不包括综合性高职院校开设的相关专业。这三类职业院校可统称为"文化艺术高等职业院校"，确定为64所（职业本科将另行说明）。

（一）学校数量及分布

据各校年报数据统计，全国文化艺术高等职业院校确定为64所，在校生总数为446 379人（见表2-1），其中公办学校40所，在校生人数为281 038人；民办学校24所，在校生人数为165 341人；包括中国特色高水平高职学校建设单位1所，为上海工艺美术职业学院，中国特色高水平专业群建设单位3所，分别为湖南工艺美术职业学院（刺绣设计与工艺）、苏州工艺美术职业学院（工艺美术品设计）和浙江艺术职业学院（戏曲表演）。

表2-1 全国文化艺术高等职业院校数量分布统计

区域	所属省（区）市	院校数量/所	在校生人数	占比/%
华东	上海、江苏、浙江、安徽、福建、江西、山东	23	138 370	31
华中	河南、湖北、湖南	8	92 224	21
华北	北京、天津、河北、山西、内蒙古自治区	9	27 965	6
华南	广东、广西壮族自治区、海南	6	61 314	14
西南	重庆、四川、贵州、云南、西藏自治区	12	101 927	23
东北	辽宁、吉林、黑龙江	4	17 886	4
西北	陕西、甘肃、青海、宁夏回族自治区、新疆维吾尔自治区	2	6 693	1

根据教育部数据公报，截至2024年3月1日，全国共有高职（专科）学校1547所，文化艺术高等职业院校所占比重较少，仅为4.14%。从省域数量分布来看，四川省学校最多有6所，而海南、西藏自治区、吉林、甘肃、青海、新疆维吾尔自治区6个省（区）没有专门的艺术类高职院校，具体见表2-2。

表2-2　全国文化艺术高等职业院校省域分布统计

院校数/所	省（区）市分布
1	山西、广西壮族自治区、贵州、辽宁、陕西、宁夏回族自治区
2	上海、浙江、河南、北京、天津、河北、内蒙古自治区、云南
3	安徽、福建、湖北、湖南、重庆、黑龙江
4	江苏、山东
5	江西、广东
6	四川

（二）学校专业开设及分布

文化艺术大类分为艺术设计类、表演艺术类、文化服务类和民族文化艺术类4个专业类，根据全国职业院校专业设置管理与公共信息服务平台，统计开设高职专业类的学校数量（含本科院校中的高职专业）见图2-1至图2-4。

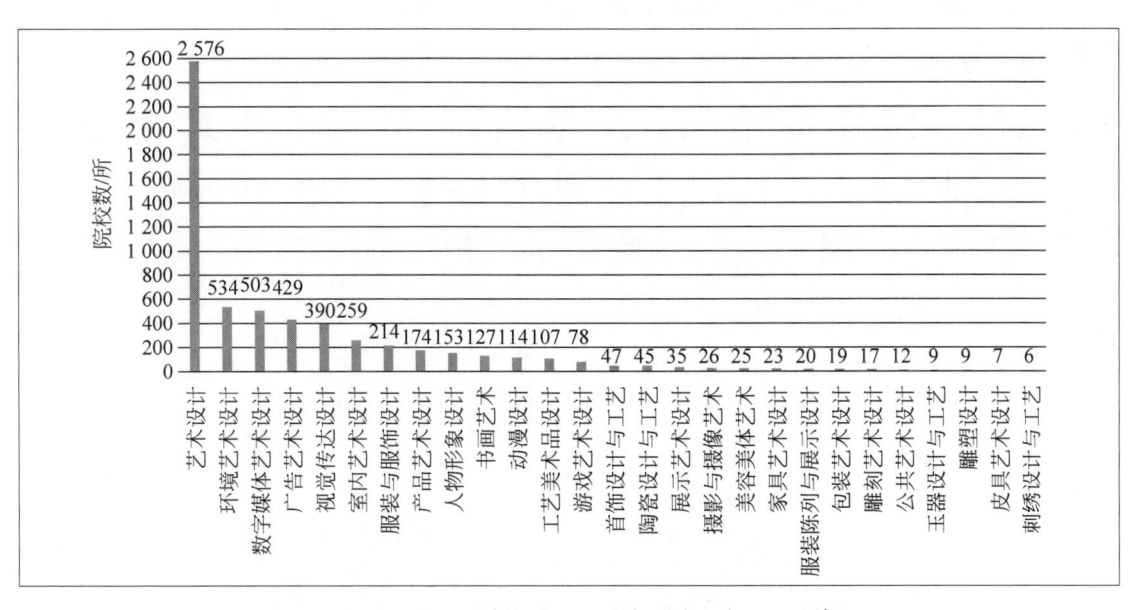

图2-1　全国文化艺术大类——艺术设计类专业开设情况

据图 2-1 可知，艺术设计类专业中艺术设计、环境艺术设计和数字媒体艺术设计专业开设学校较多，超过 500 所学校开设，而玉器设计与工艺、雕塑设计、皮具艺术设计和刺绣设计与工艺开设学校最少，不超过 10 所学校开设。

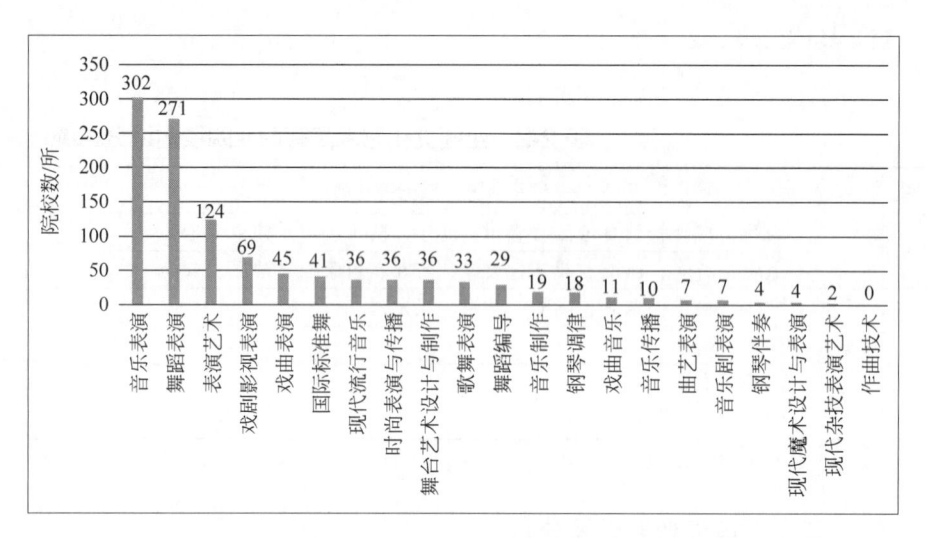

图 2-2　全国文化艺术大类——表演艺术类专业开设情况

据图 2-2 可知，表演艺术类专业中音乐表演、舞蹈表演和表演艺术专业开设学校较多，而钢琴伴奏、现代魔术设计与表演、现代杂技表演艺术专业开设学校最少，作曲技术专业无学校开设。

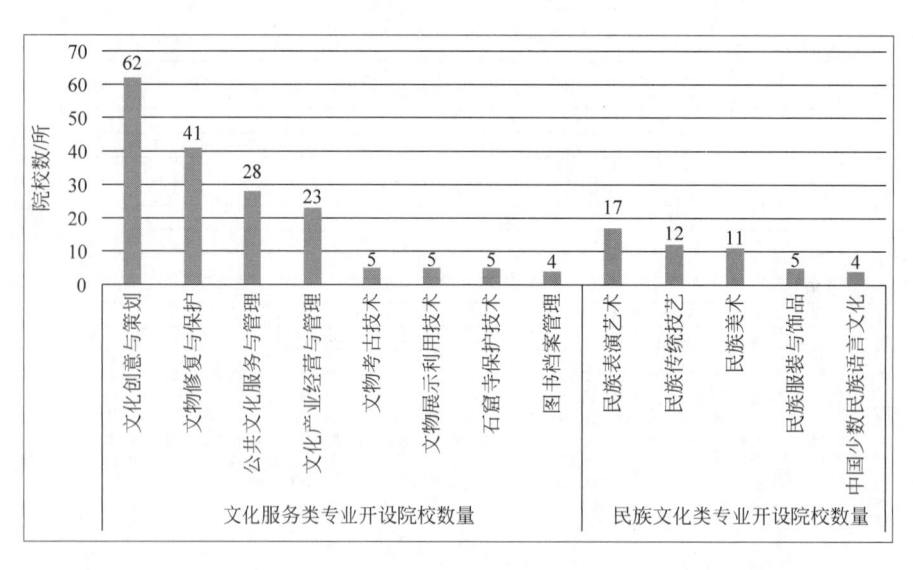

图 2-3　全国文化艺术大类——文化服务类和民族文化艺术类专业开设情况

据图 2-3 可知，民族文化艺术类和文化服务类专业设置数量较少，开设此类专业的学校数量也较少。

可见，在高等职业教育领域，文化艺术涵盖多个专业方向，各专业均展现出鲜明的特色与培养侧重。然而，其发展过程中也面临一项核心挑战，即如何在传承传统文化技艺与创新现代技术手段之间实现动态平衡。

（三）学校学生规模及比较

从学生规模看（见图 2-4），在校生人数 1 所学校超过 2 万人，4 所学校处于 1.5 万人到 2 万人之间，7 所学校处于 1 万人到 1.5 万人之间，30 所学校处于 5 000 人到 1 万人之间，22 所学校处于 5 000 人以下。由图可见，46.88% 的学校在校生规模为 5 000~10 000 人，随着文化强国战略的扎实推进，文化艺术高等职业学校的学生规模将会有一定增长。

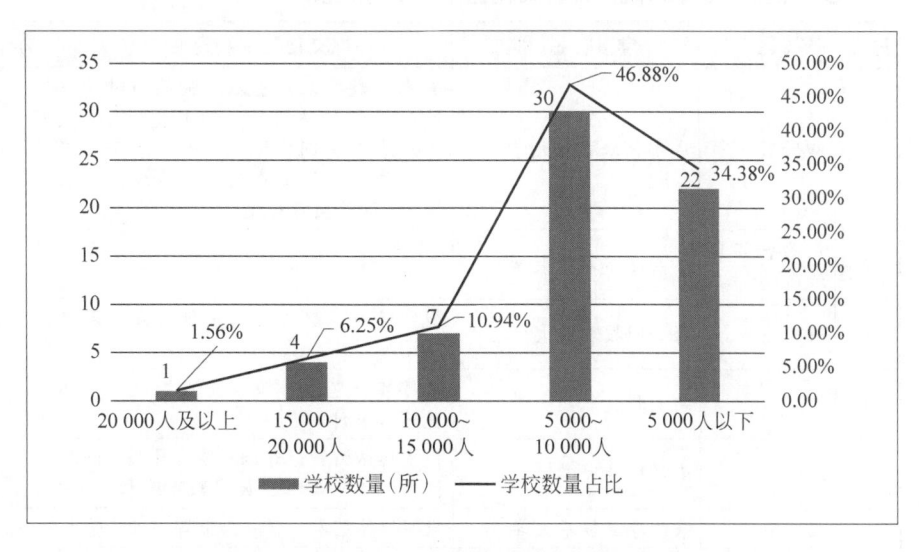

图 2-4 全国文化艺术高等职业院校在校生规模

（四）职业本科学校数量及专业开设

发展职业本科教育具有迫切的国家需求、社会需要和院校意愿，目前职业本科在实践上还处于试点探索阶段。从现有地方实践来看，职业本科教育试点主要有三种模式：一是合办，即优质高职院校与本科院校联合培养本科层次技术技能人才；二是转型，即地方普通本科高校转型培养应用技术人才；三是升格或转设为职业技术大学，即专科层次职业院校通过升格本科或与独立学院合并转设为职业技术大学，独立培养本科层次技术技能人才。

2022年5月，实施的《中华人民共和国职业教育法》规定"高等职业学校教育由专科、本科及以上教育层次的高等职业学校和普通高等学校实施"，"接受高等职业学校教育，学业水平达到国家规定的学位标准的，可以依法申请相应学位"。这标志着职业教育学位制度建设进入法治化阶段，也意味着更加牢固确立了职业教育"同等重要"类型地位，为构建完善中国特色现代职业教育体系奠定了坚实基础。

2019年教育部开展首批民办本科层次职业试点学校，开展本科层次职业教育，在2023年迎来第一届职业本科毕业生。截至2023年年底（以下所有职业本科信息均截至2023年年底），已有33所职业本科院校，对这些学校教育质量年报和官网信息进行统计，筛选出有23所院校开设本科层次的文化艺术类专业，详细情况见表2-3。

表2-3 全国职业本科院校开设文化艺术类专业情况

序号	省（区）市	学校名称	文化艺术类专业	办学性质	批准时间
1	四川省	成都艺术职业大学	美术、数字媒体艺术、服装与服饰设计、视觉传达设计、环境艺术设计、音乐表演（钢琴伴奏）音乐表演（流行唱法、声乐美声唱法、声乐民族唱法）、舞蹈表演与编导	民办	2019年6月
2	广西壮族自治区	广西城市职业大学	工艺美术、环境艺术设计	民办	2019年6月
3	海南省	海南科技职业大学	视觉传达、环境艺术设计、舞蹈表演与编导	民办	2019年6月
4	河南省	河南科技职业大学	数字媒体艺术、服装与服饰设计、环境艺术设计	民办	2019年6月
5	江西省	南昌职业大学	视觉传达设计、音乐表演、舞蹈表演与编导、工艺美术、数字媒体艺术	民办	2019年6月
6	福建省	泉州职业技术大学	数字媒体艺术、服装与服饰、工艺美术	民办	2019年6月
7	山东省	山东外国语职业技术大学	工艺美术、数字媒体艺术	民办	2019年6月
8	山东省	山东外事职业大学	数字媒体艺术、音乐表演、舞蹈表演与编导	民办	2019年6月
9	山东省	山东工程职业技术大学	环境艺术设计、视觉传达设计、数字媒体艺术	民办	2019年6月
10	广东省	广东工商职业技术大学	环境艺术设计、数字媒体艺术	民办	2019年6月
11	广东省	广东科技职业大学	环境艺术设计、数字媒体艺术、音乐表演（音乐学）、音乐表演（声乐）、音乐表演（器乐）	民办	2019年6月
12	陕西省	西安汽车职业大学	环境艺术设计	民办	2019年6月

续表

序号	省（区）市	学 校 名 称	文化艺术类专业	办学性质	批准时间
13	江苏省	南京工业职业技术大学	视觉传达设计、环境艺术设计、数字媒体艺术、产品设计	公办	2020年1月
14	山西省	运城职业技术大学	视觉传达设计	公办	2020年1月
15		山西工程科技职业大学	视觉传达设计、环境艺术设计、舞蹈表演与编导	公办	2020年1月
16	上海市	上海中侨职业技术大学	环境艺术设计、数字媒体艺术、视觉传达设计	民办	2020年1月
17	浙江省	浙江广厦建设职业技术大学	环境艺术设计、数字媒体艺术、工艺美术、产品设计、视觉传达设计	民办	2020年1月
18	湖南省	湖南软件职业技术大学	环境艺术设计	民办	2020年7月
19	江西省	景德镇艺术职业大学	陶瓷艺术设计、雕塑、绘画、环境艺术设计、视觉传达设计、数字媒体艺术、音乐表演	民办	2021年1月
20		河北工业职业技术大学	环境艺术设计	公办	2021年2月
21	河北省	河北科技工程职业技术大学	服装与服饰设计	公办	2021年2月
22	广西壮族自治区	广西农业职业技术大学	美术、视觉传达设计	公办	2021年7月
23	甘肃省	兰州资源环境职业技术大学	视觉传达设计、数字媒体艺术	公办	2021年7月

从办学性质来看，有16所民办和7所公办的职业技术大学开设文化艺术类本科专业，民办院校占多数。

从学校的主要学科门类和专业特色来看，仅有成都艺术职业大学和景德镇艺术职业大学两所高等文化艺术类本科院校，以文化艺术类专业为主；其余以综合类、理工类职业大学为主，非艺术类院校开设文化艺术职业本科专业占多数。

从各校文化艺术类专业数量来看，有5所学校仅1个艺术类专业；5所学校2个艺术类专业；13所学校艺术类专业超过3个。整体来看，各校职业本科文化艺术类专业数量和规模均较小。

据表2-4，从专业省域布局来看，全国有17个省（区）市开设有文化艺术类职业本科专业，其中山东省有3所院校，山西省、江西省、广东省、广西壮族自治区、河北省等地有2所，12个省市均为1所，总体而言艺术类职业本科专业总数仍较少。

表2-4 全国职业本科文化艺术职业院校省域分布统计

院校数/所	省（区）市分布
1	四川省、深圳、海南省、河南省、江苏省、福建省、上海市、浙江省、湖南省、甘肃省、陕西省
2	广西壮族自治区、河北省、江西省、山西省、广东省
3	山东省

2021年教育部公布的《职业教育专业目录》中高等职业教育本科文化艺术大类专业，包括艺术设计类、表演艺术类、文化服务类等三大类，共20个专业，23所院校共涉及9个专业。从专业布点来看（见表2-5），文化艺术大类共有70个布点，其细分专业类的布点情况为：艺术设计类专业57个、表演艺术类专业13个、文化服务类专业0个。整体来看，23所职业本科院校开设有艺术设计类专业，开设学校排名前三的专业为环境艺术设计、数字媒体艺术、视觉传达设计；表演艺术类本科专业主要集中在音乐表演、舞蹈表演与编导。尚没有院校开设文化服务类职业本科专业。

表2-5 全国文化艺术类职业本科专业布点数量   单位：个

专 业 类	专 业	布点数量	总数量
艺术设计类	工艺美术	6	57
	视觉传达设计	12	
	数字媒体艺术	14	
	产品设计	2	
	服装与服饰设计	4	
	环境艺术设计	15	
	美术	4	
	公共艺术设计	0	
	游戏创意设计	0	
	展示艺术设计	0	
	数字影像设计	0	
	时尚品牌设计	0	
表演艺术类	音乐表演	8	13
	舞蹈表演与编导	5	
	戏曲表演	0	
	舞台艺术设计	0	
	戏剧影视表演	0	
文化服务类	文物修复与保护	0	0
	公共文化管理	0	
	文化创意产业管理	0	

二、全国文化艺术高等职业教育发展情况

（一）人才培养

1. 立德树人

1）党建引领

贯彻落实党的二十大精神，深入开展习近平新时代中国特色社会主义思想主题教育，全面贯彻党的教育方针，学思践悟习近平文化思想，落实立德树人根本任务，将党的领导落实到办学治校的全过程。2022年第二批"全国党建工作样板支部"建设单位中，共有10个单位通过验收，第三批"全国党建工作样板支部"培育创建单位新增4个（见表2-6），党对学校工作的全面领导不断加强。

表2-6　全国文化艺术高等职业院校"全国党建工作样板支部"名单

批　　次	学校名称	支部名称
第二批"全国党建工作样板支部"建设单位验收通过名单（2019年12月至2022年6月）	上海工艺美术职业学院	WPP视觉艺术学院教工党支部
	山西艺术职业学院	学生党支部
	江西陶瓷工艺美术职业技术学院	材料与机械工程学院教工党支部
	湖南工艺美术职业学院	湘绣艺术学院刺绣设计与工艺专业教师党支部
	陕西艺术职业学院	影视传媒学院教师党支部
	广东舞蹈戏剧职业学院	艺术设计制作系党支部
	云南文化艺术职业学院	表演艺术学院党支部
	山东传媒职业学院	影视制作系党支部
	湖南大众传媒职业技术学院	视觉艺术学院第一党支部
	四川文化产业职业学院	融媒学院学生党支部
第三批"全国党建工作样板支部"培育创建单位名单（2022年3月至2023年12月）	福建艺术职业学院	舞蹈系党支部
	广东省外语艺术职业学院	外语外贸学院教工党支部
	无锡工艺职业技术学院	陶瓷学院教工党支部
	广东舞蹈戏剧职业学院	基础部（思政部）党支部

聚焦思想建设，增强"四个意识"、坚定"四个自信"、做到"两个维护"。加强组织建设，发挥基层党组织战斗堡垒作用。认真落实"三会一课"制度，开展党员进社区主题党日活动，发挥基层党组织战斗堡垒作

用。广东省外语艺术职业学院坚持聚焦"国家所需、湾区所向"办职业教育，出台党委领导下的校长负责制实施细则，修订党委会议事规则、校长办公会议事规则和"三重一大"决策制度，建立班子碰头会、周安排、深调研等工作机制，一体推进"政治引领、党员先锋、思想领航、铸魂育人、组织锻造、党建榜样"六大工程。

进一步做实做深主题教育调研成果转化运用，深入推进学校党的建设与学校各项工作深度融合，推动学校事业高质量发展。提升党建品牌创建工作质量，促进党建工作和育人工作双融合、双促进、双提升。

> **典型案例 2-1** 党建助力"三全育人"畅通育人"最后一公里"（上海工艺美术职业学院）
>
> 上海工艺美术职业学院视觉艺术学院教工党支部被遴选为第二批"全国党建工作样板支部"建设单位，学院党委坚持把样板支部建在育人一线，通过支部创品牌、党员争标杆，为党建优势转化为人才优势打通"最后一公里"。在三全育人的实践中，支部以"艺术＋思政合体"为课程铸魂，以"岗课赛证协同"为专业赋能，以"场域拓展落地"为师生加分，实现党建与专业建设有机交融，纲举目张，格局一新，师生思想面貌和专业成长不断向上、向好。2022年，样板支部顺利通过验收。

2）"大思政课"建设

讲好"大思政课"是落实立德树人的关键举措。各校全面加强党对思政课建设的领导，推动大中小学思政课教育一体化建设，筑牢育人主阵地。

一是发挥思政课程主渠道育人。高度重视思想政治理论课教学，构建以习近平新时代中国特色社会主义思想为核心内容的课程教材体系，各级领导深入课堂一线授课、听课、巡课。开封市委副书记、市长李湘豫到开封文化艺术职业学院，以《习近平同志在地方工作中的科学思维》为题，讲了一堂生动活泼的思政课，强调习近平新时代中国特色社会主义思想的指导意义。

建强思政理论课教师队伍，选派思政教师参加省内外思政教学能力提升项目，逐步配齐思政理论课专任教师队伍，关注思政课教师教学水平的提升，在切实提高思政课教师队伍教学能力上持续努力，多位教师在第二届、第三届全国高校思想政治理论课教学展示中获奖（见表2-7）。

表2-7　全国高校思想政治理论课教学展示获奖教师名单（第二届、第三届）

课程名称	姓名	工作单位	评审结果	时间
毛泽东思想和中国特色社会主义理论体系概论	李蔓莉	湖南工艺美术职业学院	一等奖	第二届
思想道德与法治	刘程雯	广东省外语艺术职业学院	二等奖	第二届
思想道德与法治	白雪	科尔沁艺术职业学院	一等奖	第三届

深化思政理论课教学改革创新，探索符合艺术院校思政理论课的教学模式，激发学生学习的自主性和创造性，不断增强课程针对性、提高有效性，推动用党的创新理论铸魂育人，引导学生扣好人生的第一粒扣子。

二是开展思政实践活动。 以学生发展为中心组织思政类实践教学比赛，推出一批有示范价值的"大思政课"优质教育教学资源，各高校学生在教育部社科司举办的"大学习领航计划"系列主题活动中取得优异成绩，第六届、第七届全国高校大学生讲思政课公开课展示活动（获奖名单见表2-8）累计培育出《坚定文化自信　勇做时代新人》等14个活动，在全国高校大学生微电影展示活动也有所斩获，有效提升青年学子的理论素养和实践能力，获奖名单见表2-9。

表2-8　全国高校大学生讲思政课公开课展示活动获奖名单（第六届、第七届）

获得奖项	所属学校	作品名称	时间
三等奖	安徽艺术职业学院	青春正当时，青年勇担当	2023年3月
三等奖	江西传媒职业学院	在乡村振兴的赛道上跑出中国梦	2023年3月
三等奖	广西演艺职业学院	"一带一路"大道之行	2023年3月
特等奖	开封文化艺术职业学院	坚定文化自信　勇做时代新人	2023年12月
特等奖	广西演艺职业学院	唱响八桂文化之歌，增强文化自觉自信	2023年12月
一等奖	浙江艺术职业学院	找寻国宝背后的爱国密码	2023年12月
一等奖	江西陶瓷工艺美术职业技术学院	擦亮陶瓷文化名片　奏响文化强国建设强音	2023年12月
一等奖	山东传媒职业学院	牢记初心使命　争做新时代传媒人	2023年12月

续表

获得奖项	所属学校	作品名称	时间
一等奖	湖南艺术职业学院	国之歌·民之魂	2023年12月
一等奖	广东食品药品职业学院 广东省外语艺术职业学院	云山珠水绘新景　绿水青山展新颜	2023年12月
三等奖	广东省外语艺术职业学院	如何理解不断实现人民对美好生活的向往——人民对美好生活的向往就是党的奋斗目标	2023年12月
三等奖	四川文化产业职业学院	传承文化　圆梦三苏	2023年12月
三等奖	成都艺术职业大学	坚定文化自信　做巴蜀文化传承者	2023年12月
三等奖	宁夏艺术职业学院	追寻红色足迹　感悟伟大精神	2023年12月

表2-9　全国高校大学生微电影展示活动获奖作品名单（第六届、第七届）

获得奖项	所属学校	作品名称	时间
特等奖/最佳摄影奖	湖南大众传媒职业技术学院	走在乡间大路上	2023年3月
二等奖	山东传媒职业学院	握手	2023年12月
二等奖	四川文化产业职业学院	绣梦	2023年12月
三等奖	景德镇艺术职业大学	我所追逐的光	2023年12月

　　三是创新课程思政教学方式。强化示范引领、资源共享，提升教师开展课程思政建设能力，推动课程思政高质量建设，提高人才培养质量。2023年由文化和旅游部科技教育司指导，全国文化艺术行指委主办的全国文化艺术职业院校"学习二十大　铸魂育新人"的课程思政展示活动（见表2-10），由北京戏曲艺术职业学院和深圳艺术学校承办，结合文化艺术教育的专业特点，充分展现文化艺术职业教育课程思政育人特色与成果。

表2-10　全国文化艺术职业院校"学习二十大　铸魂育新人"课程思政展示优秀名单

序号	推荐学校	案例名称	评审结果
1	北京戏曲艺术职业学院	民乐重奏《敦煌》	优秀
2	广东文艺职业学院	"筝"嵘岁月鉴初心　薪火相传育新人——古筝重奏《我的祖国》情感演绎	优秀
3	河北艺术职业学院	少儿舞蹈编创	优秀
4	四川艺术职业学院	毕业设计	优秀
5	福建艺术职业学院	儿童画创编	优秀
6	湖南艺术职业学院	感受图学魅力，赓续红色血脉	优秀
7	济南职业学院	商业插画	优秀

3）三全育人

各高校建立健全三全育人工作机制，以培养"德艺双馨"文艺人才为目标，通过全方位、全过程、全员育人，培养学生坚定的理想信念、高尚的道德情操、扎实的专业技能和良好的职业素养，成为适应文化艺术行业发展需求的高素质技能人才。

4）五育并举

各校通过育人与企业用人、能力培育和学历提高、通识教育和第二课堂、专业教育和思想教育的深层次融合，整合学校、企业和社会资源，形成协同育人的合力。学校创新"一站式"学生社区建设模式，强化党建引领，落实立德树人，注重智育转型，创新职教内涵；打造运动社区，培养体育精神；厚植文艺土壤，营造美育氛围；劳育做实求精，劳动促进成长，着力落实"五育"融合，促进学生全面、可持续发展。

2. 贯通培养

一体化贯通是畅通职业学校学生成长通道的重要举措。学校深入开展长学制人才培养模式改革，通过整合不同教育层次和教育资源，实现人才培养的连贯性和系统性。

以高本贯通为例，优质文化艺术类高职院校与本科院校联合举办本科专业，人才培养具体由艺术高职院校实施，高职院校与普通本科院校贯通培养、分段培养等模式，架起职业教育与普通教育之间的"立交桥"，是我国高职院校探索本科层次职业教育的主要形式。通过对相关文化艺术类高职院校官网信息进行检索并统计，到2023年年底，共有15所文化艺术高职院校与本科院校联合举办本科层次文化艺术类19个专业。其中艺术设计类专业开设多样化，视觉传达设计专业联合培养的学校最多；表演艺术类专业主要联合培养音乐表演、舞蹈表演、戏曲表演等本科专业；1所院校联合培养文化服务类专业。以下是几种专本贯通的培养类型。

1）高职与本科院校开展专升本联合培养

部分文化艺术类高职院校以"专升本"形式与本科院校合作举办本科层次职业教育。即本省高职专科院校应届毕业生或本省生源在省外高职专科院校的应届毕业生，通过参加省考试院统一命题考试，达到本省录取分数线，在学生被合作本科院校录取之后，可由其对口合作的高职院校负责具体培养，经双方联合考核合格后获取合作本科院校的本科学历证书与学位证书。

代表性学校如浙江艺术职业学院与浙江音乐学院联合培养越剧音乐本科班。学生通过浙江省统一专升本考试，录取后在浙江艺术职业学院就读越剧音乐专业，修读完成培养方案规定的全部课程，成绩合格，毕业时颁发浙江音乐学院全日制普通本科毕业证书。

2）高职与本科院校开展"3+2"专本贯通培养

高职与本科院校合作的"3+2"类型是指被录取的考生先在专科院校学习3年，完成专科阶段学习，考试成绩合格，符合专科高等教育毕业条件的学生，获得专科毕业证书，在专科毕业当年参加转段考核，考核成功则录取到对口本科院校进行2年全日制学习，完成本科培养方案并通过学位论文答辩后，颁发普通高等学校全日制本科毕业证书及学位证书。

代表性学校如上海电影艺术职业学院与上海体育大学联合培养舞蹈表演专业，学生将经历为期5年的学习，前3年在高职院校打下坚实的专业实践基础，达到本科院校对应课程的转段要求，后2年在本科院校学习，学生达到学校所有课程的要求，将获得由两所院校颁发的专科及本科毕业证书和学位证书。

3）高职与本科院校开展"4+0"联合培养

由高职院校和本科院校共同培养，学生4年主要都在高职院校学习，教学由高职院校和本科院校双方合作完成，毕业后颁发本科院校毕业证书，证书与在本科院校就读的学生一致。

代表性学校如苏州工艺美术职业技术学院与南京艺术学院联合培养项目的工艺美术专业。学生在苏州工艺美术职业技术学院学习，两校共同组织制订人才培养方案，对教学质量进行全程监控。日常教学管理和学生管理工作由苏州工艺美术职业技术学院负责实施。毕业后颁发南京艺术学院毕业证书。符合南京艺术学院所规定的学位申请条例者，获"学士学位证书"。在本科毕业证书上标注"本校与苏州工艺美术职业技术学院联合办学"。

4）高职与本科院校开展"2+2"联合培养

由高职院校和本科院校共同培养，前2年在高职院校学习，后2年在本科院校学习，毕业后拿到本科院校的毕业证书。

代表性学校如浙江艺术职业学院与绍兴文理学院联合培养公共文化专业本科班。学制4年，其中前2年在浙江艺术职业学院学习，后2年在绍兴文理学院学习。学习期满达到绍兴文理学院毕业条件者，颁发绍兴文理学院全日制普通高校本科毕业生证书，符合学士学位授予条件者，授予绍兴文理学院管理学学士学位。

3. 技能成长

2022—2023年，各校持续重视文化艺术高技能人才培养工作，充分发挥技能大赛在促进专业人才培养方面的重要作用，坚持"以赛促学、以赛促教、以赛促改"，建立健全学生技能竞赛遴选体系，将技能大赛的先进理念植入人才培养全过程，将技能大赛的规范要求内化到教育教学全过程，不断提升技能人才培养质量。

一是参加技能大赛。2022年，有21所学校获得全国职业院校技能大赛23个奖项，涵盖艺术专业技能（声乐表演）、服装设计与工艺、虚拟现实设计与制作、珠宝玉石鉴定、导游服务、学前教育专业教育技能和电子产品芯片级检测维修与数据恢复8个赛项，其中江汉艺术职业学院、四川文化产业职业学院均有2个赛项获奖。

2023年，34所学校共获得全国职业院校技能大赛64个奖项，涵盖声乐、器乐表演、珠宝玉石鉴定、数字艺术设计、视觉艺术设计、产品艺术设计、环境艺术设计、服装创意设计与工艺、短视频创作与运营、数字化产品设计与开发、数字艺术设计、融媒体内容策划与制作、数字化产品设计与开发、花艺、健身指导、幼儿教育技能等24个赛项，其中四川文化产业职业学院摘取7个奖项、苏州工艺美术职业技术学院赢得6个奖项、湖南大众传媒职业学院和广东省外语艺术职业学院各获取4个奖项，上海工艺美术职业学院、湖南工艺美术职业学院、江汉艺术职业学院、重庆文化艺术职业学院均有3个赛项获奖。可见，无论是获奖学校、获奖奖项、获奖数量，较2022年均有较高增幅。

二是参加专业赛事。2022—2023年各院校持续强化实践教学与专业展演，积极组织学生参与高规格专业赛事，以赛促教、以赛促学，全面提升教师教学水平与学生专业技能。学生在全国大学生广告艺术大赛、

"外研社·国才杯""理解当代中国"、全国大学生外语能力大赛、未来设计师·全国高校数字艺术设计大赛、中国好创意暨全国数字艺术设计大赛、中华经典诵写讲大赛、"一带一路"暨金砖国家技能发展与技术创新大赛等重大赛事中屡创佳绩。同时，学校在第四届"梨花杯"全国青少年戏曲教育教学成果展示活动（见表2-11）、第八届中国校园戏剧节（见表2-12）、第十四届全国舞蹈展演（见表2-13）、第十三届"桃李杯"全国青少年舞蹈教育教学成果展示活动等国家级艺术展演平台上表现突出，展现了扎实的专业功底与艺术素养。其中，浙江艺术职业学院选送的越剧折子戏《白兔记·回书》和越剧《王熙凤大闹宁国府·泼辣货名闻里外》在"梨花杯"展演中双双荣获优秀表演作品奖，彰显了学校戏曲教育的深厚底蕴与创新实力。该校音乐学院获全国民族器乐展演优秀乐种组合奖，舞蹈学院原创作品《莲鼓越歌行》继第十三届中国舞蹈"荷花奖"后，再次登上第十四届全国舞蹈展演舞台，展现了浙江本土音乐和舞蹈的创造性转化与创新性发展成果。湖南大众传媒职业技术学院戏剧影视表演专业师生创作排演的话剧《侗乡大医》，以全国道德模范提名奖获得者杨文钦、扎西志玛夫妇为原型，将思政教育与艺术创作深度融合，获得业界高度评价，被誉为"医者大爱，艺者匠心"的典范之作。各院校在专业建设与人才培养方面的显著成效，也为全国职业教育高质量发展提供了宝贵经验。

表2-11 第四届"梨花杯"全国青少年戏曲教育教学成果展示活动名单

申报院校	组　别	剧　目	剧　种	备注
北京戏曲艺术职业学院	戏曲表演京昆组	《界牌关》	京剧	优秀
河北艺术职业学院	戏曲表演地方戏	《扈家庄》	河北梆子	优秀
	戏曲表演地方戏	《林冲夜奔》	河北梆子	优秀
	戏曲表演地方戏	《时迁盗甲》	河北梆子	
山西艺术职业学院	戏曲表演地方戏	《杀驿》	晋剧（山西梆子）	
	戏曲表演地方戏	《凤台关》	晋剧（山西梆子）	
沈阳师范大学戏剧艺术学院	戏曲表演京昆组	《红桃山》	京剧	
浙江艺术职业学院	戏曲表演地方戏	《北地王·哭祖庙》	越剧	
	戏曲表演地方戏	《梁祝·回十八》	越剧	
	戏曲表演地方戏	《白兔记·回书》	越剧	优秀
	戏曲表演地方戏	《蝴蝶梦·劈棺》	越剧	

续表

申报院校	组别	剧目	剧种	备注
浙江艺术职业学院	戏曲器乐演奏	《王熙凤大闹宁国府·泼辣货名闻里外》	越剧	优秀
安徽黄梅戏艺术职业学院	戏曲表演地方戏	《八大锤》	黄梅戏	
	戏曲表演地方戏	《白蛇传——断桥》	黄梅戏	
江西艺术职业学院	戏曲表演地方戏	《定天山》	赣剧	
河南艺术职业学院	戏曲表演京昆组	《三岔口》	京剧	
	戏曲表演地方戏	《五世请缨·出征》	豫剧	
湖北艺术职业学院	戏曲表演地方戏	《泗州城》	汉剧	优秀
	戏曲器乐演奏	《三打金枝》选段	楚剧	
广东舞蹈戏剧职业学院	戏曲表演地方戏	《火凤凰》	粤剧	
	戏曲表演地方戏	《林冲夜奔》	粤剧	
	戏曲器乐演奏	《罪子腔》《琵琶上路》选段	粤剧	
四川艺术职业学院	戏曲表演地方戏	《思凡》	川剧	
	戏曲表演地方戏	《归舟》	川剧	
	戏曲表演地方戏	《六月雪》	川剧	
云南文化艺术职业学院	戏曲表演地方戏	《老海休妻》	云南花灯	
陕西艺术职业学院	戏曲表演地方戏	《吕布试马》	秦腔	优秀
	戏曲表演地方戏	《失子惊疯》	秦腔	优秀
	戏曲表演地方戏	《太庙请罪》	秦腔	优秀
	戏曲器乐演奏	《结底》	秦腔	

表 2-12 第八届中国校园戏剧节入选名单

展演院校	演出剧目
河南艺术职业学院	豫剧《俄狄王》
湖南大众传媒职业技术学院	话剧《侗乡大医》
浙江艺术职业学院	越剧《北地王·哭祖庙》

表 2-13 第十四届全国舞蹈展演参演作品名单

作品类型	作品名称	创作演出单位	申报单位
群舞	《山河引》	湖北艺术职业学院 湖北青年实验舞团	湖北省文化和旅游厅
群舞	《那一抹绿》	宁夏艺术职业学院	宁夏回族自治区文化和旅游厅
群舞	《花季》	黑龙江艺术职业学院	黑龙江省文化和旅游厅

续表

作品类型	作品名称	创作演出单位	申报单位
群舞	《柔情似水》	四川艺术职业学院	四川省文化和旅游厅
群舞	《莲鼓越歌行》	浙江艺术职业学院	浙江省文化和旅游厅
群舞	《喜雨》	陕西艺术职业学院	陕西省文化和旅游厅

三是构建岗课赛证融通，推进"1+X"证书制度工作。立足发展型、复合型、创新型高技能人才的培养需求，按照岗位标准、工作内容，完善培养规格，探索课证融通路径，锻造高技能文化艺术人才。

4. 就业质量

党的二十大科学把握就业形势新变化，顺应人民群众新期待，着眼扎实推进高质量发展和全体人民共同富裕，做出了促进高质量充分就业的重大部署。在宏观层面，高质量充分就业主要包括就业机会充分、就业环境公平、就业结构优化、人岗匹配高效、劳动关系和谐等；在微观层面，高质量充分就业主要表现为劳动者不仅有活干，而且工作稳定、收入合理、保障可靠、职业安全等。

总的来讲，文化艺术类高职毕业生就业落实情况较为理想，毕业去向落实率高于高职院校平均水平。目前文化艺术类高职毕业生就业集中在艺术培训等传统行业，行业特点决定其职业稳定性不够高，灵活就业成为文化艺术类高职毕业生就业的主要选择，同时很多毕业生为了职业发展空间考虑，与小城镇相对狭窄的文化艺术就业市场相比，宁愿到大城市成为"漂流族"，而不愿到中小城市就业，对薪酬待遇期望值较高。

文化艺术类高职院校高度重视就业工作，探索"学校—企业"双平台就业实习基地建设，构建"现代学徒制""产教融合共同体"等校企融通合作平台，积极发挥文化艺术行业辐射服务功能，深度挖掘学校、企业和地方的就业创业资源，努力成为培养文化艺术行业基层骨干、自主创业人才的重要基地。积极推进创新创业教育与专业教育的深度融合，浓厚创新创业氛围，增强学生的创新精神、创业意识和创新创业能力。学生在"互联网+"等各级各类创新创业大赛中获奖，展现出较强的创新实践能力。部分项目实现了成果转化，多个项目在校园创意街区落地，取得了一定的经济效益和社会效益。专创融合提升了学生的就业竞争力，促进了学生高质量就业。

> **典型案例 2-2** 数字化手段助力非遗文化传承，以赛促教赛教融合推动双创提质（苏州工艺美术职业技术学院）
>
> 苏州工艺美术职业技术学院数字艺术学院师生"吴地拾遗——非遗文化研发活化传播平台的开拓者"项目是一项汇集传统技艺保护、传播与展示的综合性解决方案。项目团队成员主要来自互动设计专业，他们充分运用所学专业和掌握的互动技术，集审美、文化、技术、人类科学等学科知识于一体，采取"科技＋文化""数字＋非遗"的互动体验方式，对非遗传统手工艺进行数字化保护，着力解决非遗技艺覆盖范围与传播力度不足的问题。该项目在"挑战杯"中国大学生创业计划全国总决赛中获金奖，团队研发的桃花坞系列产品、古琴互动展示墙、"干将莫邪剑"等产品的成功吸引了文化界的诸多关注和社会的认可。目前该项目已与多位非遗传承人、博物馆、非遗保护基地达成合作意向，对宣传、保护和传承吴地非遗文化具有重要的现实意义。

通过各校质量年报的数据统计，梳理出 2022—2023 年相关就业情况。

1）2023 年文化艺术类高职毕业生规模

毕业生总体规模：2023 年高职毕业生人数 553.29 万人，2023 年文化艺术类高职毕业生总数为 12.762 4 万人，占高职毕业生总人数的 2.3%。2023 年文化艺术类高职毕业生去向落实总人数为 11.499 8 万人，毕业去向落实率为 90.11%。

毕业生人数分布：62 所（2 所院校数据缺失）文化艺术类高职院校中，文化艺术类高职毕业生人数排名前三的是广东省外语艺术职业学院、河南艺术职业学院、开封文化艺术职业学院，分别为 6 798 人、6 260 人、5 079 人（见表 2-14），据图 2-5 可知，24% 的高校毕业生人数在 1 000 人以下，56% 的高校毕业生人数集中在 1 000~3 000 人，6% 的高校毕业生人数在 4 000 人以上。可见，与公办综合类艺术高职院校毕业生规模相比，学科、专业相对单一的高职类艺术院校的毕业生规模相对较小。

表2-14 2023年文化艺术类高职毕业生人数排名

学　　校	毕业生人数/人	排名
广东省外语艺术职业学院	6 798	1
河南艺术职业学院	6 260	2
开封文化艺术职业学院	5 079	3
四川文化传媒职业学院	4 944	4
江西陶瓷工艺美术职业技术学院	4 530	5
广西演艺职业学院	3 969	6
湖南大众传媒职业技术学院	3 761	7
山东传媒职业学院	3 558	8
浙江横店影视职业学院	3 344	9
四川文化产业职业学院	3 342	10

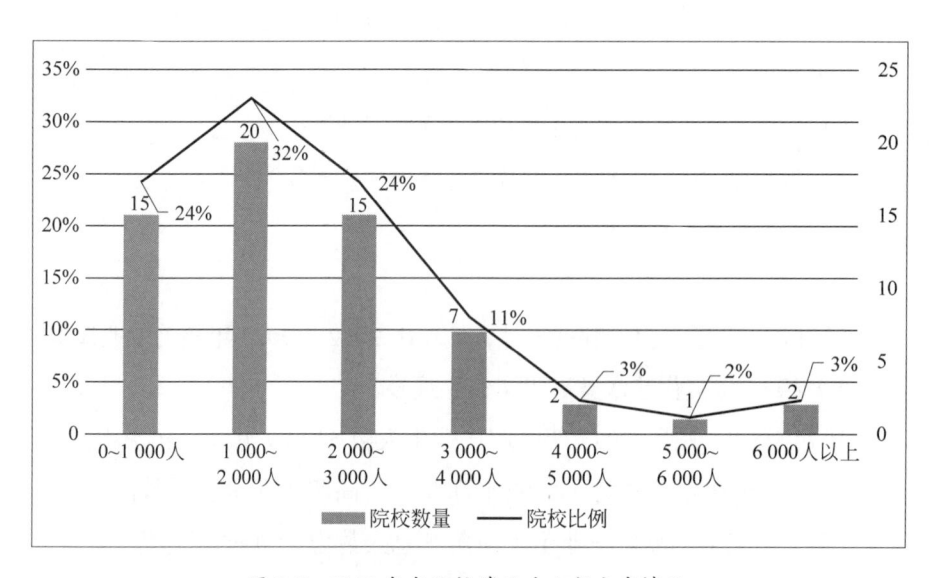

图2-5 2023年各院校毕业生人数分布情况

2）2023年文化艺术类高职毕业生去向落实率

毕业生去向落实率是反映大学生就业情况和社会对学校毕业生需求程度的重要指标和参考依据。2023年文化艺术类高职院校毕业生总体毕业去向落实率为90.11%，而2023年高职毕业生去向落实率为88.59%，文化艺术类高职毕业生去向落实率高于整体高职毕业生。根据63所院校质量年报数据统计（见图2-6），有9.52%的院校毕业生去向落实率为100%，82.5%的院校毕业生去向落实率在90%以上。

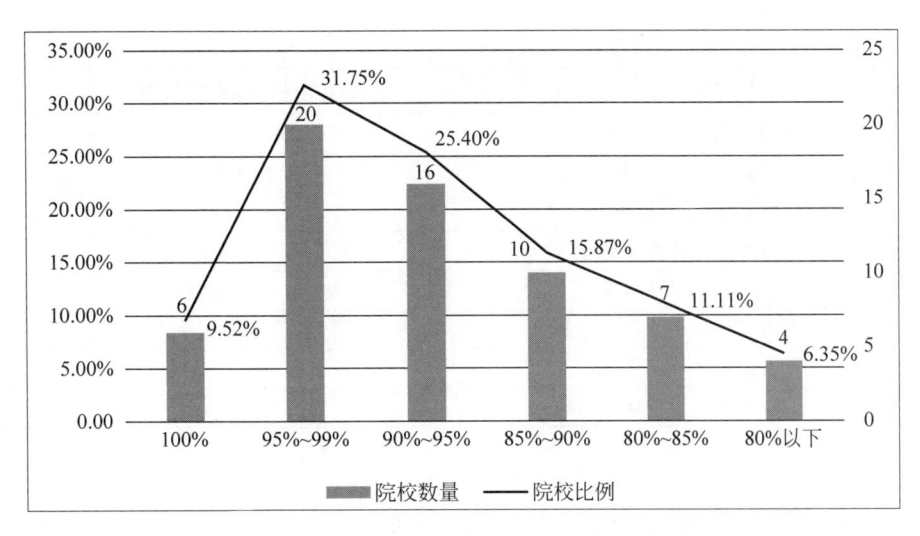

图 2-6　2023 年文化艺术类高职毕业生去向落实率

> **典型案例 2-3**　拓展学生实习就业渠道（山西艺术职业学院）
>
> 　　山西艺术职业学院党委高度重视学生就业，与企业代表进行了座谈会，持续关注旅游大厦平台及文旅企业发展，加强校企合作、做好产教融合，为经济社会发展需要进行定制化人才培养。通过多层次、多形式、多领域的合作，实现互利双赢。文旅企业表示愿意同山西艺术职业学院在人才招聘、人才培养等方面形成良性互动。旅游大厦平台将整合行业资源，根据市场需求搭建平台，拓展院校学生实习就业渠道，为山西文旅产业发展不断添砖加瓦。

3）2023 年文化艺术类高职毕业生就业结构

本省就业流向：2023 年文化艺术类高职毕业生本省去向落实率平均值为 76.54%，文化艺术类高职毕业生有很大部分选择服务地方经济发展。本省毕业生去向落实率（见表 2-15）前十高校中广东有 3 所、山东有 3 所、宁夏有 1 所、浙江有 1 所、河南有 1 所、江苏有 1 所。

表 2-15　2023 年文化艺术类高职毕业生本省去向落实率

学　　校	本省毕业生去向落实率 /%	排名
珠海艺术职业学院	93.84	1
广东省外语艺术职业学院	93.5	2

续表

学　　校	本省毕业生去向落实率 /%	排名
烟台文化旅游职业学院	93.46	3
河南艺术职业学院	93.32	4
宁夏艺术职业学院	93.00	5
山东艺术设计职业学院	92.52	6
广东文艺职业学院	92.43	7
南充电影工业职业学院	92.31	8
山东传媒职业学院	91.32	9
浙江横店影视职业学院	90.68	10

面向三次产业就业学校分布：2023 年文化艺术类高职院校中，落实就业的毕业生 100% 面向三次产业就业的有 6 所学校（见表 2-16）。

表 2-16　2023 年文化艺术类高职毕业生面向三次产业就业的院校分布（前十）

学　　校	去向落实人数 / 人	面向三次产业就业人数 / 人	比例 /%
河北艺术职业学院	1 504	1 504	100.00
泉州工艺美术职业学院	2 014	2 014	100.00
江西陶瓷工艺美术职业技术学院	3 992	3 992	100.00
珠海艺术职业学院	1 203	1 203	100.00
四川国际标榜职业学院	2 146	2 146	100.00
宁夏艺术职业学院	342	342	100.00
昆明艺术职业学院	758	756	99.74
浙江横店影视职业学院	3 283	3 211	97.81
山东文化产业职业学院	2 021	1 963	97.13
辽宁广告职业学院	2 877	2 744	95.38

就业单位分布：2023 年文化艺术类高职毕业生到中小微企业就业人数为 74 020 人，占总体就业人数的 64.36%，从数据可以看，大部分毕业生选择到中小微企业基层就业，符合高职艺术院校人才培养目标。据麦可思就业蓝皮书统计，高职院校毕业生在中小微企业就业的比例稳步提升。可见，文化艺术类高职毕业生的就业单位类型流向与高职毕业生的就业单位类型流向是吻合的。

4）2023 年文化艺术类高职毕业生就业质量

2023 年文化艺术类高职毕业生就业满意度：本部分样本较少，从现有数据来看（见表 2-17），文化艺术类高职院校毕业生满意度 94.03%，普遍高于在校生满意度（73.92%）。据麦可思就业蓝皮书统计，2023 年高职毕业生就业满意度为 78%。可见，文化艺术类高职院校毕业生满意度普遍高于高职院校满意度平均水平。以上数据表明，文化艺术类高职院校能够符合毕业生就业需求。

表 2-17　2023 年文化艺术类高职毕业生就业满意度

学　　校	毕业生满意度 /%	应届毕业生满意度 /%	毕业 3 年内毕业生满意度 /%
北京艺术传媒职业学院	100	100	100
重庆艺术工程职业学院	98.09	98.28	98.13
上海工艺美术职业学院	98.04	98.13	97.94
山东传媒职业学院	97.27	97.19	97.35
广东省外语艺术职业学院	94.24	91.15	97.19
黑龙江三江美术职业学院	97.5	98	97
湖南大众传媒职业技术学院	95	95	96.5
湖南工艺美术职业学院	96.61	97.77	95.45
江西泰豪动漫职业学院	96.13	96.94	95.31
上海电影艺术职业学院	95.08	95.16	95.01
湖南艺术职业学院	95	95	95
浙江艺术职业学院	93.26	95.54	94.38
广西演艺职业学院	93.06	93.12	93.01
江西传媒职业学院	92.15	92.78	91.48
昆明艺术职业学院	87	85.2	86.7
江西陶瓷工艺美术职业技术学院	87.61	87.61	85.97
江西艺术职业学院	91.5	98	85
南昌影视传播职业学院	85	91	80

2023 年文化艺术类高职毕业生月收入：根据 61 所学校质量年报计分卡数据显示，2023 年文化艺术类高职毕业生月收入平均水平为 4 029 元，低于 2023 年高职毕业生平均月收入（4 683 元）。由图 2-7 可知，52.46% 的院校毕业生平均月收入在 4 000 元以上，45.54% 的院校毕业生平均月收

入在 4 000 元以下，低于文化艺术类高职毕业生平均水平。有 70.5% 的院校毕业生平均月收入低于同期城镇居民的月人均可支配收入（4 318 元）。

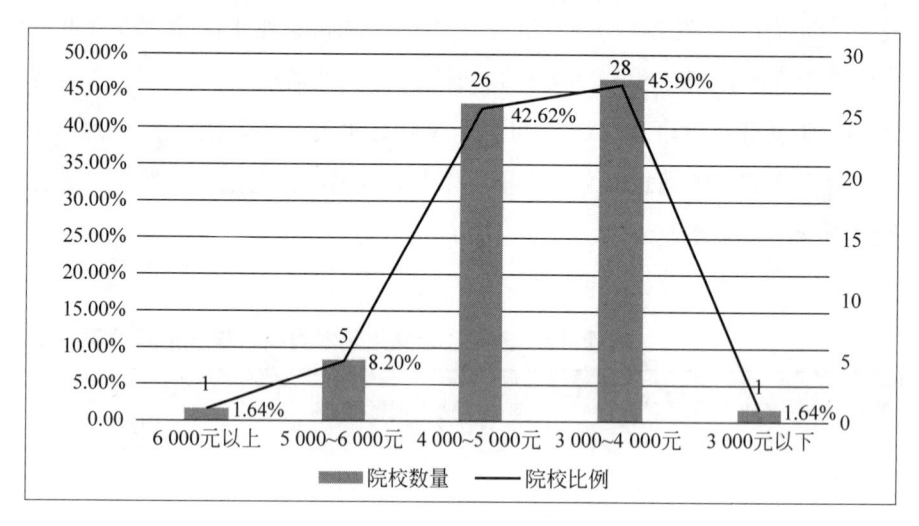

图 2-7　2023 年文化艺术类高职毕业生平均月收入占比分布

2023 年文化艺术类高职毕业生专升本：2023 年文化艺术类高职毕业生专升本人数为 21 340 人，专升本占比前十见表 2-18，专升本平均比例为 17.26%，低于高职毕业生总体专升本比例（20.7%）。随着高等职业教育发展一些普通本科院校停止专升本招生，升入职业本科逐渐成为高等职业教育新的趋势。对于具有鲜明办学特色和较高培养质量的文化艺术类高职院校而言，升格为职业本科院校将成为高质量发展的努力方向。

表 2-18　2023 年文化艺术类高职毕业生专升本占比分布（前十）

学　　校	毕业生人数 / 人	专升本人数 / 人	专升本占比 /%
北京戏曲艺术职业学院	291	114	39.18
上海工艺美术职业学院	1 410	532	37.73
山西艺术职业学院	1 551	537	34.62
重庆文化艺术职业学院	1 947	654	33.59
苏州工艺美术职业技术学院	1 699	563	33.14
福建艺术职业学院	1 465	447	30.51
陕西艺术职业学院	1 337	407	30.46
江西艺术职业学院	1 208	361	29.88
山东传媒职业学院	3 558	1 020	28.67
上海电影艺术职业学院	753	212	28.15

2023年文化艺术类高职毕业生自主创业：2023年高职毕业生自主创业率总体水平为3.8%，64所文化艺术类高职院校中有5所毕业生自主创业率高于这一总体水平（3.8%）（见表2-19）。

表2-19　2023年文化艺术类高职毕业生自主创业高于总体水平院校分布

学　　校	自主创业率/%
黑龙江三江美术职业学院	12.91
泉州工艺美术职业学院	11.8
广东省外语艺术职业学院	5.0
福建艺术职业学院	4.37
山东艺术设计职业学院	4.07

5）2023年文化艺术类高职毕业生服务贡献度

面向三次产业就业：2023年文化艺术类高职毕业生面向三次产业就业人数为92 465人，占整体毕业去向落实人数的80.40%，其中面向第一产业就业人数为3 178人，面向第二产业就业人数为11 324人，面向第三产业就业人数为76 064人，占比分别为3.4%、12.25%、84.08%。这说明文化艺术类高职院校为国家三次产业增长提供了有力的人才支持，文化艺术类高职毕业生成为推动国家第三产业发展的重要主力军。

选择到西部和东北地区就业：落实就业的114 988名毕业生中，选择留在当地就业有44 566人，选择到西部和东北地区就业24 623人，占落实毕业去向人数的21.41%。院校自身所处区域不在西部和东北地区，但毕业生到西部和东北地区就业的前十名院校见表2-20。

表2-20　2023年文化艺术类高职毕业生选择到西部和东北地区就业分布前十名院校

学　　校	去向落实人数/人	A类：留在当地就业/人	B类：到西部和东北地区就业/人	B类所占比例/%
北京戏曲艺术职业学院	4 670	169	38	14.45
上海工艺美术职业学院	3 991	432	116	13.60
北京艺术传媒职业学院	3 859	31	6	11.76
天津工艺美术职业学院	3 563	171	46	10.55
江汉艺术职业学院	3 067	0	246	9.41

续表

学　校	去向落实人数/人	A类：留在当地就业/人	B类：到西部和东北地区就业/人	B类所占比例/%
天津艺术职业学院	3 016	228	51	8.44
湖南工艺美术职业学院	2 849	1 094	123	6.51
南昌影视传播职业学院	2 613	106	13	6.16
河北工艺美术职业学院	2 443	990	82	5.64
湖南大众传媒职业技术学院	2 155	2 024	143	5.02

6）2023年文化艺术类职业本科毕业生就业情况

23所职业本科院校中，有13所为2019年6月正式批准，2023年有第一批本科毕业生。据各校质量年报统计，职业本科生就业率在90%以上，就业落实率普遍在83%以上，毕业生就业情况整体较好。海南科技职业大学视觉传达设计专业就业率为92.62%，艺术设计和环境艺术设计专业就业率为100.00%。各院校年报显示，多数学校通过与企业合作、就业指导服务等方式，有效地提升了毕业生的就业率。同时，许多毕业生选择留在本省或本地就业，且部分毕业生能够在与专业相关度较高的行业找到工作，就业满意度较高，显示出学校人才培养与地方产业需求的较高契合度。

通过数据分析可知，学生在就业过程中，能够将所学的传统文化知识、技能技艺与现代艺术理念相结合，为社会提供丰富多样的文化产品和文化服务，满足人民日益增长的精神文化需求，提升社会整体文化氛围和民众的文化素养，促进社会文化、国际文化交流合作，在传承弘扬优秀传统文化中助推文化创新发展。

随着文化产业和数字经济的迅速发展，文化艺术高等职业教育对影视、音乐、动漫、游戏、演艺、设计相关专业新兴产业的技能型人才培养打破了传统产业边界，为经济发展注入了新的活力，催生了一系列新的职业，拓展了新的就业领域，形成就业与经济增长的良性循环，文化艺术高等职业教育成为新型就业岗位的"孵化器"和"蓄水池"。

（二）教学建设与改革

积极落实《国家职业教育改革实施方案》和《职业教育提质培优行动

计划（2020—2023年）》文件精神，注重内涵发展，以高水平专业群建设为抓手，围绕专业结构优化调整，打好教育教学改革"组合拳"，使专业内涵建设不断优化，专业建设水平与人才培养质量不断提升，推进学校高质量发展。

1. 专业建设

一是专业设置与调整。专业建设对接产业的适应性发展，是职业教育与产业协同共进的核心命题。随着文化产业的蓬勃兴起和快速变革，学校依据当地文化产业特色和发展趋势来规划专业布局，优化专业设置，以更好地契合产业需求，为文化艺术产业输送高质量专业人才，推动产业发展。

各院校围绕社会需求、行业产业需求、专业布局（定位）、专业建设、师资队伍、教学质量、资源支撑、人才培养质量等进行常态化的专业自我诊断与改进，在促进校内专业相互学习交流、良性竞争的同时，推动专业建设与市场需求对接、与产业发展趋势对接、与学生成长成才对接，切实提高人才培养质量和社会服务能力，实现专业发展与社会需求的同频共振。四川文化产业职业学院出台《专业（群）建设与管理办法》，建立专业群分类建设和动态调整机制，淘汰不适应发展的老专业，申报新专业，完善九大专业群发展格局，对接文化产业链各环节。

二是建设高水平专业群。2022—2023年，1个国"双高"学校，3个国"双高"专业群（见表2-21），若干省双高校建设中（见表2-22）。共建设268个专业群，其中无锡工艺职业技术学院有18个、山东文化产业职业学院有16个、四川国际标榜职业学院有9个，绝大多数学校专业群数量为4~6个，有8个学校没有专业群，共开设2 175个专业，每个学校开设专业有13~69个，平均每个学校开设34个专业。以国省双高校和专业群建设为牵引力，通过深入分析学校现状及文化艺术类专业建设特点，积极应对省域、行业和地域经济社会发展需要，坚持"面向产业、服务产业、提升产业、引领产业"的宗旨，实现专业与专业之间、专业群与产业链之间的资源共享，促进区域行业持续发展。

表 2-21　中国特色高水平高职学校建设单位（文化艺术类）

类　　型	学校名称	专业群名称
中国特色高水平高职学校建设单位（C 档）	上海工艺美术职业学院	工艺美术品设计、产品艺术设计
中国特色高水平专业群建设单位（A 档）	湖南工艺美术职业学院	刺绣设计与工艺
中国特色高水平专业群建设单位（B 档）	苏州工艺美术职业技术学院	工艺美术品设计、产品艺术设计
中国特色高水平专业群建设单位（C 档）	浙江艺术职业学院	戏曲表演

表 2-22　省级双高专业群建设单位（文化艺术类）

地区	高水平专业群建设单位	专业群名称
上海	上海电影艺术职业学院	演艺新空间专业群
浙江	浙江艺术职业学院	舞蹈表演
湖南	湖南大众传媒职业技术学院	广播影视节目制作、艺术设计、数字媒体技术
湖北	湖北艺术职业学院	音乐艺术
江西	江西艺术职业学院	舞蹈表演、戏剧影视表演
山东	山东科技职业学院	服装设计与工艺
山东	青岛职业技术学院	服装与服饰设计专业群
山西	山西艺术职业学院	表演艺术、工艺美术
广东	广东番禺职业技术学院	艺术设计、珠宝首饰技术与管理
四川	四川工商职业技术学院	艺术设计
四川	四川艺术职业学院	戏曲表演

三是修订专业教学标准。为了推进新经济、新业态、新技术、新职业背景下文化艺术类专业升级和数字化改造，全国文化艺术职业教育教学指导委员会在教育部职业教育教学指导委员会、文化和旅游部科技教育司的支持和指导下，组织全国近 200 家文化艺术类行业、企业、职业院校，于 2021 年启动研制职业教育文化艺术大类表演艺术类和文化服务类专业简介（以下简称《简介》）、专业教学标准（以下简称《标准》），构建完善文化艺术职业教育国家标准体系，促进文化艺术职业教育高质量发展，其中，42 个《简介》已于 2022 年 9 月正式发布。

四是专业人才培养模式改革。专业人才培养模式改革是提升文化艺术高职教育质量、培养适应行业需求人才的关键。表演艺术类优势专业立足办学基础，密切对接文旅经济发展战略人才需求，持续深化长学制人才培养。

多所院校通过整合各方资源，形成多元协同的育人模式。四川文化产业职业学院构建"政行校企研"五方协同育人模式，联合行业企业开展现代学徒制试点，共建技术创新服务平台，实现科研开发、技术创新与成果转化的贯通，提升人才培养水平。南充文化旅游职业学院深化校企双元育人，与企业共建数字文旅产业学院，在人才培养、教材编写、赛事组织等方面开展合作，引进行业导师，接受企业捐赠实训设备，提升育人实效。

> **典型案例 2-4** "三驾马车"打造艺术职教人才培养"湖艺模式"，服务"三高四新"美好蓝图（湖南艺术职业学院）
>
> 湖南艺术职业学院始终坚持"围绕舞台，造就人才；立足文旅，服务社会"的办学理念，创新实践育人理念，着力推动产教融合，在狠抓艺术质量、注重文化含量、创引市场流量"三驾马车"的协力带动下，走出了一条新时代艺术职业教育勇担使命实现"三量齐升"的高水平育人之路，服务"三高四新"美好蓝图。全力推进"双高"建设，实践锤炼艺术品质，舞台造就技能人才，演出丰富居民精神文化生活。近年来积极派出驻村干部，组织师生暑期"三下乡"，先后在怀化会同雪峰村、邵阳洞口温塘村等地开展乡村景观设计、结对支教帮扶，助力培育文明乡风、深挖文化资源、打造文旅品牌。

拓宽成长成才通道，探索个性化教学。针对不同生源、不同能力层次和不同职业发展需求进行人才培养模式改革，深入探索个性化教学策略，实行多样化的培养方式，以更好地满足社会对不同职业类型人才的需求。

2. 课程建设

一是深化课程内涵建设。根据各院校质量年报统计，截至2023年年底，共开设45 967门课程，各校区间从117门到1 987门不等，校均718门。其中开设课证融通课程3 732门，校均58门；网络教学课程5 372门，校均84门。课程建设作为专业建设的基础与核心，通过课程内容的更新、教学方法的改进、校企合作的加强以及思想政治教育的融入等多个方面，契合行业企业人才需求，推进艺术教育与人文教育相融合，培养德智体美劳全面发展的高技能人才。

二是加强精品课程建设。紧紧围绕高职教育人才培养的根本任务，以精品课程建设提升内涵建设水平，进行全面课程改革。根据各院校质量年报统计，共开设1 297门在线精品课程，课均学生数183人。其中国家级19门，接入国家智慧教育平台17门；省级315门，接入国家智慧教育平台27门；校级为952门，接入国家智慧教育平台51门。多位教师在第十三届"桃李杯"全国青少年舞蹈教育教学成果展示活动中获得优秀教师精品课（见表2-23）。

表2-23　第十三届"桃李杯"全国青少年舞蹈教育教学成果展示活动精品课

推荐单位	院　　校	课程名称
广东省文化和旅游厅	广东舞蹈戏剧职业学院	广东陆丰钱鼓舞精品课
黑龙江省文化和旅游厅	黑龙江艺术职业学院	东北秧歌——黑龙江风格
湖北省文化和旅游厅	湖北艺术职业学院	汉族民间舞——碟子舞

三是校企共同研发课程，了解行业需求聘请行业导师参与课程研发与教学，帮助学生获得行业前沿的知识和技能。例如，上海中侨职业技术大学与企业共建了数字媒体技术、视觉传达设计等数字化开放共享专业群课程资源；泉州职业技术大学立足于泉州传统工艺美术、服装、鞋业等产业集群，引入大师资源和实际案例辅助教学，开展"非遗大师"进课堂、企业导师共同授课、校企联合制定人才培养方案等多种教学与人才培养模式。

四是建设数字化教学资源。教学资源库建设是文化艺术高职教育发展的重要组成部分，对提升教学质量、促进教育资源共享意义重大。各院校在教学资源库建设方面积极探索，共建设专业教学资源库数196个，其中国家级9个，接入国家智慧教育平台8个；省级52个，接入国家智慧教育平台20个，涵盖建设数量、资源整合共享及建设成果应用等多个方面。从建设数量看，各院校不断加大教学资源库建设的投入，各院校围绕专业群建设需求，通过校际合作和校企合作，整合各类教学资源，实现资源的共建共享，提升了教学质量和学习效果。

3. 教材建设

根据各校质量年报统计，截至2023年年底，共编写教材1 580本，其中国家规划教材159本，校企合作编写教材488本，新形态教材350本，国家智慧教育平台教材12本。

一是提高教材管理规范化水平。贯彻落实党中央、国务院关于加强和改进新形势下学校教材建设的有关精神，根据教育部《职业院校教材管理办法》（教材〔2019〕3号），进一步规范和加强教材管理，严格把关教材选用流程。

二是提高教材建设水平。优化教材编写流程，积极推进校企"双元"合作开发项目式、活页式、工作手册式新形态教材，"岗课赛证"融通教材，可听、可视、可练、可互动的数字化教材，以及体现"育训并举"、适应社会发展需求的职业培训特色教材等；建设一批服务地方产业和体现民间传统技艺、民族文化艺术的区域特色教材，努力提高教材建设水平，充分发挥教材建设在提高人才培养质量中的基础性作用；打造高水平教材编写队伍。黑龙江艺术职业学院申报的《东北秧歌：全国舞蹈艺术院校女班教材与教法》成功入选国家级规划教材书目，有力推动了该校教材建设和改革的进程。

4. 教师发展

根据各校质量年报统计，截至2023年年底，共有专任教师25 479人，高级专业技术职务专任教师平均占比是24.83%，双师素质专任教师平均占比是47.98%，平均生师比是15.58∶1，第三批国家级职业教育教师创新团队立项建设单位2所，2022年文化艺术职业教育提质培优行动计划"双师型"师资培养扶持项目7项，2023年文化艺术职业教育提质培优行动计划"双师型"教师创新发展计划3项，第二批全国高校黄大年式教师团队1个，第三批"全国高校黄大年式教师团队"创建示范活动入围1个。

一是打造"双师型"教师队伍。通过教师认定、校企合作、分层培养、实践锻炼和专题培训等方式，打造一支既有教学能力又有行业实践经验的高素质教师队伍，提高艺术职业教育的质量和水平。苏州工艺美术职业技术学院艺术设计类入选国家级职业教育"双师型"教师培训基地（2023—2025年）。广东外语艺术职业学院以"一主线、双循环、三对接"模式扎实推进"双师型"教师队伍建设。通过提供教师实践锻炼的平台，引入企业资源，促进了教师队伍的专业化发展，对提升学校的教学水平和人才培养质量具有重要意义。

二是培育教师创新团队。构建模块化教师创新团队，以校企共同体为依托，全面建设具备较高创新实践能力的教师创新团队，持续提高学院教师科研创新能力。

> **典型案例 2-5** 打造黄大年式教师团队，培养新时代湘绣工匠（湖南工艺美术职业学院）
>
> 湖南工艺美术职业学院组建"湘绣传承与创新黄大年式教师团队"，通过"一引领三加强"建设师德师风，"一落实三创新"抓好教育教学，"一聚焦三突破"加强科研创新，"一立足三支撑"强化社会服务。团队形成了"用爱与美点亮匠心"的教育特色，取得了"让经典成为时尚"的科研创新成效，做出了"把湘绣做'香'"的社会服务贡献。2023年，团队获评"全国高校黄大年式教师团队"，12人获全国劳动模范、世界技能大赛金牌等荣誉。首创"名师、大师"同堂授课和"大师工作室＋项目＋产品"人才培养模式，研发新技法16种、新材料14种、新题材10种，开发"新湘绣"作品400余件（套），获国家级教学成果奖4项。团队培养了70%以上毕业生成为企业技术骨干，为湘绣传承与创新做出了重要贡献。

三是注重教师队伍的多元化和互补性，通过严格的聘请和管理流程，聘请不同背景、不同专业、不同技能的兼职教师，制订一系列激励和保障措施，确保学生能够获得全面的知识和技能培训。江南影视职业学院创设引才聚才的长效激励机制，按专业群制订学科带头人和骨干教师补充方案，配备高级职称教师，实施产业教授计划，聘任14名产业教授，深化产教融合，促进学生培养与产业链的衔接，依托"职教集团"平台，打造"四双"特色教学团队。

四是探索教师评价改革。通过重构教师评价体系、加强师德师风考核、改革教师职称评审制度、强化教师年度目标考核评价等方式，建立科学、合理的教师评价体系，从而提高教师的专业发展和教学质量的提升。陕西艺术职业学院围绕组织目标的达成，构建了"师德为先、教学为重、科研为基、服务为责"的多元化考核评价体系。

5. 实践实训基地建设

一是创新教育教学机制。校企行企院团六方协作，通过产教融合实践中心建设、工学结合的教学模式和实践教学基地建设等方式，为学生提供真实的工作环境和实践机会，帮助他们更好地适应行业需求。

> **典型案例 2-6** 浙江非遗传习院暨非遗创意产业学院成立（浙江艺术职业学院）
>
> 2023 年 12 月 10 日，浙江非遗传习院暨非遗创意产业学院在浙江艺术职业学院举办成立大会。会议发布《浙江非遗传习院建设发展规划（2023—2027 年）》，颁发了首批特聘研究员、创业导师聘书，举行了非遗创意产业学院集体签约仪式、浙江传统舞蹈专委会授牌仪式和主旨论坛，其间还举办了"匠心守艺"创意成果展。浙江非遗传习院暨非遗创意产业学院的成立对于落实立德树人根本任务，加快推进非遗人才培养、加强非遗学术研究、促进非遗创造性转化和创新性发展具有积极意义。

二是围绕实践教学体系，开展基地建设。改造生产性实训基地，通过提供真实的实践环境、先进的设施和深入的校企合作，为学生提供宝贵的实践机会，帮助他们更好地适应行业需求。升级新建高水平专业化产教融合实训基地，将产业与教育深度融合，帮助学生掌握行业所需的技能。河北艺术职业学院高水平专业化产教融合实训基地项目得到了河北省创新发展行动计划（2022—2025 年）的支持。泉州工艺美术学院的陶瓷智造产教融合实训基地被列入省级高水平专业化产教融合实训基地建设项目，作为艺术职业教育中的一种先进教育模式，将产业与教育深度融合，通过提供真实的工作环境和专业的实践机会，帮助学生掌握行业所需的技能。

新建虚拟仿真实训基地建设，利用虚拟现实技术模拟真实的工作环境，为学生提供实践操作的机会，截至 2023 年年底，共有虚拟仿真实训基地 64 个，其中国家级 3 个，接入国家智慧教育平台 2 个；省级 10 个。

（三）教科研创

教育科研是高职院校实现高质量发展、提升核心竞争力的重要途径，各院校聚力科教融汇发展新方向，在教学成果、科研成果、成果应用转化中发挥重要作用。

1. 科学研究

2022—2023年，各院校高度重视各类科研项目申报工作，积极组织动员，精心凝练申报选题，有效提高了申报质量，在国家社科基金艺术学、教育部人文社会科学研究规划基金等重大项目中均有斩获，具体见表2-24。

表2-24　省部级以上科研项目立项清单

单位名称	项目名称	项目类别	年度
浙江艺术职业学院	城市社区观演空间——社区剧场建设机制研究	国家社科基金一般项目（艺术学）	2023
苏州工艺美术职业技术学院	人口老龄化趋势下城市公共智能服务设施的无障碍通用设计研究	教育部人文社会科学研究规划项目（艺术学）	2022
浙江横店影视职业学院	中国皮影戏与动漫融创机制研究	教育部人文社会科学研究规划项目（艺术学）	2023
湖南工艺美术职业学院	新时代职业教育赋能乡村振兴的"四维一体"模式研究	教育部人文社会科学研究规划项目（教育学）	2023
浙江艺术职业学院	中国式现代化进程中职业教育省域治理模式与推进策略研究	教育部人文社会科学研究规划项目（教育学）	2023

同时，文化和旅游部为提升文化和旅游系统科研水平，面向文化和旅游系统具有科研职能的单位的在职青年科研人员，开展文化和旅游系统青年科研人才扶持计划，入选人员和项目见表2-25。

表2-25　文化和旅游系统青年科研人才扶持计划入选项目

推荐单位	申报人	申报单位	项目名称	年度
浙江省文化和旅游厅	陈楠江	浙江艺术职业学院	融媒体语境下地方濒危剧种艺术档案数字化保护与利用	2022
山西省文化和旅游厅	闫昕	山西艺术职业学院	跟着戏曲人物赏戏、观史、游山西——文旅融合视域下山西戏曲资源的线上传播模式探索	2023

2. 艺术创作

申报艺术创作项目，推动艺术创作和人才培养，支持了众多优秀艺术作品的创作，为艺术事业的发展提供了有力支持，促进文化创新和传承，推动文化艺术事业的发展。2022 年和 2023 年获得国家艺术基金（一般项目）项目统计见表 2-26。

表 2-26　国家艺术基金（一般项目）项目统计

年　度	项目类型	项　目　名　称	学　校　名　称
2022	小型剧（节）目和作品创作项目	群舞《大秦腔》	陕西艺术职业学院
		群舞《渡江》	安徽艺术职业学院
		独幕剧《油茶花开》	湖南艺术职业学院
		独幕剧《装满星星的花园》	陕西艺术职业学院
		歌曲《表里山河》	山西艺术职业学院
	青年艺术创作人才项目：戏曲编剧	周密	安徽黄梅戏艺术职业学院
		栾波	山西艺术职业学院
	艺术人才培训项目	西部地区现当代舞编导人才培养	重庆文化艺术职业学院
		中西部地区戏曲稀有剧种青年表演人才培养	山西艺术职业学院
		黄梅戏基层剧团骨干演员人才培养	安徽黄梅戏艺术职业学院
		长三角民营文艺表演团体传统戏曲表演人才培养	浙江艺术职业学院
	传播交流推广项目	川剧《草鞋县令》巡演	四川艺术职业学院
2023	小型剧（节）目和作品创作项目	歌曲《以青春之名》	山西艺术职业学院
		舞蹈《柔情似水》	四川艺术职业学院
	艺术人才培训资助项目	汉调桄桄表演人才培训	陕西艺术职业学院
	传播交流推广项目	舞剧《洪湖水浪打浪》巡演	湖北艺术职业学院
		木石征程——海派雕刻工艺美术作品交流巡展	上海工艺美术职业学院

同时，第十三届"桃李杯"全国青少年舞蹈教育教学成果展示活动也评选了优秀剧（节）目及编导，云南文化艺术职业学院的《歌声里的故事》《飞过冬天的风筝》群舞等，对于提升艺术作品的社会影响力，推动建设社会主义文化强国有积极作用。

> **典型案例 2-7**　产教同频，打通服务区域高质量文艺作品生产新链条
> （四川艺术职业学院）
>
> 　　四川艺术职业学院与院团、企业深度合作，推行"双主体"育人模式，深化产教融合，搭建教学与工作双场景，提升与演出市场的契合度。根据"群演—配演—主演"岗位能力要求，推进学生"舞台认知—经验积累—艺术淬炼"三进阶成长，实现教学链与岗位链、人才链与产业链对接，达到"排一部剧即一次职业实践"的育人效果。学院以培养"德艺双馨"文艺人才为目标，深耕巴蜀文化，创作了川剧《草鞋县令》、儿童剧《小军号》、民族歌舞剧《甘孜雪莲》等独具地方特色的文艺作品，联通了区域高质量文艺作品生产链条。2021—2023年完成文艺演出服务180余场，为四川公共文化艺术市场提供系列精品。成果被《人民日报》、新华网等主流媒体报道200余次，文化和旅游部"文艺中国"平台展播的《草鞋县令》点击量超1 000万人次，受到地方政府和媒体的高度赞誉。

　　进一步推动艺术创新，为文艺繁荣提供人才支撑，各院校积极申报各类艺术创作人才项目，全方位、多角度、高规格培养和支持青年艺术创作人才，安徽黄梅戏艺术职业学院周密、山西艺术职业学院栾波获得2022年度"青年艺术创作人才项目：戏剧编剧"；另有5所院校（见表2-26）于2022—2023年斩获"艺术人才培训"类别立项，重点开展戏曲表演、非遗工艺等紧缺人才培养。3所学校（见表2-26）获得"传播交流推广"项目立项。通过积极申报相关人才培训项目，满足社会对高质量艺术作品的需求，推动优秀艺术作品的创作和传播，有助于丰富人民群众的精神文化生活，提升国家文化影响力和国际地位。

3. 质量建设与教学成果转化

　　学校致力于职业教育和传统文化传承、创新、发展的重要实践和探索，高度重视教育教学质量提升，大力培育优质教育教学成果，在最新一届职业教育国家级教学成果奖的评选中，斩获多项，详见专题报告《中国文化艺术职业教育"三教"改革报告（2022—2023年）》。各院校通过深化教学改革、强化校企合作、推动科研创新，显著提升了质量建设水平，并在非遗传承、文化创意、国际交流等领域实现教学成果高效转化。例

如，上海工艺美术职业学院的"海派非遗技艺传承与创新课程体系"获上海市教学成果特等奖，其数字藏品与斯洛伐克合作项目创收；北京戏曲艺术职业学院与北京京剧院合作"戏曲表演现代学徒制项目"，通过现代学徒制模式创排新剧目《梨园新韵》。

（四）服务发展

充分发挥学校在人才、教育和产业等方面的优势，不断强化服务意识，加大服务力度，创新服务方法，丰富服务内容，积极拓宽合作范围。

1. 服务行业企业

一是智力支持。大力开展职业技能培训，对照最新颁布的职业技能标准，做好职业技能等级认定工作，坚持应用为主的高职科研特色，积极推动专业科研成果的转化与应用。职业技能等级证书（含职业资格证书）获取人数为69 654人，持续为艺术类相关行业输送高质量专业人才。定期开展市场调研，确保人才培养满足社会实际需求。

对接行业企业发展需求，承办国家、省培训项目，鼓励学院教师引进横向项目，为行业企业提供技术咨询、员工培训等服务，支持企业技术升级和创新发展。共申请知识产权项目数507项，其中专利授权数435项，发明专利授权数42项，专利转让数量168项。

二是产教融合。贯彻落实有关产教融合文件精神，依托市域产教联合体，融入行业产教共同体，推动区域产教资源共享与优化配置，加强制度创新，逐步探索对接产业需求新思路。通过文旅行业前沿新兴技术，为行业服务插上翅膀，以校企协同育人为行业服务注入活力。逐步构建起多主体、多维度的产教对接格局，促进"产业链、创新链、教育链、人才链"四链融合，塑造人才培养竞争新优势。

> **典型案例2-8** 政校行企携手，共促职教生动实践（重庆文化艺术职业学院）
>
> 重庆文化艺术职业学院牵头搭建政校行企平台，成立重庆文旅（广电）职业教育集团。2023年5月，重庆文旅（广电）职业教育集团一届三次大会成功召开，学校与携程集团联合，完成携程国际数字文旅学院、

教师实践基地、学生实习就业基地、创新创业孵化基地挂牌；同重庆斯威特钢琴有限公司联合，培养强技能、高素质钢琴调律专业人才；与重庆演艺集团有限责任公司、重庆红岩革命历史博物馆联合开展相关演出服务活动；联合巴南区文化旅游委、北碚金刀峡镇共同举办风景写生展览，完成北碚区端蒙书院设计方案；利用市文化旅游委指导优势和行业资源优势，依托市文化旅游行业指导委员会、中国艺术职业教育学会平台，积极拓展和优化资源。集团化办学不仅密切集团成员间的联系，还持续体现集团平台优势和价值效应，加强资源共享、实现优势互补，做到政校行企携手，共促职教生动实践。

三是资源共享。结合学校特色，主动对接企业需求，开展实训项目合作，在资源整合方面，服务二级院部教师，推动大额横向项目合作，多角度、多维度助推学院社会服务能力提升，共开展非学历培训项目数1 298项。

2. 服务区域发展

加强地方高校与地方经济的链接是一项长期而必要的教育战略，持续为本地、本省经济社会发展提供大量人才，鼓励毕业生立足当地就业，助力地方经济发展。

推介地方文旅资源。发挥艺术院校资源优势，组织师生参与演出活动，高质量提升服务发展水平，参与各类演出活动。河北艺术职业学院助力第十九届吴桥国际杂技艺术节，60名舞蹈系学生与各国艺术家同台献艺，25名文管系学生承担接待与引领服务，专业表现获各国嘉宾一致赞扬。浙江艺术职业学院师生以多元艺术形态，将千年浙韵融入杭州亚运。从宣传片里的跨湖桥独木舟到开幕式上的"万家灯火"，从宋韵主题的非遗手作到侨胞共舞的江南民乐，浙艺人用艺术架起传统与现代的桥梁，向世界递出一张流动的浙江文化名片，学院学生参与杭州亚运会开幕式演出并获"优秀表演团队"。

服务地方社区。主动深入社区，开展社会公益、志愿服务、艺术服务等一系列公益活动，为人民群众提供高质量的艺术作品，满足社会各界在艺术方面的需求，提高社区群众生活品质。苏州工艺美术职业学院成立国内首所适老化设计产业学院，围绕智慧养老需求，推动服装、产品、家具、数字媒体等专业融入，提升人才培养水平。南京工业职业技术大学积极响应老年教育需求，联合社区开设书画、唱歌、非遗传承等课程，服务近 600 人次，助力"老有所为、老有所乐"，营造文化养老氛围，增强老年人幸福感。

3. 服务乡村振兴

认真贯彻落实党的二十大关于全面推进乡村振兴的部署要求，在人才培养、招生就业、非遗传承、文化下乡、惠民演出、品牌打造等领域进行深度挖掘，为切实提升服务地方经济社会发展的能力和水平、构建终身服务体系贡献力量。

开展艺术乡建。进一步发挥地域优势及艺术院校的特色专业群优势，组织暑期"三下乡"实践活动以及"免费送戏进农村""百姓点单"惠民演出任务等，教育引导师生增强社会服务能力。阿尔山市明水河镇西口村是助力乡村振兴国家战略的重点目标地，在文化与旅游部科教司支持与指导下，以"文旅融合助力乡村"为目标积极探索文旅融合、乡校合作、艺术赋能等文化艺术职业教育的实践模式。山西艺术职业学院等多所学校学生参与"中国艺术职业教育学会大学生志愿服务乡村振兴计划"，在内蒙古西口村开展为期 3 个月的志愿服务，进行乡村文化调研、村品设计、民宿研究等工作，助力文旅融合与乡村振兴。

服务职教西行。加强东西部职业院校协作交流，输出职业教育办学经验，鼓励毕业生积极参加"三支一扶""西部计划"等，到祖国和人民最需要的地方奉献青春、建功立业，2023 年到西部和东北地区就业 24 716 人。广东文艺职业学院人文与教育学院通过成立青稞志愿者服务队，为藏族学生提供支持和帮助，促进民族团结，践行"同心共筑中国梦"的理念。

4. 服务文化传承

作为文化艺术传承和发展的重要阵地，学院一直为传统文化的保护、传承与创新做出积极的努力。

赓续革命文化。以开展主题教育、党的二十大精神宣讲为契机，深入开展"四史"学习教育，构建馆校实践育人共同体而举办的特色活动。通过成立红色文化传播志愿服务队等方式，弘扬英烈精神，打造红色文化传播新阵地。安徽广播影视职业技术学院在首届"延乔杯"大学生红色故事讲解大赛中表现优异，五位参赛选手包揽比赛前五名，学院获优秀组织奖，得到了省文旅厅、省教育厅和省博物院领导的高度肯定。

> **典型案例 2-9**　弘扬红色革命文化，致敬闽西儿女（福建艺术职业学院）
>
> 　　为了庆祝中国共产党成立 100 周年而创作的，深入贯彻习近平总书记来闽考察的重要讲话精神，利用福建丰富的党史事件、红色资源和革命先辈的故事，学校师生自导自演大型话剧《闽西儿女》，讲述在 20 世纪 30 年代，福建长汀的小伙和他的 16 位同村兄弟在红军长征出发前，在红军桥头跪地起誓，承诺谁活着回来，就要为牺牲的兄弟们的父母尽孝的感人故事。这部话剧在第八届福建艺术节暨第 28 届戏剧会演中获得了 6 个奖项，包括院校剧目奖、导演二等奖、编剧三等奖、表演二等奖、表演三等奖和组织奖。此外，它还在第四届福建省大学生戏剧节——福建省戏剧水仙花奖大学生戏剧奖中赢得了 10 个奖项，共计获得了 16 个奖项。

传承中华优秀传统文化。挖掘我国优秀传统文化的精神内核，开设中华传统文化的专门课程，让学生在古今比较中掌握传统文化知识，增强文化自信。哈尔滨传媒职业学院师生在"诵读中国"经典诵读大赛中表现优异，学生作品《中国之声》获高职组第二名，教师作品《红船梦飞扬》获教师组优秀奖。

继承和发扬非物质文化遗产是传承中华优秀传统文化的重要内容，将非遗带入课堂，通过文化节庆的组织等方式，重视数字化技术对非物质文化遗产进行保护与传承，为区域文化的传统与创新发展贡献力量。湖南工艺美术职业学院实施一院、一馆、一网、一书、一论坛"五个一"工程，助力湖湘非遗保护传承：成立湖南传统工艺研究院，聚焦非遗保护与创新；建设非遗展示馆，展示大师作品，提供学习平台；打造湖南传统工艺网，推介项目与政策；编撰《湖南传统工艺蓝皮书》：湖南传统工艺振兴发展报告（2020），为政策制定与学习提供参考；举办传统工艺振兴论坛，探索发展新路径。学校成为教育部中华优秀传统文化传承基地和中国非遗传承人群研修研习基地，推动传统文化振兴。

2023 年，文化和旅游部发布了中国非遗传承人研修培训计划 2021—

2022年度绩效考核结果，开展"中国非遗传承人研修培训计划现场交流活动"，完善非遗传承人才梯队建设，拓展非遗保护方式，传播非遗理念和中国经验，推动构建中国特色非遗保护理论体系，不断提升非遗系统性保护水平。

发展社会主义先进文化。通过思想引领、社会服务、艺术创作等多维度举措，将文化育人与职业教育深度融合，形成了具有行业特色的实践路径。开展美育浸润行动计划，学校把高雅艺术进校园活动作为学院美育培根铸魂的重要载体，以社会主义先进文化，为大学生陶冶高尚情操、塑造美好心灵、增强文化自信贡献力量，每年均承办"高雅艺术进校园"文艺演出活动。浙江横店影视职业学院实施了一系列如"音乐进社区，立德于民心"这样的项目，促进了学校学生、专业教师和社区群众之间的协同融合发展，解决了社区教育资源供需不平衡等问题，有效提升了社区居民的艺术素养和技能水平。广东省外语艺术职业学院自2021年起，作为"广东省美育浸润行动计划"的一员，积极支持清远佛冈地区7所中小学的艺术教育，惠及3 500名学生，成功构建了"岗服融通，惠人利己"的育人模式。

（五）国际合作

1. 响应"一带一路"倡议

2023年是"一带一路"倡议提出十周年，以此为契机进一步加强与沿线国家的文化交流合作，秉持着合作共赢的态度，体现着平等、互鉴、对话、包容的理念。学校依托优势资源，为建立友好合作关系的院校提供技术，促进"一带一路"文化交流，也为"一带一路"沿线国家之间的文化交流和相互理解做出了重要贡献。

2. 国际交流

学校长远谋划，主动融入，探索"多层次、宽领域"对外合作办学之路，引进全球优质教育资源，构建国际化办学格局，持续拓展合作渠道，全面丰富国际合作办学项目。开拓与"一带一路"沿线国际高水平院校、科研机构的合作，加强学院师资培训，促进学生的合作与交流，通过教师互派、学生交换、国际学术冬夏令营、优质课程引进、交流展览等形式进行深度合作。专任教师赴国外指导和开展培训时间累计达到 2 109 日，21 名专任教师在国外组织担任职务，进一步推动和拓展国际化交流，扩大国际影响力。例如，北京戏曲艺术职业学院艺术团 35 名师生在"中国—中东欧国家文化艺术嘉年华"开幕式上表演《丝路红》《追日》《月夜吟》《执镜·醉花颜》《竹石》《迦陵频伽·妙音玄天》《我从草原来》7 个民族舞蹈原创作品，展现中国传统舞蹈魅力，促进中外文化交流。重庆传媒职业学院已与新西兰梅西大学、美国匹兹堡大学等 8 所国外高等学府建有战略合作关系，为学生出国深造提供了各种途径。

> **典型案例 2-10** 舞动文化艺术嘉年华，共建友好交流新篇章（北京戏曲艺术职业学院）
>
> 在中国第三届"中国—中东欧国家文化艺术嘉年华"开幕式上，北戏学子展示了中国特色的舞蹈，用中国传统舞蹈的魅力，书写了中国与中东欧国家友好交流的新篇章。此次开幕式，北戏艺术团共 35 名师生参加活动，表演了《丝路红》等 7 个民族舞蹈原创作品，每个舞蹈的内涵和韵味不同，动作千姿百态，各具民族特色，展现了各民族的传统美。此次国际合作活动，不仅拓宽了北戏学生的视野，也促进了中国和中东欧多个国家间的艺术交流，展示了北戏师生的艺术成果。北戏学子勇做推动中国文化走出去的"先锋队"和"排头兵"，在构建人类命运共同体中发挥舞蹈文化的深厚力量。

3. 标准出海

职业教育"走出去"是指将本国的职业教育标准、体系和经验推广到国际范围，并与其他国家和地区开展交流与合作。根据各校质量年报数据，各院校开发并被国外采用的职业教育标准为 63 个，专业标准 29 个，课程标准 32 个，开发并被国外采用的职业教育资源 19 个。在行业及专业标准内容出海方面取得显著成果，提升了国际影响力。例如，湖南工艺美术职业学院通过魏源国际学院与 7 所国外大学合作，引进和输出专业教材 2 本、课程标准 5 个及职业技能培训包 1 个，推动中外教学标准对接。该校与马来西亚城市大学签署合作协议，将湘绣技艺标准纳入其工艺美术专业课程，与泰国艺术大学合作，将湘绣技艺引入其艺术设计专业课程，与哈萨克斯坦手工艺协会合作，推动湘绣技艺在当地手工艺产业中的应用。四川艺术职业学院则通过川剧、民族歌舞等艺术形式，向东南亚国家输出中国传统表演艺术标准。各院校通过标准输出、展览展演等方式，将中国传统文化与专业标准推向国际舞台。

4. 留学中国

教育部提出"职业教育走出去"战略，支持职业院校与海外机构合作办学，推动更多外国学生来华学习。2022—2023年，持续推进"留学中国"品牌建设，鼓励高职院校扩大招收"一带一路"沿线国家学生。各院校依托非遗、传统艺术等特色专业，成为吸引留学生的重要领域。根据各院校质量年报显示，共有27个专业接受国外留学生共262人，接受国外访学教师46人，在国外开办学校5所。部分院校通过国际合作项目吸引留学生，如湖南工艺美术职业学院与"一带一路"沿线国家合作推广非遗技艺（如湘绣、陶瓷），吸引相关国家的学生来华学习传统工艺。长江艺术职业学院设置国际学院，主要以国际学生短期研学为主。2022—2023学年，学校接待了两批次留学生来校研学，共48人。

（六）发展保障

1. 政策保障

坚决贯彻落实习近平总书记关于职业教育、高校工作的重要指示批示精神，把坚定执行党中央和地方党委决策部署作为严明党的政治纪律和政治规矩的具体检验，坚决维护党中央权威和集中统一领导，在政治立场、政治方向、政治原则、政治道路上始终同以习近平同志为核心的党中央保持高度一致。

深入贯彻党中央、国家等关于职业教育政策文件精神。紧跟党中央、国家和省市对职业教育最新要求，贯彻落实《中华人民共和国职业教育法》，中共中央办公厅和国务院办公厅印发的《关于推动现代职业教育高质量发展的意见》《关于深化现代职业教育体系建设改革的意见》，教育部、财政部印发的《关于实施中国特色高水平高职学校和专业建设计划的意见》，教育部等九部门出台的《职业教育提质培优行动计划（2020—

2023年)》，国家发展改革委等部门印发的《职业教育产教融合赋能提升行动实施方案（2023—2025年)》《教育部关于开展市域产教联合体建设的通知》，文旅部、教育部印发的《关于促进新时代文化艺术职业教育高质量发展的指导意见》等文件要求，在各方面密切关注并贯彻执行政策，以促进文化教育事业的健康发展，为社会和国家的进步做出积极的贡献。

2. 条件保障

在数字化校园推进方面积极采取行动。通过建设核心基础设施、强化数据和应用支撑平台、推进智慧校园建设等多种措施，实现信息技术与教育教学的深度融合，深入贯彻教育数字化建设的有关要求，坚持从实际出发，注重提升学校信息化水平，持续推进数字校园建设，加强网络信息安全，以数字化赋能学校发展，逐步形成智能互联、人机共融、艺科融合、协同共治的教育新形态。

经费保障是文化艺术职业教育领域的重要支撑，确保了学校能够稳定运行和持续发展。同时，完善高质量发展经费保障制度，积极拓展来自行业、企业和社会的资金支持，确保办学与育人工作的质量。

3. 质量保障

创新教学质量评价机制，实施常态化的教学质量评价。开展教学质量常态化监测，通过建立校院两级教学督导机构，形成常态化、内涵式教学诊断与改进制度，采取学生、教师、毕业生和社会四方教学质量评价，形成一个全面的教学质量保障体系，有力地促进了学校办学质量的循环提升。

三、挑战分析与未来发展建议

党的二十大报告指出，职业教育作为国民教育体系和人力资源开发的重要组成部分，在建设教育强国、人才强国中具有重要意义，是广大青年打开通往成功成才大门的重要途径。要统筹职业教育、高等教育、继续教育协同创新，推进职普融通、产教融合、科教融汇，优化职业教育类型定位。

（一）挑战分析

随着国家重大产业布局的调整，在文化产业蓬勃发展与职业教育改革持续推进的当下，文化艺术高等职业教育面临的挑战包括以下几个方面。

1. 办学理念须重塑，人才供给应适配

文化艺术职业教育类型化认知不足，过分依赖传统艺术传授的教学惯性和内容体系，使得在培养学生综合素质方面短板较显，"三全育人"和"五育并举"格局需进一步强化，党建引领品牌打造还有较大提升空间。人才培养往往集中于传统技能教育，诸如数字艺术、虚拟现实设计等新兴领域的人才供给不足，存在结构性矛盾；毕业生往往集中流向大城市和发达地区，存在地域性偏差；相关岗位总量有限，薪资水平与职业发展空间受限，与毕业生期望存在差距。

2. 关键能力亟优化，服务效能待跃升

人才培养方案与产业需求脱节、专业与区域产业链契合度不高、师资水平与胜任要求的适配度不强、"双师型"教师比例普遍偏低等，教材建设行业适配性弱、形态单一，数字化实训基地开发滞缓。文化艺术职业院校对行业企业、地区经济社会发展的贡献度明显不足，在支持区域创新创业方面的参与度和影响力亟待提升；在服务新型大国外交、国际产业布局、"一带一路"倡议、产业全球化以及新产业新业态发展等重大战略中的响应能力和服务水平明显不足。

3. 治理瓶颈谋破局，国际交流寻突围

文化艺术职业院校项目体量小、资金支持薄弱，基本面临"心有余而力不足"的发展困境，数字化转型步伐明显滞后，信息化基础设施建设不足，在虚拟仿真实训平台建设、智慧教室打造、VR技术应用等前沿领域存在明显短板。从国际化角度看，国际交流规模相对较小，合作模式较为单一，文化交流停留在表层，国际项目合作推进乏力，讲好中国文化故事的能力尚待突破。

（二）未来展望与对策

现代职业教育要求切实增强职业教育的适应性，服务学生全面发展和经济社会发展，构建"新格局"，铺就"新通道"，推进"新基建"，打造

"新机制",培育"新生态",书写"新篇章",成为中国式现代化进程下现代文化艺术职业教育体系重构的实践课题。

1. 携手构建人才培养"新格局"

培养什么人、怎样培养人、为谁培养人是教育的根本问题,职业教育的根本在于立德树人,发展文化艺术高等职业院校,要坚定不移地全面贯彻党的教育方针,牢牢把握住人才培养的根本任务,主动服务"文旅融合"战略,勇担文化强国建设的新使命。

完善立德树人体系。以培养德艺双馨、技艺兼修、一专多能的创新型高技能人才为目标,强化党建引领,打造高层次党建品牌,落实立德树人根本任务,深化"三全育人"综合改革,将文化素养、创新能力、职业素养融入人才培养全过程,持续完善"五育并举"育人体系,提质优秀传统文化浸润计划,增强文化自信。

深化人才培养模式。强化文化艺术职业教育的类型特色,以现代学徒制为抓手,持续深化产教融合,加强与文化艺术产业的深度合作,根据行业需求制订个性化的培养方案,形成与文化艺术产业转型升级相匹配的本科和专科专业集群,实现人才培养供给侧与产业需求侧的全要素对接,推动传统艺术传承人培养与当代艺术创新人才培养的双轨并进,实现人才培养层次向高质量跃升。持续探索与行业产业适配的学生综合素质和职业能力的评价体系,提升人才培养质量的社会认可度。

拓宽学生发展通道。搭建纵向贯通、横向融通的学生成长"立交桥",优化长学制培养,完善中高本衔接的人才培养体系,加强课程体系、教学标准的衔接,实现人才培养的连贯性和递进性,通过开展中高职贯通培养、学分互认等方式,实现传统师承制与现代学历教育的有机融合。在课程衔接方面,重点加强艺术理论素养提升课程与高端技术技能课程的纵向衔接,同时开发艺术管理与文化创意类横向拓展课程,形成综合能力结构培养体系,为艺术人才可持续发展提供多元路径。推动职业教育与普通教育双向融通,满足学生多样化发展需求。

2. 精心铺就高质量就业"新通道"

更新择业观念。文化艺术类高职院校应遵循文化艺术教育规律,顺应文化产业行业需求发展变化,不断更新传统就业观念,开拓灵活就业渠道，为灵活就业制订更加有效的就业政策和措施，不断提升灵活就业指导服务工作的针对性和实效性，为文化艺术类高职毕业生提供多元化选择，实现文化艺术高等职业教育人才培养与产业经济的供需适配。

提供就业保障。做好学生就业指导和创业教育工作，为学生提供职业规划、就业咨询、创业指导等服务，加强学生德技并育、职业生涯教育和职业精神培养，提升学生实践能力和职业素养，建立毕业生就业跟踪机制，根据市场需求和行业发展趋势，注重动态调整专业设置和课程体系，确保专业与就业市场紧密结合，增强学校服务区域经济和文化产业发展的能力，为培养高素质文化艺术技能人才提供坚实保障，为学生高质量就业提供保障。

推动多元培训。推动与地方政府结合、与社会区域结构结合、与个人终身学习结合，开展职业技能鉴定、职业资格认证等培训项目，大力发展职业培训、继续教育等非学历教育，提高学生的职业技能水平和就业能力，为文艺爱好者以及其他在职人员提供技能提升和职业转型的机会，为服务文化强国战略、促进区域经济发展、提升服务贡献能力承担责任。

3. 稳步推进学校教育"新基建"

全面系统推进专业、课程、教材、师资、基地等改革创新，打造多元融合的专业群，推动专业教学资源库、精品在线开放课程、虚拟仿真实训基地建设的引领与示范，围绕职业教育"101计划"，迭代重塑学校关键办学能力。

建特高水平专业。深入调研文化艺术产业发展趋势，紧密结合区域文化产业需求，梳理分析各岗位对技能人才的实际需求，精准定位文化艺术人才培养目标规格，共同制订人才培养方案，优化专业群课程体系、实践教学体系。推动专业集群式发展，建立专业评估机制，健全专业动态调整机制，培养新质生产力发展急需紧缺的文化艺术高技能人才。

建好一流核心课程。组织文艺名家、工艺美术大师、学校名师、教育专家等，将相关典型岗位操作规程纳入课程标准，共建课程开发中心，升级传统课程、开发新课程。适应新时代文化艺术人才培养规律，打造更多"虚实结合育训融合"场景课堂，引导学生自主探究、深度学习，借助数字化、智能化手段推动教育教学与评价方式变革。

建优"双师型"教师团队。传承与发扬教育家精神和文艺工作者职业道德，创新校企人员互兼互聘机制，吸引文艺名家、技能大师、技艺传承人等优秀人才到学校兼职兼课。完善教师定期到企业实践锻炼制度，开展产学研训一体化岗位实践，积累实践经验，提升专业技能。推行"教师教学档案袋"制度，增强发展意识，促进教师专业化发展。探索组建产教虚拟教研室，开展"校政行企院馆"联动的有组织教研活动。

建设优质教材。深度对接文化行业、产业，创新多元开发联动机制，组织头部企业、高水平职业学校、行业专家共同编写形态多样、反映行业前沿技术的优质教材。依照能力图谱，将企业生产工艺、岗位标准及时转化为教材内容，遴选引入典型任务、节目工单，改造转化企业优质培训教材；加大数字教材开发使用力度，积极发展强调能力目标的活页式教材，建设突出文化艺术职业特性的工作手册式教材，加强国家规划教材等优质教材的推广使用。

建强高水平实训基地。对标文化艺术产业发展前沿，学校建设集实践教学、社会培训、艺术创作和技术服务功能于一体的开放型区域产教融合实践中心，推动学校实训基地数字化、智能化升级；构建实习实训数智系统，创新"剧场课堂""舞台课堂""工作室课堂"，提升学生动手操作、艺术创作和传播能力，以及成果转化等能力。

4. 创新打造产教融合"新机制"

围绕支撑中国式现代化的教育强国建设目标任务，紧扣加快构建职普融通、产教融合的职业教育体系的使命任务，促进教育链、人才链与产业链、创新链的有效衔接，革新"产学研训创"全链条新机制，增强高职院校自身造血功能。

共建产教融合高质量发展体系。持续拓展产教融合内容，定期开展产业人才需求调研，建设产教融通机制，在对接产教的顶层设计中行校融汇、艺科融新、文旅融合，打造艺术类高职院校产教新形态。建稳"校政行企"四方协同机制，通过共建实习实训基地、产业学院、订单培养等方式深入实施校企合作，设立校企合作理事会等创新举措，形成校企协同发展的良好格局。

搭建产教融合高能级育人平台。打造市域产教联合体，增强与区域经济的"紧密度";建设行业产教融合共同体,充分发挥行指委等专业委员会的作用,增强与产业需要的"适配度";构建创新型现代县域产业学院,发挥各自优势,实现资源共享;孵化产教融合育人示范,深入推进产教融合典型生产实践项目建设,打造新型协同育人平台。

构建产教融合高层次科创高地。依托重点科创项目,探索文化和科技融合发力的平台建设机制,创建行业技术创新中心,加强产学研创协同攻关,在新型业态建设中发力,助力艺术科技融合发展。把握文旅产业快速增长、文旅投资大力推进机遇,布局精品创作,加强重大项目建设,实现研创成果转化。发挥文化铸魂、文旅兴业、文艺创优、理论创新等作用,充实科创智库建设,推动标志性成果打造。

5. 聚焦培育数字化教学"新生态"

数字技术的交替突破、飞速发展,职业教育数字化转型已然成为创新文化艺术行业的新动力和必然趋势,秉承"应用为王"的理念,重塑教学内容,焕新教学场景,升级教师和学生的数字化应用能力,探索智能技术变革下艺术职业院校的未来范式。

教学内容重塑。将智能技术与文化艺术职业教育教学深度融合,利用数字技术推进教育教学改革,加大数字化教学资源的开发、使用和共享,利用新媒体技术创新中华优秀传统文化传播方式,建设高质量精品在线开放课程、虚拟仿真实训平台和数字化教学资源,推动专业教学资源库的全覆盖,加强接入国家职业教育智慧教育平台的力度,将智能化终端应用到人才培养及技能养成之中,确保教学内容的时效性与前瞻性。

教学场景焕新。创设全真沉浸式开放性教学空间,聚焦以智助学,开发智能学伴、实施智能辅导,为学习者提供一站式、全方位、全过程学习支持服务;聚焦以智助教,研发智能助教,支撑教师备授课,为教师工作减负增效,让教师有更多精力从事创造性教学活动、育人活动;聚焦以智助管,开发智能作业、互动课堂、线上教研、辅助阅卷和教育评价等数字教育工具和平台,营造"人人可学、时时可学、处处可学"的智慧学习环境,增强教与学的互动性与实践性。

数字素养提升。通过培训和实践,提升教师和学生的数字化应用能力,探索虚实融合、沉浸交互的混合式教学模式。数字技术的广泛应用,数字艺术作品、虚拟艺术作品等的出现，为文化艺术行业工作者提供全新的创作灵感，以更为个性化和灵活的艺术感知与表达方式，获得更深刻、更独特地数字化艺术欣赏和体验，在更好的文化艺术特色坚守下，推动数字化技术与数字素养提升的深度融合。

6. 奋力书写国际合作"新篇章"

教学国际化是提升职业教育全球竞争力的重要途径。通过统筹职业教育"引进来"和"走出去"，搭建国际交流合作平台，塑造职业教育国际交流品牌，突围中华优秀传统文化国际传播途径。

深化服务国家战略。主动融入"一带一路"倡议等重大战略，推动文化艺术职业教育国际化发展，发挥教育教学资源"辐射引领力"，共创职教国际品牌服务项目，增强中华文化的国际传播力。

持续推动职教出海。依托实质运行的国际职业教育合作项目，与行业企业共同研制基础良好、业内领先、具有较高国际认可度的专业教学标准、课程标准和实习实训标准等，推动相关标准出海。加强与其他国际艺术院校的合作，扩大国际交流规模，推动师生交流、学术合作和联合办学，提升职业教育国际影响力。

扎实开展留学中国。吸纳国外学生来校留学，推动学分互认、师资共培、课程共建等实质性合作，扩大国际合作的深度和广度，提升国际化办学能力，增强文化软实力，提高职业教育的国际竞争力。

分报告 2：中国文化艺术中等职业教育年度报告

（2022—2023 年）

近年来，国家相继出台《国家职业教育改革实施方案》《职业教育提质培优行动计划（2020—2023年）》《关于深化现代职业教育体系建设改革的意见》等一系列文件，强调夯实"中等职业教育基础作用"，高质量推动产业转型升级要靠中等职业教育提供坚实人才支撑，构建现代职业教育体系的基础在中职。文化艺术中等职业教育是现代职业教育体系中不可或缺的部分，作为全国文化艺术教育的基础，有必要摸清当前文化艺术中职教育的基本情况。本报告是基于2022—2023年全国文化艺术中等职业学校质量年报数据为基础，分析全国文化艺术中职教育基本概况、发展情况、存在挑战和未来展望与对策建议，为摸清文化艺术中等职业教育底数奠定基础。

一、全国文化艺术中等职业教育概况

（一）学校数量与分布

根据教育部2022年相关办学数据显示，全国中等职业（以下简称中职）教育共有学校7 201所。本调研以中等职业学校名称中有"艺术""文化""美术""文艺""戏曲""戏剧""舞蹈""音乐""演艺""影视""电影""传媒"等字样为标准，选出文化艺术类中职专门学校253所，作为主要调研对象。这些学校分布于我国29个省级行政区，详见图2-8。文化艺术中等职业学校分布较广的省份，如辽宁省、河北省，学校数量均在20所以上，分别有25所和24所，山西省、山东省、江苏省有15~20所，北京市、浙江省、河南省、湖北省、广东省、广西壮族自治区有10~15所。相对较少的省份，如青海省、贵州省有1所，天津市、湖南省有2所。

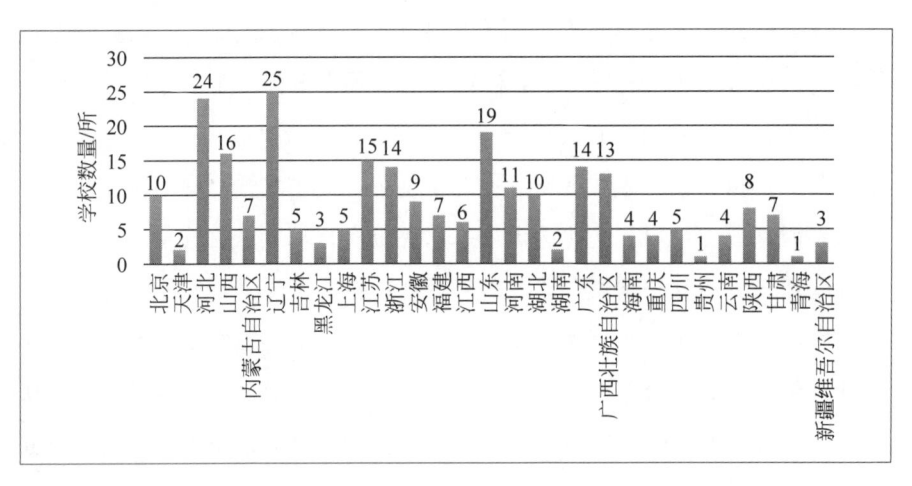

图2-8 全国文化艺术中等职业学校省域分布统计

（二）学校性质与专业设置

1. 学校办学性质

根据对主要调研的253所文化艺术类中等职业学校的办学性质分类统计，当前全国文化艺术类中等职业学校公办性质比例约占60.49%，而民办性质占比为39.51%，见图2-9。

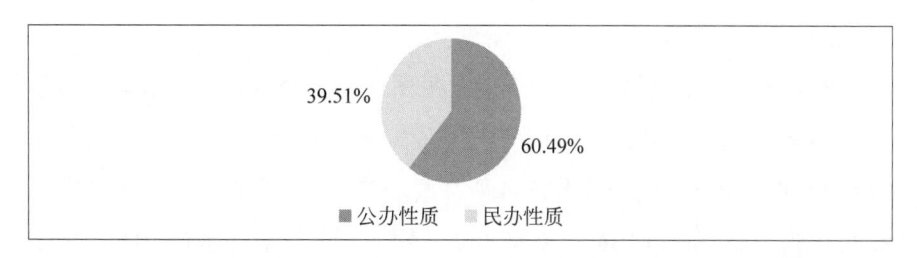

图 2-9 全国文化艺术中等职业学校办学性质占比情况

2. 专业开设与分布

对照教育部 2021 年中等职业教育专业目录，根据"中国教育在线"的最新专业设置记录，统计全国 31 个省份设置文化艺术大类专业的情况。文化艺术大类专业下设表演艺术类、艺术设计类、民族文化艺术类、文化服务类四个中类专业，各专业类下设专业数量分别是 12 个、12 个、6 个和 3 个，共计 33 个专业。

1）表演艺术类

表演艺术类专业下设 12 个专业，见图 2-10。全国设置表演艺术类专业学校中，音乐表演专业有 653 所中等职业学校开设，其次是舞蹈表演专业有 475 所。由此可见，音乐表演、舞蹈表演等相对大众的专业，在综合类的中等职业学校开设也很广泛。另外，表演艺术类专业设置，专业之间也呈现不平衡状态，比如木偶与皮影表演及制作、数字音乐制作专业分别只有 1 所和 4 所学校开设。

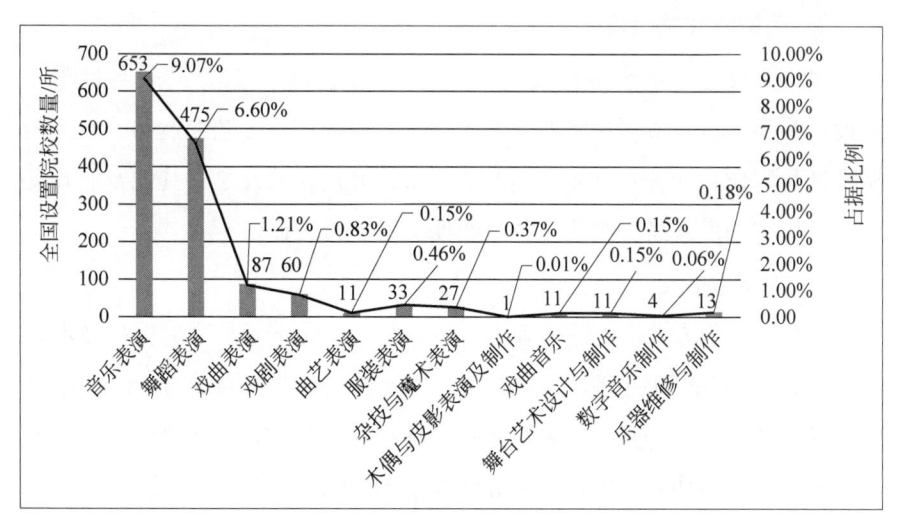

图 2-10 全国中等职业学校表演艺术类专业设置数量及比例

2）艺术设计类

艺术设计类专业共有 12 个专业，见图 2-11。全国设置艺术设计类专业的学校中，有 641 所中等职业学校开设工艺美术专业，其次是绘画专业 598 所开设和艺术设计与制作 544 所开放。美发与形象设计、美容美体艺术也分别有 482 所和 336 所院校开设。数字影像技术专业有 102 所学校开设，动漫与游戏设计有 89 所学校开设，除此之外其他专业开设较少，皮革制品设计与制作专业仅 8 所学校开设。

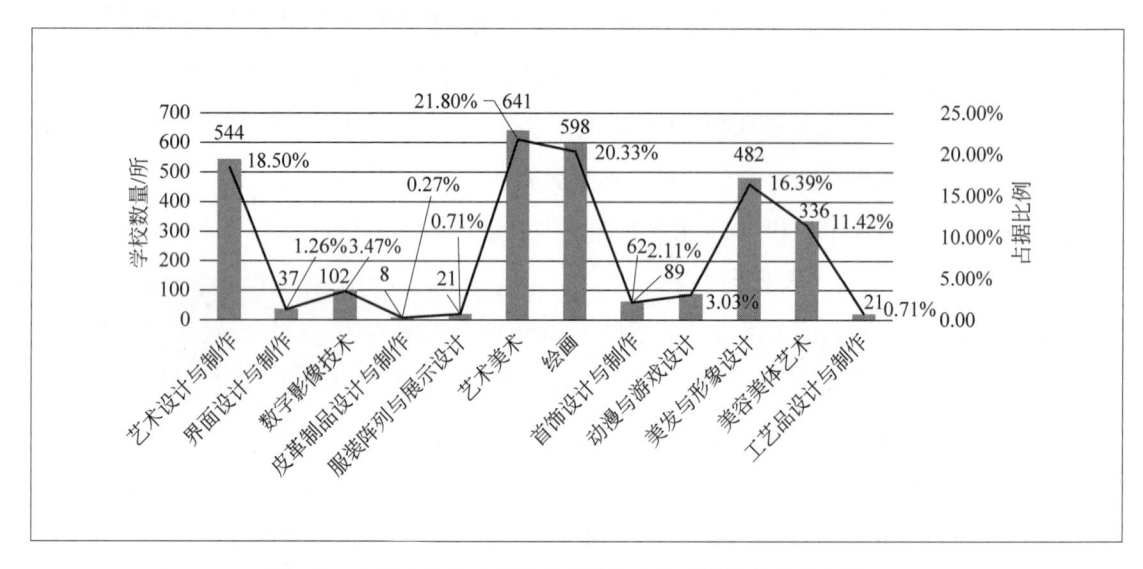

图 2-11　全国中等职业学校艺术设计类专业设置数量及比例

3）民族文化艺术类

民族文化艺术类专业共设 6 个专业，见图 2-12。民族音乐与舞蹈专业设置最多，有 176 所中等职业学校开设，民间传统工艺专业和民族工艺品设计与制作专业分别有 42 所和 33 所学校开设，除此之外其他专业开设较少，特别是民族纺染织绣技艺专业仅 4 所学校开设。

4）文化服务类

文化服务类专业有 3 个专业，分别是社会文化艺术、文物保护技术和图书档案数字化管理专业（见图 2-13）。社会文化艺术专业有 380 所中等职业学校开设，可能跟专业名称比较宽泛有一定关系。除此之外文物保护技术专业和图书档案数字化管理分别仅有 10 所和 2 所学校开设。

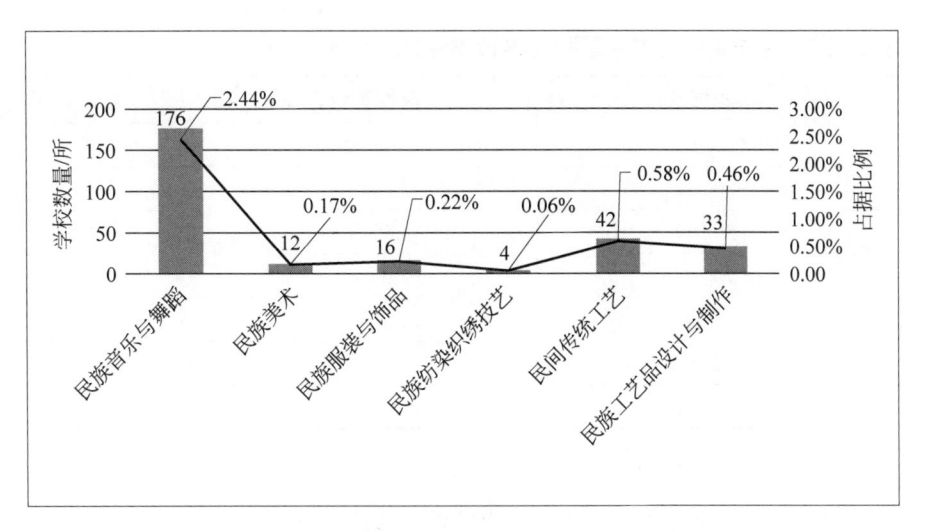

图 2-12　全国中等职业学校民族文化艺术类专业设置数量及比例

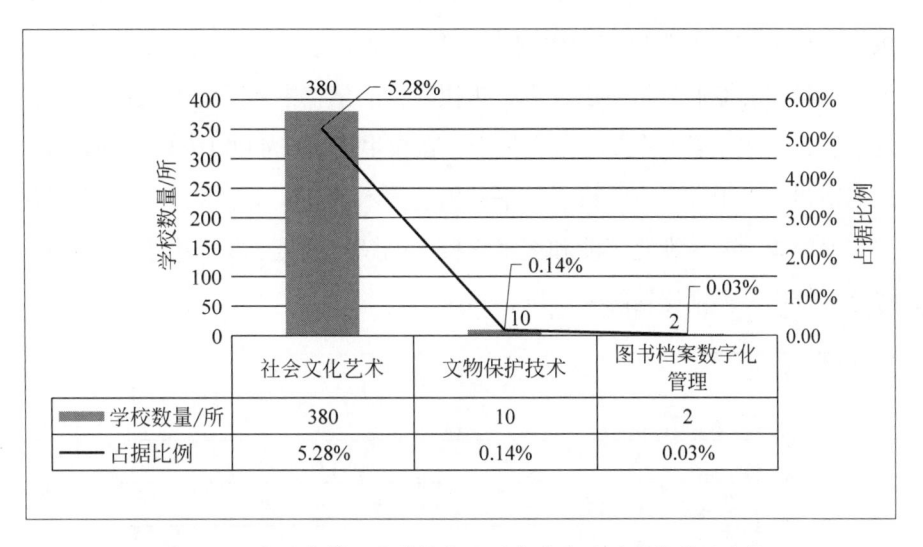

图 2-13　全国中等职业学校文化服务类专业设置数量及比例

（三）学生规模及比较

根据教育部 2010 年中等职业学校设置标准中提到的校均规模 1 200 人，艺术类中职学校校均人数规模总体不高。当前文化艺术类中职学校规模 1 000 人以上的学校 77 所，占比 30.44%。500～1 000 人规模的学校 84 所，占比 33.2%，500 人以下的学校有 82 所，占比 32.41%（见表 2-27）。

表 2-27　全国文化艺术中等职业学校学生规模院校数量

校内学生规模	院校数量/所	占比/%
100 人以下	11	4.35
100～300 人	45	17.79
300～500 人	36	14.23
500～700 人	42	16.60
700～1 000 人	42	16.60
1 000～2 000 人	51	20.16
2 000 人以上	26	10.28

分省统计显示，河北、安徽、山东等省份的文化艺术中职学校在校生总规模较大，省均在校生人数 2 万人以上（见图 2-14）。同样的，这些省级行政区平均每所学校在校生规模也大（见图 2-15），平均在 2 000 人以上。从具体的专业分析可以发现，规模较大的学校主要是艺术设计类专业的学生人数比较多。在 253 所院校中，在校生规模在 4 000 人以上的院校，比如宿州艺术中等专业学校、镇平县工艺美术中等职业学校、广东华文航空艺术职业学校、淮北工业和艺术学校、无极野风美术职业中学，专业设置范围较广，类别比较综合。

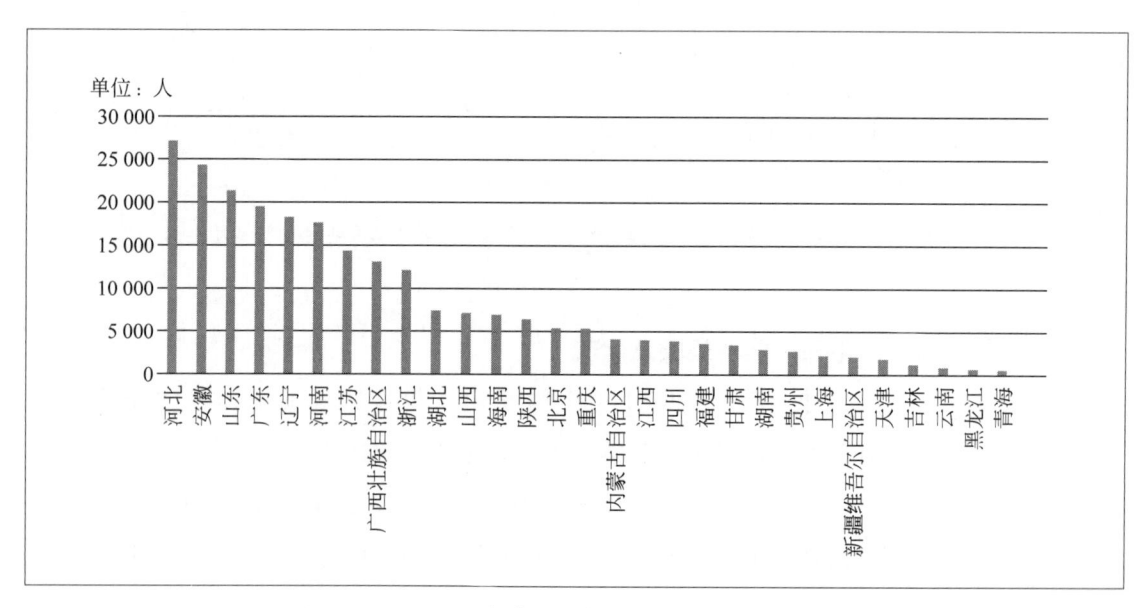

图 2-14　文化艺术中等职业学校省级行政区学生总规模

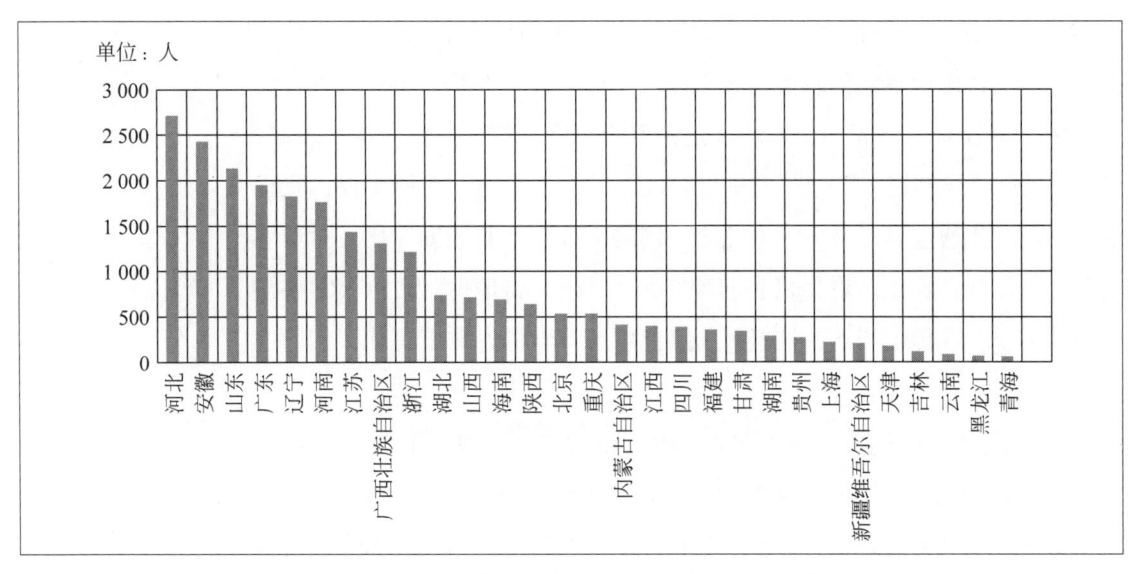

图 2-15 文化艺术中等职业学校省级行政区平均每所学校规模

二、全国文化艺术中职学校发展情况

（一）人才培养成果

1. 立德树人成效

中职阶段的学生处于青春期，年龄较小，自我约束能力较弱，相对于普通中学的学生，学习习惯相对较差，"偏航"的概率相对较高。艺术类中职学校学生特别是表演艺术类专业学生部分年龄更小，需要学校及社会给予更多关注。同时中职阶段学生处于世界观、人生观、价值观的形成期，可塑性很强。中职学生的系统思想政治教育，特别是"三观"教育，是非常关键的。同时，要将精艺修为、工匠精神、团队精神、创新精神和契约意识、合作意识、诚信意识的教育，作为艺术中职生"成人"的"必修课"。学生的良好德育素养，也是学校高质量办学的名片。

艺术类中职学校围绕"立德树人"这一根本任务，积极探索、大胆创新，采取了丰富多元、别具一格的教育举措，有很多值得推广和借鉴的经验。山东的临沂艺术学校安排学生前往革命烈士陵园，开展"我为英雄描碑文"爱国主义教育活动。学生结合自己的专业，以实际行动缅怀革命先烈，弘扬爱国主义精神，深化党史学习教育。福建的厦门艺术学校在公共基础课中进行以课本剧为载体的教学方法、教学模式改革，将思政教育贯穿其中。该校舞蹈班表演课本剧《迷茫与成长》，学生们融合舞蹈表演，展现旧时代"祥林嫂""窦娥""别里科夫"的悲惨命运，大胆想象，联想他们在新时代通过自身努力过上完全不同的幸福生活，新旧对比，对学生起到很好的教育作用。歌舞班表演《"西"游记》将地理、政治等学科知识巧妙融合，宣传了当下乡村振兴、绿色生态等党的好政策等。

典型案例 2-11 开学第一课"敬师三礼"（浙江艺术学校）

浙江艺术学校的戏曲表演专业多年来秉承戏曲传统精神，常态化开展"敬师三礼"活动。通过党支部主题党日、团支部主题团日、升旗仪式等活动，通过线上线下相结合的形式，开展"敬师三礼"主题活动。新生进校"开班第一课"，举行学生和班主任、各任课老师见面、行礼仪式，以庄重的方式开启学艺之路。课堂上、教师节，学生对老师行敬师礼，以简朴而真诚的方式感谢老师的教导之恩。毕业之际，学生对老师行谢师礼，随后入团实习，以真挚而郑重的方式结束在浙江艺术学校的学艺之程。

2. 技能成长展示

艺术人才的成长历程有着其独特之处，决定了艺术教育必须趁早开始，注重"童子功"的扎实训练。作为艺术教育的起始关键阶段，文化艺术类中职学校为学生量身打造契合艺术发展的学习路径。高度重视实践训练，积极为学生创造更多参与实际演出、设计等工作的机会，让学生在实战中积累经验，大幅提高自身的实践水平。当孩子对艺术萌生浓厚兴趣，并坚定希望踏上艺术发展道路时，选择艺术中职学校无疑是极为必要且明智的决定。它将成为孩子开启艺术梦想大门的钥匙，助力他们在艺术的广阔天地中展翅翱翔，追逐属于自己的璀璨星光。现选取典型的赛事代表展示学生技能成长的成果。

1）第十三届"桃李杯"全国青少年舞蹈教育教学成果展示活动优秀学校

"桃李杯"全国青少年舞蹈教育教学成果展示活动是由文化和旅游部

主办的代表了我国当前舞蹈教育水平和最高教学成果的重要艺术专业赛事。赛事作品表达内容紧扣时代、贴近大众、贴近生活，讲品位、重格调、传播正能量，弘扬社会主义核心价值观，坚持"立德树人"，展现新时代舞蹈专业学子活泼生动、奋发有为的精神风貌。获奖作品中有上海戏剧学院附属舞蹈学校、沈阳音乐学院附属中等舞蹈学校、苏州市艺术学校、广州市艺术学校、广西艺术学校等5所艺术中职学校入选了13件舞蹈作品，展现了中职舞蹈的专业最高水平（见表2-28）。

表2-28 第十三届"桃李杯"全国青少年舞蹈教育教学成果展示活动优秀学校

学　　校	剧目/组合名称	获奖学生及指导老师名单
上海戏剧学院附属舞蹈学校	中国古典舞技术技巧组合《风吟》	学生名单：陈树一 指导教师名单：徐礼　薛晨礽　李赟
	中国古典舞技术技巧组合《云想霓裳》	学生名单：池映萱 指导教师名单：裴雅婷　卢奕佳　张艳君
	中国古典舞技术技巧组合《皓月僚影》	学生名单：陆思琦 指导教师名单：颜子淇　毛乾婷　朱春梅
	维吾尔族表演性组合《心尖尖》	学生名单：高禄茜 指导教师名单：陆妍　张靓靓　倪倩云
	《巴基塔》女变奏、Coda《寻找的契约》	学生名单：刘媛锦 指导教师名单：林美芳　邱璇　李佳
	《青·律》	学生名单：许海琴　黄子欣　翟可卿等 指导教师名单：杨已磊　李阿丹　李倩
	芭蕾舞独舞青年女子组、芭蕾舞少年女子组《一叶听秋》	孔令琳
沈阳音乐学院附属中等舞蹈学校	中国古典舞技术技巧组合《西行》	学生名单：王浩旭 指导教师名单：白雪峰　高杨
	朝鲜族风格组合《偷偷长大》	学生名单：许译匀 指导教师名单：张淼
	《满韵情》	学生名单：姜祯煜　王艺纯等 指导教师名单：王海峰　陆欣欣　宋欣
苏州市艺术学校	《泥韵薪传》	学生名单：鲍文浩　刘浩宇　刘爽　肖司晨等 指导教师名单：郝婉彤　魏彦政　杨文艺
广州市艺术学校	《宫》《堂吉诃德》三幕女变奏、Coda	学生名单：杨小波 指导教师名单：倪怡华
广西艺术学校	《节节高》	学生名单：黄月盈　李奕晗　成雨诺等 指导教师名单：危先旺　覃福邦　何俊婷

典型案例 2-12 专业赛事助力职业舞蹈之路（上海戏剧学院附属舞蹈学校）

> 上海戏剧学院附属舞蹈学校在第十三届"桃李杯"全国青少年舞蹈教育教学成果展演活动中有 22 位学生获优秀表演人才奖。该校于 2017 年总结"课堂教学、剧目创作、舞台实践"三位一体的专业教学模式，获上海市教学成果奖（职业教育）一等奖。学校在课堂教学的基础上，着重培养学生舞蹈节目编创思维能力，搭建学生舞台实践实训平台，组织学生参与国内外比赛演出，通过以演促训、以训促学的形式，提升学生舞蹈专业技术技巧及舞台艺术表现能力，为学生职业舞蹈发展道路夯实专业基础。

2）第四届"梨花杯"全国青少年戏曲教育教学成果展示活动入选名单

"梨花杯"全国青少年戏曲教育教学成果展示活动是由文化和旅游部主办的，汇聚和培育全国优秀青少年戏曲人才、展现和交流戏曲教育教学最新成果的权威平台。第四届"梨花杯"全国青少年戏曲教育教学成果展示活动中来自上海、浙江、安徽、福建和江苏的 30 所艺术院校分别展示了京剧、昆剧、锡剧、扬剧、越剧、婺剧、绍剧、黄梅戏、高甲戏等剧种。其中有 15 所艺术类中职入选了 20 件戏曲作品（见表 2-29）。武义县职业技术学校，虽然校名不体现艺术，但实际上该校有四块牌子，其中一块就是兰香艺术学校。足以可见，戏曲的学子在有底蕴的艺术学校学习，才有功底在重要的大赛中崭露头角。

表 2-29 第四届"梨花杯"全国青少年戏曲教育教学成果展示活动入选名单

学校名称	组别	剧目	剧种
保定艺术学校	戏曲器乐演奏	《大登殿》选段，《陈三两》选段	河北梆子
山西艺术职业学院附属中等艺术学校	戏曲表演地方戏	《挂画》	晋剧（山西梆子）
	戏曲表演地方戏	《小宴》	晋剧（山西梆子）
	戏曲表演地方戏	《失子惊疯》	晋剧（山西梆子）
长治文化艺术学校	戏曲表演地方戏	《芦花荡》	上党落子
运城市文化艺术学校	戏曲表演地方戏	《伍员逃国》	蒲剧（蒲州梆子）
苏州市艺术学校	戏曲表演京昆组	《西厢记·佳期》	昆剧
	戏曲表演京昆组	《牡丹亭·寻梦》	昆剧
无锡文化艺术学校	戏曲表演地方戏	《珍珠塔·跌雪》	锡剧
扬州文化艺术学校	戏曲表演地方戏	《挡马》	扬剧

续表

学校名称	组别	剧目	剧种
江苏省戏剧学校	戏曲表演地方戏	《三请樊梨花·初请》	锡剧
嵊州越剧艺术学校	戏曲表演地方戏	《牡丹亭·醉画》	越剧
绍兴艺术学校	戏曲表演地方戏	《斗姆阁·打半山》	绍剧
绍兴艺术学校	戏曲表演地方戏	《摇钱树》	绍剧
武义县职业技术学校	戏曲器乐演奏	《三请梨花》	婺剧
福建省泉州艺术学校	戏曲表演地方戏	《岭婆打》	高甲戏
山东省文化艺术学校	戏曲表演京昆组	《行路训子》	京剧
山东省文化艺术学校	戏曲表演地方戏	《老羊山》	山东梆子
汕头文化艺术学校	戏曲器乐演奏	《扫窗会》	潮剧
海南省文化艺术学校	戏曲表演地方戏	《红色娘子军》选段	琼剧

3）全国职业院校技能大赛学生技能获奖

全国职业院校技能大赛学生艺术技能赛事是教育部主办的，旨在强化示范引领，促进教学水平提升，推进我国戏曲艺术职业教育教学的改革和发展，充分展示全国中职业院校戏曲表演专业的教育教学成果，着力促进学生综合职业能力和职业精神的培养，为推出优秀戏曲表演人才搭建平台，为传承弘扬中华优秀传统文化艺术提供人才保障。2022—2023年，全国职业院校技能大赛学生艺术技能有戏曲表演、模特表演、声乐器乐表演、艺术设计、美术造型等赛项，获得奖次的学校清单见表2-30。

表2-30 艺术类全国职业院校技能大赛（中职组）获奖名单

赛项	学校	奖次	年份
戏曲表演	浙江艺术学校	一等奖	2022
戏曲表演	山西艺术职业学院附属中等艺术学校	一等奖	2022
戏曲表演	苏州市艺术学校	一等奖	2022
戏曲表演	山东省文化艺术学校	二等奖	2022
戏曲表演	湖北省艺术学校	二等奖	2022
戏曲表演	湖南省艺术学校	二等奖	2022
戏曲表演	江苏省戏剧学校	二等奖	2022
戏曲表演	沈阳师范大学附属艺术学校	二等奖	2022
戏曲表演	衡阳市艺术学校	三等奖	2022
戏曲表演	福州市艺术学校	三等奖	2022
戏曲表演	厦门艺术学校	三等奖	2022

续表

赛　项	学　校	奖　次	年　份
戏曲表演	金华艺术学校	三等奖	2022
戏曲表演	青岛艺术学校	三等奖	2022
戏曲表演	湖北黄冈艺术学校	三等奖	2022
模特表演	江苏模特艺术学校	一等奖	2022
模特表演	武汉市艺术学校	二等奖	2022
模特表演	新疆艺术学院附属中等艺术学校	三等奖	2022
声乐、器乐表演	中国音乐学院附中	一等奖	2023
声乐、器乐表演	南京艺术学院附属中等艺术学校	一等奖	2023
声乐、器乐表演	中央音乐学院附中	一等奖	2023
声乐、器乐表演	山东省民族中等专业学校	一等奖	2023
声乐、器乐表演	江苏省戏剧学校	一等奖	2023
声乐、器乐表演	青岛艺术学校	一等奖	2023
声乐、器乐表演	中央音乐学院鼓浪屿钢琴学校	一等奖	2023
声乐、器乐表演	天津音乐学院附属中等音乐学校	二等奖	2023
声乐、器乐表演	重庆艺术学校	二等奖	2023
声乐、器乐表演	浏阳市职业中专	二等奖	2023
声乐、器乐表演	浙江艺术学校	二等奖	2023
声乐、器乐表演	安徽艺术职业学院	二等奖	2023
声乐、器乐表演	福州文教职业中专学校	二等奖	2023
声乐、器乐表演	山东省烟台艺术学校	二等奖	2023
声乐、器乐表演	上海戏剧学院附属戏曲学校	二等奖	2023
声乐、器乐表演	大连艺术学校	三等奖	2023
声乐、器乐表演	湖南省艺术学校	三等奖	2023
声乐、器乐表演	新疆艺术学院附属中等艺术学校	三等奖	2023
声乐、器乐表演	石家庄市艺术学校	三等奖	2023
声乐、器乐表演	山西艺术职业学院附属中等艺术学校	三等奖	2023
声乐、器乐表演	珠海艺术职业学院中职部	三等奖	2023
声乐、器乐表演	晋中市艺术学校	三等奖	2023
声乐、器乐表演	郑州艺术幼儿师范学校	三等奖	2023
艺术设计	重庆市工艺美术学校	一等奖	2023
艺术设计	武汉市艺术学校	二等奖	2023
艺术设计	石家庄文化传媒学校	三等奖	2023
艺术设计	山东省威海艺术学校	三等奖	2023
艺术设计	浙江省湖州艺术与设计学校	三等奖	2023
美术造型	武汉市艺术学校	一等奖	2023
美术造型	河北艺术职业中学	二等奖	2023
美术造型	安吉艺术高级中学	二等奖	2023
美术造型	重庆市工艺美术学校	二等奖	2023
美术造型	上海市工艺美术学校	三等奖	2023

4）文化艺术中等职业学校参与的其他重要艺术专业赛事

2022年和2023年还举办了第九届全国优秀儿童戏剧展演、第十四届全国舞蹈展演、第十六届"五个一工程"中国杂技艺术创新工程，这些赛事都是艺术领域的重要活动。广西艺术学校、青海省文化艺术职业学校、成都市文化艺术学校、上海市马戏学校等中职艺术学校，也以自己的优秀剧目作品获得相应的荣誉（见表2-31）。

表 2-31　文化艺术中等职业学校参与其他重要艺术专业赛事

序号	赛事名称	剧目名称	演出单位
1	第九届全国优秀儿童戏剧展演	邕剧《骄傲的画眉鸟》	南宁市民族文化艺术研究院、广西艺术学校
2	第十四届全国舞蹈展演参演作品名单	《心之鼓》	青海省文化艺术职业学校
3		《说唱俑》	成都市文化艺术学校（成都市实验艺术团）
4	第十六届"五个一工程"中国杂技艺术创新工程	《战上海》	上海杂技团有限公司 上海市马戏学校

5）第三届CEFA全国艺术职业教育舞蹈教学成果展演教学群舞剧目展演

芳华杯CEFA全国艺术职业教育舞蹈教学成果展演是由中国艺术职业教育学会主办，以瞄准新时代艺术职业教育内涵建设为目标，聚焦舞蹈艺术人才培养和艺术创作，切实担当文化传承、服务社会的责任与使命。北京舞蹈学院附属中等舞蹈学校、广西艺术学校等10所艺术中职学校带来了12件群舞剧目作品（见表2-32）。

表 2-32　文化艺术中等职业学校第三届CEFA全国艺术职业教育舞蹈教学群舞剧目展演

序号	教学群舞剧目	演出单位
1	《远行亦归途》	北京舞蹈学院附属中等舞蹈学校
2	《朵洛火》	北京舞蹈学院附属中等舞蹈学校
3	《节节高》	广西艺术学校
4	《曙光》	广州市艺术学校（广州大学附属艺术学校）
5	《英俊少年》	内蒙古艺术学院附属中等艺术学校
6	《海上稻花香》	青岛艺术学校
7	《心之鼓》	青海省文化艺术职业学校

续表

序号	教学群舞剧目	演出单位
8	《在希望的田野上》	上海戏剧学院附属舞蹈学校
9	《渔篮谣》	无锡文化艺术学校
10	《鼓铃声声》	新疆艺术学院附属中等艺术学校
11	《牛·弦·情》	云南艺术学院附属艺术学校
12	《春耕》	

6）获取技能证书

为适应市场需求，文化艺术类中职学校努力实施职业技能证书进教学计划的人才培养规划，积极开展多形式、多内容的培养培训工作，毕业生实行双证书制度。根据对 206 所学校填报的数据统计，共有 89 所中职学校开展了学生技能证书考试，约占总体院校 43.2%，获证比例约为 20.11%。根据对获证比例较高的学校查询可知，一般包括服装缝纫、音乐综合及美术基础、钢琴、舞蹈等专业等级证书，人物化妆造型、电商直播、游戏美术设计、室内设计、服装陈列、器乐艺术指导等"1+X"证书。

3. 就业升学兼顾

随着科技进步、社会发展，尤其是人工智能时代的到来，低层次的就业岗位大幅度减少，而中高层次岗位的履职要求越来越高、越来越综合、越来越跨界，远非中职毕业生能够胜任。教育部与时俱进地提出把中职教育的办学定位由以就业为导向，转变为"升学与就业并举"，对我国中职教育的创新发展产生积极影响。它不仅契合了新时代企业、社会对高技能人才的需求，满足了家长（学生）对接受高层次教育的期待，而且更有利于促进"中高本硕博一体化"现代职教体系的建设，让中职教育成为"后进生"素质提升、素养形成的摇篮，成为高职教育的生源蓄水池，成为夯实技能型人才成长基础、切实提高高技能人才培养质量的助推器。

根据 253 所文化艺术类中职学校的质量年报数据显示，204 所中职学校填写了学生的毕业及升学数据表，2023 学年 204 所中职学校毕业生数量合计为 48 989 人，平均每所学校毕业学生约 240 人。在这些毕业生当中有 34 079 人升学，进入高一级学校深造的比例为 69.5%。其中升入本科院校的学生有 9 516 人，比例约为 27.92%。以 2023 年为例，有 30 所艺术中职学校表示他们的毕业生全部升学，名单见表 2-33；有 10 所艺术中职学校学生全部升入本科学校继续深造学习，名单见表 2-34。

表 2-33　2023 年文化艺术中等职业学校学生全部实现升学的学校名单

序号	学 校 名 称	序号	学 校 名 称
1	中央音乐学院附属中等音乐学校	16	张家口青少年艺术中等专业学校
2	北京市爱莲舞蹈学校	17	石家庄美术职业学校
3	北京市国际美术学校	18	辽宁文化艺术学校
4	河北中西艺术设计中等专业学校	19	沈阳音乐学院附属舞蹈学校
5	河北艺术职业中学	20	牡丹江市远东舞蹈学校
6	石家庄华唐艺术职业高中	21	苏州评弹学校
7	沈阳乐府艺术学校	22	中国美术学院附属中等美术学校
8	鞍山市艺术学校	23	厦门市音乐学校
9	大连市兰克艺术中等职业学校	24	贺州民族旅游艺术职业学校
10	沈阳东方传媒学校	25	襄阳市艺术学校
11	沈阳翼众东北美术学校	26	南宁创艺艺术学校
12	鲁迅美术学院附属中等美术学校	27	广西演艺职业学院附属中等职业学校
13	上海市工艺美术学校	28	重庆舞蹈学校
14	上海音乐学院附属中等音乐专科学校	29	十堰艺术学校
15	安吉艺术高级中学	30	武汉华中艺术学校

表 2-34　2023 年学生全部升入本科的学校名单

序号	学 校 名 称	序号	学 校 名 称
1	中央音乐学院附属中等音乐学校	6	牡丹江市远东舞蹈学校
2	张家口青少年艺术中等专业学校	7	苏州评弹学校
3	石家庄美术职业学校	8	中国美术学院附属中等美术学校
4	辽宁文化艺术学校	9	厦门市音乐学校
5	沈阳音乐学院附属舞蹈学校	10	贺州民族旅游艺术职业学校

2023 年，204 所艺术中职学校毕业生共计 48 989 人，直接就业学生 14 910 人，占毕业生总量的 30.5%。就业的毕业生选择在当地直接就业的人数为 10 857 人，占比 72.82%，而选择到西部和东北地区就业的学生只有 724 人，只占比 4.86%。到中小微企业就业的毕业生占比 57.02%，到大型企业就业的只占到总数的 4.43%，见图 2-16。

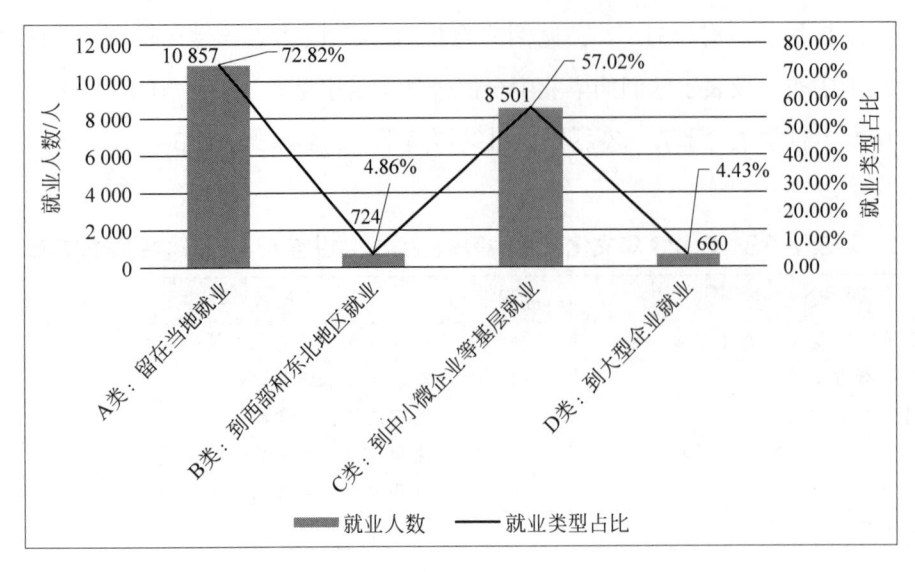

图 2-16　文化艺术中等职业学校直接就业情况

（二）教学建设改革

1. 优质重点校建设

教育部于 2000 年开始，分批次公布了国家级重点中等职业学校建设名单。全国已建成近千所国家中等职业教育改革发展示范学校，2 000 所中等职业学校依次达到省级骨干学校建设标准，国家级、省级示范（骨干）学校等优质资源覆盖一半以上的在校生，累计为国家输送近 7 000 万高素质劳动者和技术技能人才。根据调查显示，本报告涉及的 253 所中有约 45 所先后进入国家级重点中等职业学校建设名单，主要分布于 20 多个省级行政区，北京、辽宁、上海、山东等上榜均在 4 所及以上，具体名单详见表 2-35。

表 2-35　文化艺术类部分国家级重点中等职业学校建设名单

序号	所属省（区）市	学校名称	年　份
1	北京市	北京舞蹈学院附属中等舞蹈学校	2000
2		中央音乐学院附属中等音乐学校	2000
3		北京市实用美术职业学校	2004
4		北京市戏曲学校	2000
5		北京工艺美术学校	2000
6	天津市	天津市艺术学校	2000
7	河北省	石家庄美术职业学校	2000

续表

序号	所属省（区）市	学校名称	年份
8	黑龙江省	黑龙江省艺术学校	2000
9		大庆艺术学校	2000
10	山西省	临汾市文化艺术学校	2006
11		山西省戏曲学校	2000
12	吉林省	长春艺术学校	2000
13		吉林省戏曲学校	2000
14		吉林省工艺美术设计学校	2000
15	辽宁省	辽宁省艺术学校	2000
16		沈阳乐府艺术学校	2010
17		沈阳师范大学附属艺术学校	2004
18		沈阳民族艺术学校	2010
19	上海市	上海戏曲学院附属戏曲学校	2000
20		上海戏曲学院附属舞蹈学校	2000
21		上海市工艺美术学校	2000
22		上海音乐学院附属中等音乐专科学校	2000
23	江苏省	江苏省戏剧学校	2000
24	浙江省	浙江艺术学校	2000
25		湖州艺术与设计学校	2000
26	安徽省	安徽省艺术学校	2000
27	山东省	山东省艺术学校	2000
28		青岛艺术学校	2005
29		潍坊艺术学校	2000
30		临沂艺术学校	2000
31		烟台艺术学校	2000
32		泰安艺术学校	2000
33		山东省轻工美术学校	2000
34	河南省	南阳文化艺术学校	2005
35		郑州市艺术工程学校	2010
36	湖北省	湖北省艺术学校	2000
37	湖南省	湖南省艺术学校	2000
38		湖南省工艺美术设计学校	2000
39	四川省	四川省舞蹈学校	2000
40		四川省川剧学校	2000
41	广东省	湛江艺术学校	2005
42		星海音乐学院附属中等音乐学校	2009
43	广西壮族自治区	广西艺术学院附属中等艺术学校	2005
44	云南省	云南省艺术学校	2000
45	内蒙古自治区	鄂尔多斯市民族艺术学校	2010

2022年前后，教育部启动了中等职业教育的"双优计划"，旨在推动中等职业教育的高质量发展，通过集中力量建成一批具有示范引领作用的优质中等职业学校和优质专业，提升中等职业教育水平，计划在3～5年时间内建成约1 000所国家级优质中职学校，并遴选3 000个优质专业。遴选标准包括办学条件、教育质量、专业设置与经济社会发展需求的契合度等方面。江苏、浙江、安徽、河南、湖北、湖南、青海、广东等10多个省份，为集中力量建设一批中等职业教育优秀学校和优质专业（群），夯实职业教育发展基础，整体提升中等职业教育办学水平和人才培养质量，先后立项省级高水平中等职业学校、优质专业等建设计划（见表2-36）。

表2-36 省级双优计划文件及部分内容摘要

序号	省（区）市	文件	主要内容
1	海南省	《关于实施海南省优秀中等职业学校和优质专业建设计划的通知》	紧紧围绕推动现代职业教育高质量发展的国家战略，海南省将重点支持建设10所左右基础能力强、校企合作深入、办学质量高的省级优秀中等职业学校和50个左右优质专业群，推动海南现代职业教育高质量发展，服务旅游业、现代服务业、高新技术产业、热带特色高效农业四大主导产业发展和海南自贸港建设
2	青海省	《青海省中等职业教育优秀学校和优质专业建设实施方案》	青海省重工业职业技术学校等8所中职学校成为优秀学校建设单位，青海省文化艺术职业学校舞蹈表演专业等10所中职学校的12个专业成为优质专业（群）建设单位
3	湖南省	《湖南省高水平高职学校和专业群及优质中职学校和专业（群）建设计划实施方案》	计划在"十四五"期间，遴选建设30所左右高水平高职学校（含职业本科学校）、150个左右高水平专业群、60所左右优质中职学校、200个左右优质专业（群）
4	湖北省	《关于公布湖北省优质中等职业学校和优质专业建设计划立项建设名单的通知》	确定全省70所中等职业学校立项建设省级优质中等职业学校和120个专业立项建设省级优质专业
5	重庆市	《重庆市推动现代职业教育高质量发展措施》	到2023年建设50所优质中职学校和210个优质专业，建设一批优质技工学校和专业；支持区县（自治县）和两江新区、西部科学城重庆高新区、万盛经开区（以下统称区县）统筹职业教育资源，加大职教中心建设力度，通过合并、合作、托管、集团办学等方式，整合一批"空、小、散、弱"学校，到2025年全市中职学校数量调减至120所左右

续表

序号	省（区）市	文　件	主要内容
6	辽宁省	《辽宁省教育厅办公室 辽宁省财政厅办公室关于开展中等职业教育优秀学校和优质专业建设项目申报工作的通知》	沈阳市外事服务学校等43所中等职业学校为辽宁省中等职业教育优秀学校立项建设学校，沈阳市外事服务学校高星级饭店运营与管理专业等192个专业为辽宁省中等职业教育优质专业立项建设专业
7	山东省	《关于公布第一批山东省高水平中等职业学校立项建设名单的通知》	确定济南市工业学校等70所学校为第一批山东省高水平中等职业学校立项建设单位。省教育厅、省财政厅联合启动中等职业教育专业特色化建设计划，重点面向新旧动能转换、乡村振兴、海洋强省等重大工程及区域支柱性、新兴产业，集中力量建设300个左右中等职业教育特色化专业
8	甘肃省	《关于开展甘肃省优质中等职业学校建设计划项目申报的通知》	建设10所高水平高职院校和30个左右高水平专业群，支持建设两三所职业本科院校和一批职业本科专业，建立中高本纵向贯通的职业教育培养体系
9	江苏省	《关于开展江苏省优秀中等职业学校和优质专业申报工作的通知》	拟确定30所学校为江苏省优秀中等职业学校建设单位，20所学校为江苏省优秀中等职业学校培育建设单位，151个专业为江苏省中等职业教育优质专业
10	浙江省	《浙江省教育厅 浙江省财政厅关于组织开展高水平职业院校和专业群建设工作的通知》	提升我省职业教育办学水平，加强高素质技术技能人才培养，打造高水平创新型省份，为经济社会发展提供强有力支撑，60个中职高水平学校，170个中职高水平专业
11	广东省	《广东省教育厅关于实施广东省高水平中职学校建设计划的通知》	以立德树人为根本任务、服务发展为宗旨、促进就业为导向、内涵建设为重点、专业群建设为载体、产教融合和校企合作为手段，建设80所左右高水平中职学校，带动全省中职学校提升办学水平、提高人才培养质量和增强服务发展能力
12	上海市	《上海市教育委员会关于公布上海市优质中职培育学校名单的通知》	坚持立德树人根本任务，围绕"三教"改革，提升学校关键办学能力，聚焦人才培养质量提升，培养一大批高素质劳动者和知识型、发展型技术技能人才。确定上海信息技术学校等18所学校为上海市优质中职培育学校

以上省份的优质中职学校中，陆续有24所文化艺术类中职学校进入建设名单（见表2-37）。值得注意的是，文化艺术类中职学校有一个特殊情况，2000年后，部分学校升格为艺术类高职学校，也有部分学校虽保留中职办学牌子，但实际上办学重心转移到高职，因此，2000年前后的国家级重点中等职业学校并没有出现在2000年后的名单上。

表 2-37　全国省级文化艺术类高水平学校建设名单

序号	省（区）市	学　　校	建设类别
1	江苏省	江苏模特艺术学校	省优秀中等职业学校培育单位
2		江苏省戏剧学校	省级中等职业教育优质专业
3		无锡文化艺术学校	省级中等职业教育优质专业
4	浙江省	浙江省湖州艺术与设计学校	省级中职高水平学校
5		杭州市美术职业学校	省中职高水平专业
6		绍兴艺术学校	省中职高水平专业
7		金华艺术学校	省中职高水平专业
8	安徽省	淮北工业和艺术学校	省级优质专业和高水平专业群
9		蚌埠工艺美术学校	省级优质专业
10		芜湖中华艺术学校	省级优质专业
11	河南省	开封市文化旅游学校	省级高水平中等职业学校
12		镇平县工艺美术中等职业学校	省级高水平中等职业学校
13	湖北省	黄石艺术学校	省级优质专业
14		武汉市艺术学校	省级优质中职学校
15		武汉体育舞蹈艺术学校	省级优质专业
16	湖南省	湖南省中南艺术学校	省级优质中职学校
17	广东省	深圳艺术学校	省级高水平学校建设单位
18		湛江艺术学校	省级高水平学校培育单位
19	广西壮族自治区	广西艺术学校	省级优质中职学校
20		广西艺术学院附属中等艺术学校	省级优质中职学校
21	青海省	青海省文化艺术职业学校	省级优质专业（群）建设单位
22	海南省	海南省文化艺术学校	省级重点职业学校
23	上海市	上海音乐学院附属中等音乐专科学校	市优质中职培育学校
24	辽宁省	沈阳师范大学附属艺术学校	省级首批中等职业教育优秀学校、优质专业

2. 专业简介及标准研制

为了推进新经济、新业态、新技术、新职业背景下文化艺术类专业升级和数字化改造，全国文化艺术职业教育教学指导委员会在教育部职业教育教学指导委员会、文化和旅游部科技教育司的支持和指导下，组织全国文化艺术类行业、企业、职业院校，2021年启动研制职业教育文化艺术大类表演艺术类和文化服务类专业简介和教学标准研制，构建完善文化艺术职业教育国家标准体系，促进文化艺术职业教育高质量发展。全国文化艺术中等职业教育专业简介14个于2022年9月正式发布（见表2-38），同时，音乐表演、戏曲音乐、舞台艺术设计与制作、数字音乐制作、乐器维修与制作、图书档案数字化管理专业教学标准也同步研制完成。

表2-38　全国文化艺术中等职业教育专业简介研制清单

序号	专业名称	专业代码	研制组长单位
1	音乐表演	750201	山西艺术职业学院
2	戏曲音乐	750209	北京戏曲艺术职业学院
3	舞台艺术设计与制作	750210	武汉市艺术学校
4	数字音乐制作	750211	深圳艺术学校
5	乐器维修与制作	750212	山西艺术职业学院
6	图书档案数字化管理	750403	四川艺术职业学院
7	舞蹈表演	750202	深圳艺术学校
8	戏曲表演	750203	苏州市艺术学校
9	戏剧表演	750204	黑龙江艺术职业学院
10	曲艺表演	750205	苏州市艺术学校
11	杂技与魔术表演	750207	北京市杂技学校
12	木偶与皮影表演及制作	750208	漳州艺术学校
13	社会文化艺术	750401	浙江艺术学校
14	文物保护技术	750402	浙江艺术学校

3. 人才培养模式改革

中共中央办公厅、国务院办公厅印发《关于深化现代职业教育体系建设改革的意见》，改革重心由"教育"转向"产教"，发展路径由"分类"转向"协同"。对于中等职业教育而言，一方面具有作为职业教育的上述转向的变革要求，另一方面作为职业教育的起点要有独特的新定位：从单纯"以就业为导向"转变为"就业与升学并重"，并朝着多样化发展方向前进。在保障学生技术技能培养质量的基础上，加强文化基础教育，推进产教融合，扩大贯通培养规模，打开中职学生的成长空间。因此作为中职学校，要不断寻求创新进步以回应当前职业教育大环境的变化，从而将变革落地于人才培养模式创新。事实上，艺术类中职学校也是在这样做，体现在产教融合、中高本贯通培养等方面。

产教融合探索。苏州市艺术学校构建了"政—校—团"协同、"三共三合"的长效专业人才培养模式，确立"三方共建、过程共管、利益共享"的"三共"合作理念，构建形成"政—校—团"三方合作招生、合作育人、合作发展的"三合"长效人才培养模式；广州市海珠工艺美术职业学校依托广州市海珠区大力发展电商行业、扶持直播企业的契机，与多家公司开展多元校企合作模式，以应用型人才供给为目标，打造"产业链—教育链—创新链—人才链"四链贯通的人才培养模式，搭建校企合作人才培养平台，以"平台类+行业类+嵌入式"课程培养学生实践创新能力，构建"多元渐进式"实践教学体系。重庆市工艺美术学校推进岗课赛证融通育人改革，在"1+X"证书制度背景下，将课程设置与企业岗位、职业技能等级标准、技能竞赛等进行有机融合，在培养适应动漫与艺术设计行业发展需要的专业技术人才方面不断探索。杭州市美术职业学校创设"项目串接、学研互动"人才培养模式，将企业真实产品引入校园，打造校园服装服饰卖场，模拟实体商场进行服装陈列、服装材料、服装搭配、线下营销、线上直播的实战演练，实现教学作品和企业产品的融合产出。通过行业协会的平台，搭建杭州女装企业产教综合体，构建全方位企业人才培养模式，促成"学、训、创、研、产"五阶模式，构建新型校企一体机制，走出职业教育产教融合发展的新路径。

贯通培养改革。中职艺术学校积极探索开展五年一贯制职业院校试点改革，以极具前瞻性的教育理念，打破传统学制的壁垒。通过"3+2""3+4""3+3""5+2"等灵活多元的学制组合模式，将传统的中职3年、专科3年、本科4年等普通学制有机贯通。这种创新性的学制改革，让学生能够在连贯且系统的学习进程中，不断积累专业知识与技能，避免了因学制转换带来的知识断层与衔接不畅问题，从而培养出高水平复合型艺术专业人才。上海戏剧学院附属戏曲学校与上海戏剧学院"十年一贯制"的人才培养模式，构建了全过程、全方位、全员参与的中本贯通一体化人才培养新模式。通过中本贯通制度建设，规范过程管理和控制；通过教师资源建设，实现师资互聘、专家共享，精准把握职业教育改革发展要求；结合贯通实际，单独设置中本贯通培养计划。通过课程体系建设，实现课程有序衔接，改善了实践环节知识点重复等现状。通过联合教研和督导，构建中本贯通教学质量监控体系建设，保障中本贯通学生在不同学段的人才培养质量。

> **典型案例 2-13** 中职学校职普融通探索（北京市国际美术学校）
>
> 北京市国际美术学校与中央工艺美术学院附属中学两校一体、职普合设、资源共享、优势互补。前者是美术特色职业学校，后者是美术特色完全中学。北京市国际美术学校坚持美术特色发展，设有绘画专业，推进职普融通。职普合设使学校办学机制更为灵活，职高学生可以享受高中优质的教育资源，还可以根据职业发展需求参与更多的专业实训，符合美术专业学习的规律。学校依托职普合设，实现了课程融通、教材融通、师资融通和管理融通，已成为北京市美术职业人才培养的重要基地。

（三）课程教学资源

职业教育要以市场需求为导向，紧跟行业发展趋势，结合区域经济发展特色，优化专业布局，加强专业内涵建设，落脚点是课程与教学资源建设。中等职业学校作为现代职业教育中的一部分，要夯实技术技能型人才培养的第一步，更要注重课程与教学资源建设。

1. 精品课程建设

1）精品在线课程

根据国家职业教育智慧教育平台信息的不完全统计，文化艺术大类的中职在线精品课程有 7 门，见表 2-39。

表 2-39 全国文化艺术中等职业学校部分国家及省级精品课程（国家职业教育智慧教育平台）

序号	课程名称	负责学校	课程级别
1	服装陈列设计	浙江省湖州艺术与设计学校	国家级
2	京绣产品设计与制作	北京市丰台区职业教育中心学校	国家级
3	南通面塑技艺	江苏省通州中等专业学校	国家级
4	越剧唱腔	浙江艺术学校	国家级
5	广告设计	河南省南阳经济贸易学校	省级
6	图像处理与制作	石家庄工程技术学校	省级
7	VR 全景拍摄	集美工业学校	省级

数据来源：国家职业教育智慧教育平台。

另根据中职文化艺术学校的质量年报数据统计，有 13 所学校具有省级以上在线精品课程，共建设有 27 门省级在线精品课程和 2 门国家级在线精品课程，见表 2-40。

表 2-40　全国文化艺术中等职业学校部分国家及省级精品课程（中职艺术类学校质量年报）

序号	学 校 名 称	省 级	国家级
1	上海戏剧学院附属舞蹈学校	2	
2	浙江艺术学校	1	1
3	绍兴艺术学校	2	
4	浙江省湖州艺术与设计学校	1	1
5	淮北工业和艺术学校	1	
6	中央音乐学院鼓浪屿钢琴学校	1	
7	威海艺术学校	1	
8	泰安市文化产业中等专业学校	6	
9	济南传媒学校	2	
10	湖南省中南艺术学校	7	
11	深圳艺术学校	1	
12	广州市海珠工艺美术职业学校	1	
13	重庆市工艺美术学校	1	
	合　计	27	2

数据来源：中职艺术类学校质量年报。

典型案例 2-14　校企共建国家级在线精品课程（浙江省湖州艺术与设计学校）

浙江省湖州艺术与设计学校校企共育开发课程和教材，该校依托童装、保教等产教融合共同体等 5 个校企协同育人平台，围绕"六共同"全方位开展校企合作。召开专业建设与发展指导委员会工作会议，行业导师参与新生职业认知、专业教学人培方案、课程标准的论证、教师技能培训辅导等多项工作。校企共同开发精品课程 17 门，其中"服装陈列设计"获评国家职业教育在线精品课程，开发省级在线精品课程 2 门。

2）课程展示活动

"芳华杯"CEFA 全国艺术职业教育舞蹈教学精品课程展示是中国艺

术职业教育学会主办，旨在促进舞蹈教学质量提高，推动艺术教育工作者在展演中感受前沿教学，用观摩反哺实践。2023年，北京、上海、广东、四川、青海、内蒙古自治区、新疆维吾尔自治区等省区市20多家院校近千人齐聚云南，展示艺术职业教育舞蹈专业教学成果和美育建设成果。其中，有7所中职学校的教学精品课程进行了展示（见表2-41），体现了中职学校聚焦舞蹈艺术人才培养的新成果。

表2-41 第三届CEFA全国艺术职业教育舞蹈教学精品课程展示

序号	教学精品课程展示	展示单位
1	汉族安徽花鼓灯男班中高年级教材	北京舞蹈学院附属中等舞蹈学校
2	京族进香舞特色课程	广西艺术学院附属中等艺术学校
3	蒙古舞女班基础课程	内蒙古艺术学院附属中等艺术学校
4	蒙古舞女班技能课	内蒙古艺术学院附属中等艺术学校
5	青海撒拉族民族民间舞特色课程	青海省文化艺术职业学校
6	青海藏族民族民间舞特色课程	青海省文化艺术职业学校
7	维吾尔族舞蹈课程	新疆艺术学院附属中等艺术学校

2. 规划教材建设

2023年教育部公示首批"十四五"职业教育国家规划教材，涉及文化艺术大类的中职教育有42种，具体名单见表2-42。

表2-42 全国文化艺术中等职业学校部分"十四五"职业教育国家规划教材

序号	教材名称	主编	出版社
1	《3D MAX应用（第二版）》	吴万明	重庆大学出版社有限公司
2	《3ds Max应用》	胡国锋	高等教育出版社有限公司
3	《Photoshop CC平面设计案例教程（微课版）》	周兰娟	清华大学出版社有限公司
4	《包装设计》	付志	清华大学出版社有限公司
5	《衬衫设计·制板·工艺（第二版）》	高松	高等教育出版社有限公司
6	《服装设计基础（第二版）》	孔庆	高等教育出版社有限公司
7	《钢琴基础训练》	郭芸	高等教育出版社有限公司
8	《构成基础（第二版）》	黄雄辉	中国科技出版传媒股份有限公司

续表

序号	教材名称	主编	出版社
9	《贯通职业英语行业模块——设计行业》	《贯通职业英语行业模块·设计行业》编写组	高等教育出版社有限公司
10	《广告设计》	白杨	清华大学出版社有限公司
11	《护肤技术》	宫秀红	高等教育出版社有限公司
12	《化妆基础（第二版）》	郭秋彤	高等教育出版社有限公司
13	《化妆基础化妆造型设计》	孙雪芳	北京师范大学出版社（集团）有限公司
14	《基本乐理》	史曼洁	高等教育出版社有限公司
15	《基础摄影与专业摄影（第三版）》	张苏中	高等教育出版社有限公司
16	《剪吹造型（第二版）》	张玲	高等教育出版社有限公司
17	《剪发与吹风技术（第2版）》	安磊	北京理工大学出版社有限责任公司
18	《裤装设计·制板·工艺（第二版）》	殷吟	高等教育出版社有限公司
19	《乐清黄杨木雕技法》	高敏	浙江科学技术出版社有限公司
20	《美甲技术（第2版）》	王金玲	北京理工大学出版社有限责任公司
21	《美容基础》	姜勇清	高等教育出版社有限公司
22	《美容美发店创业实务（第二版）》	刘晓军	高等教育出版社有限公司
23	《面部皮肤护理（第2版）》	宫秀红	北京理工大学出版社有限责任公司
24	《民族民间音乐》	石莹	高等教育出版社有限公司
25	《民族手工饰品设计与制作》	贾旭	中国纺织出版社有限公司
26	《男外套设计·制板·工艺（第二版）》	柯秀忠	高等教育出版社有限公司
27	《女外套设计·制板·工艺（第二版）》	沈雁	高等教育出版社有限公司
28	《裙装设计·制板·工艺（第二版）》	姚律	高等教育出版社有限公司
29	《染发技术（第2版）》	梁栋	北京理工大学出版社有限责任公司
30	《人物整体造型》	熊茵	高等教育出版社有限公司
31	《摄影》	李安强	清华大学出版社有限公司
32	《身体护理（第2版）》	罗媛	北京理工大学出版社有限责任公司
33	《视唱练耳》	郭萌黎	高等教育出版社有限公司
34	《书法（第二版）》	李惠乔	高等教育出版社有限公司
35	《素描（一年级）（第二版）》	于艳灵	高等教育出版社有限公司
36	《素描（全一册）》	白文忠	北京师范大学出版社（集团）有限公司
37	《速写（第二版）》	张望	高等教育出版社有限公司
38	《舞台影视艺术造型》	郭秋彤	高等教育出版社有限公司
39	《形象设计》	刘畅	高等教育出版社有限公司
40	《音乐欣赏》	贾悦	高等教育出版社有限公司
41	《音频视频编辑》	于斌	清华大学出版社有限公司
42	《中国民族民间风格舞》	胡庆玲	广西师范大学出版社集团有限公司

学校教材均选用国家和省级规划教材、精品教材及获得省部级以上奖励的优秀教材，选用教材符合学校人才培养方案、教学计划和教学大纲要求，与课程授课内容相一致。同时专业课程教材也拓展校企合作共同开发教材，开发新形态教材。文化艺术类中职院校中，有 27 所院校明确表示通过校企合作开发教材，平均每所学校开发三四本校企合作教材。

> **典型案例 2-15　开发职业教育国家规划教材（济南传媒学校）**
>
> 济南传媒学校打造动漫与游戏制作省级特色专业，积极开展数字化资源建设工作，目前建有计算机平面设计、德育心理活动课两项省级精品资源共享课程，影视后期制作一项市级精品资源共享课程，另外还有 4 门校级精品资源共享课程。目前在超星平台建设有网络课程 137 门，网络教学覆盖率达 100%。学校积极开发和使用新型活页式、工作手册式校本教材。牵头编写了"十四五"职业教育国家规划教材《音频视频编辑》，配套开发课程信息化资源。

（四）师资队伍建设

1. 师资基本概况

1）生师比

从 204 所文化艺术类中职学校的生师比看，平均生师比为 7.68。从不同学校生师比分布看，生师比为（5:1）~（10:1）的学校，占比约 35%，其次是生师比为（10:1）~（15:1），占比约 25%，生师比高于（15:1）和生师比低于（5:1）的学校位列第三、第四，占比分别约 22% 和 18%（见图 2-17）。从生师比数据来看，文化艺术大类院校的生师比相对较低，这与艺术类专业特性密切相关。

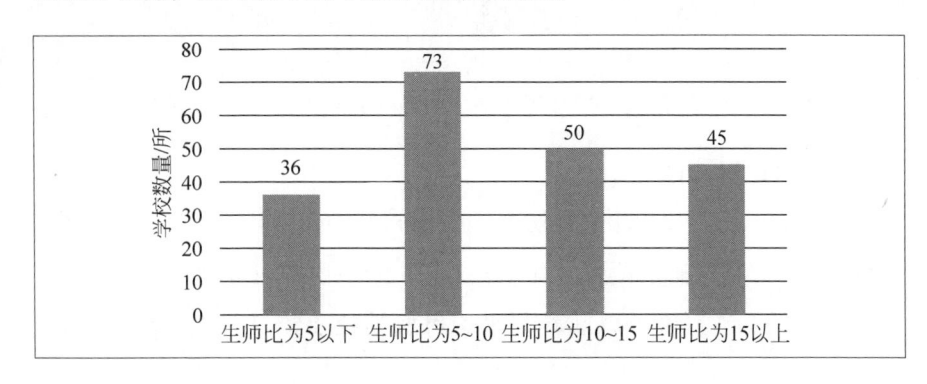

图 2-17　文化艺术中等职业学校不同生师比学校数量分布

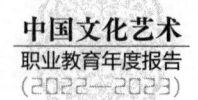

2）专业教师数量

艺术类中职学校的教职工数量，平均每所院校 104.6 人，其中专任教师数量为 82.82 人。与 2010 年教育部《中等职业学校设置标准》提到的中等职业学校应当具有与学校办学规模相适应的专任教师队伍，专任教师一般不少于 60 人的标准并不相悖，见图 2-18、图 2-19。

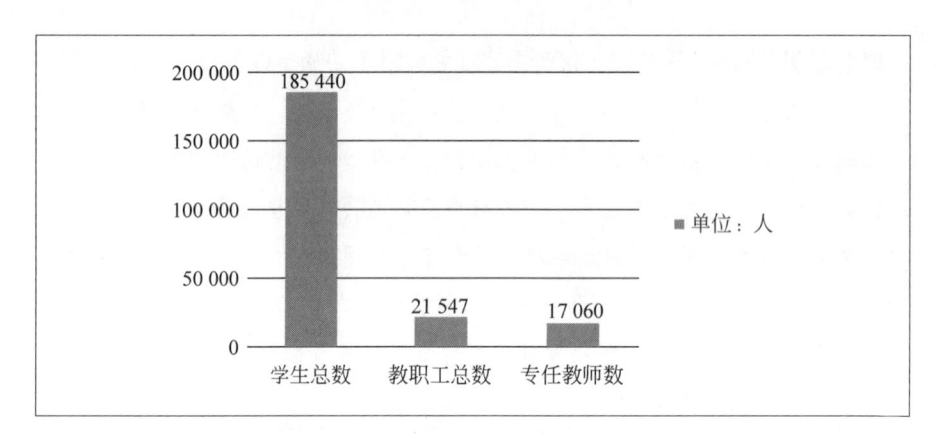

图 2-18 文化艺术类中等职业学校学生及教师总量情况

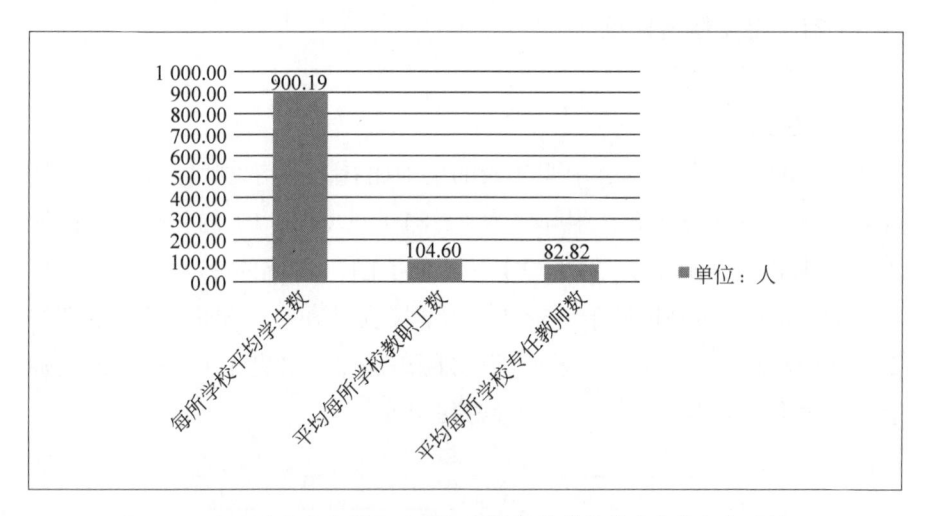

图 2-19 文化艺术类中等职业学校平均每所学校学生和教师数量情况

3）其他教师数量

根据 206 所学校填报数据分析，各学校在学校内班主任、思政教师、体育和美育专任教师的配置情况见表 2-43。班主任平均每所学校 34.49 人，生师比平均为 1∶40。思政教师平均每所学校 4.57 名，生师比平均为

1∶211。体育老师平均每所学校3.47名，生师比为1∶347。美育教师不同学校理解不同，作为艺术类专门学校，部分学校将艺术类专任教师都包括在内，因此美育专任教师的占比较高，校均22.31人，生师比为1∶128。

表2-43 文化艺术中等职业学校内班主任、思政教师、体育和美育专任教师情况

教师类别	班主任	思政教师	体育专任教师	美育专任教师
校均数量/名	34.49	4.57	3.47	22.31
类别生师比	1∶40	1∶211	1∶347	1∶128

2. 教学能力比赛

教师教学能力比赛是全面展示教师教学基本功的重要平台，不仅能够提供展现个人能力的机会，更是全方位考验教师团队对专业以及课程的"教学内容""教学设计""教学实施""教学评价""教学反思"全流程的扎实精湛基本功，以及对所教课程就"课程思政""产教融合""数字素养"等职教理念融会贯通。2022、2023两年间，艺术类中职学校有6所学校先后获得过全国职业院校技能大赛教学能力比赛一等奖3次，二等奖1次，三等奖3次，见表2-44。其中武汉市艺术学校连续两年闯入国赛并获奖。

表2-44 文化艺术中等职业学校全国职业院校技能大赛教学能力比赛名单

年份	学校	参赛内容	获奖
2022	广州市艺术学校	《天鹅湖》《梁山伯与祝英台》芭蕾双人舞	一等奖
	海南省文化艺术学校	表演性综合组合——舞韵翩跹	三等奖
	武汉市艺术学校	《木兰归》片段A中技术技巧训练	三等奖
2023	沈阳市艺术幼儿师范学校	数字媒体技术应用	一等奖
	杭州市美术职业学校	畲族乡村农产品腰封设计	一等奖
	淮北工业和艺术学校	古镇研学导游服务	二等奖
	武汉市艺术学校	讲好丝路故事，传播中国声音（Share the Silk Road story, spread the Chinese voice）	三等奖

典型案例 2-16 全国教师教学技能比赛一等奖（广州市艺术学校）

广州市艺术学校在 2022 年接连闯关市赛、省赛、国赛遴选、国赛初赛进入全国 947 支参赛队伍却仅有 30% 入选的国赛决赛，最后荣获全国一等奖，实现学校在教师教学能力比赛领域"零"的突破。学校芭蕾舞专业参赛团队结合自身"双师型"的背景，将校企合作等特点融入教学内容中，展现对专业教材的研究与开发、教学方法的探索与创新、课程思政的深度融入、教师团队的建设等各方面。

（五）实训基地建设

艺术类中职学校建设校内实训室，成立实验演出团，提供全真实践岗位；成立特色产业学院、产教融合实践中心，建设实训室及设施设备更新，引入全国技术能手等高技能人才，开展专业人才培养、技能培训、技能鉴定、产品研发、技术改革、专业教学、实训操作、技能竞赛、技术研发、创业孵化等活动。根据对 206 所学校填报的数据统计，共有 58 所中职学校提供了校内实践工位数据，平均生均工位数约为 1.91。通过与企业建立实践基地，承担院校服务地方经济发展的责任，促进地方经济的发展。同时，为学生提供实践的平台，为社会培养出更符合实际需求的人才。

典型案例 2-17 打造"行走的课堂"（中国美术学院附属中等美术学校）

中国美术学院附属中等美术学校"艺术创作＋课程思政"的实践教学"行走的课堂"，结合校内外各类展馆的展览和活动，专业教研室组织教师带领学生走出画室，走进美术馆、展览馆、博物馆，走近艺术家，深入社会生产生活中，所到之处皆为教学育人现场，引导学生在"行走"中树立正确的艺术观和创作观，关注社会发展、生活变化、人文传统，使学生在聆听和创作中感受新时代的脉搏，专业课堂也变得鲜活而有温度。

（六）社会服务传承

1. 服务产业

艺术类中职学校在服务产业方面具有多维度的重要作用。除了专业人才输送外，为企业提供创意支持，提供产品设计、品牌形象塑造、广告创意策划等服务；开展针对在职人员的培训与进修，帮助他们提升艺术技能和审美水平；与企业开展产学研合作，共同攻克艺术产业发展中的技术难题，推动产业技术升级；承担多项重大活动专题演出的主创任务，讲好"中国故事""当地故事"等。

北京市杂技学校与中国杂技团共同表演的《勇往直前》登上2023年央春节联欢晚会。《勇往直前》之车技就像"跑酷"，将原本城市街道、建筑上的跑跳、跨越、跟头移到车技上。节目中的动作既有杂技的超常性、唯一性，又有浓缩时代风采的意向性、典型性，表现了青年们在新时代、新征程上奋力争先，建设中国式现代化国家的豪情壮志。江苏省戏剧学校深耕专业技能"小梅花"登央视。该校锡剧班二年级学生、苏州市锡剧团委培生沈金诚在老师的带领下赴央视录制《宝贝亮相吧》特别节目《送你一朵小梅花》，现场表演锡剧《沙家浜·遮不住红太阳万丈光芒》。宁晋县工笔画艺术学校联合河渠工笔画小镇，共同打造宁晋工笔画特色产业，派遣工笔画专业教师定期驻守提供技术支持，共同切磋，取长补短，助力宁晋县文化产业发展。

2. 志愿服务

艺术学校在绘画、音乐、舞蹈、表演等艺术领域接受专业训练，具备扎实的专业技能。在志愿服务中，他们能够将这些技能充分运用到进校园、进社区、进乡村等活动中，坚持公益展演和艺术指导相结合，比如在社区文化建设中，为居民举办绘画工作坊，指导大家进行绘画创作；在公益演出中，凭借精湛的音乐、舞蹈、表演技能，为观众带来高质量的艺术表演，丰富群众的精神文化生活，为繁荣社会主义文化事业，提高全民文化素质做出了贡献。

浙江艺术学校参与浙江省文艺赋美工程，制订"文艺·星火"行动计划，建立4 000多人的师生志愿者队伍，与6家共建单位签署合作协议，在杭州各个点位共开展活动250多场。与新媒体形成联动宣传，学校新媒体矩阵进行持续性报道宣传，推出"文艺·星火"专栏刊发相关报道，打造网红爆款小视频在抖音、公众号发布。师生们积极参与文艺志愿服务，以精湛的文艺演出，共同打造流动的城市艺术景观和品质文化生活圈。中国戏曲学院附属中等戏曲学校为社区居民提供实践演出票60余张，校外实习演出给地方社区观摩票300多张，激发了社区居民对戏曲艺术的喜爱之情。

> **典型案例2-18** 惠及边疆少数民族学子的暖心工程（山东省威海艺术学校）
>
> 山东省威海艺术学校经教育部批准成立"青海卓越艺术人才创新培养实验班"，列入国家西藏中职招生计划，面向青海省海北州招生。首届学生包括汉族、回族、藏族、蒙古族、土家族5个民族，集中在绘画、音乐、舞蹈3个专业，就其人才培养模式而言，为全国首创，开创了艺术人才培养新路径，成为惠及青海学子的"民生工程""暖心工程"。

3. 文化传承

中职艺术学校始终将优秀传统文化传承视为教育使命的核心，全方位、深层次地将民族文化元素融入教育教学的每一个环节，贯穿于人才培养的全过程。在实际教学中，学校以科学严谨的态度精心设计人才培养方案，细致规划教学内容。从课程体系搭建到教学计划制订，都做到有条不紊、重点突出，逐步构建起一套系统且科学的教育教学体系，为传统文化的传承与发展筑牢根基。部分学校开设的戏曲、曲艺、木偶等特色专业，本身就是中华优秀传统文化的瑰宝，承载着深厚的历史底蕴和独特的艺术魅力。通过专业教学，不仅让学生掌握精湛的技艺，更让这些古老的文化艺术形式得以延续和发展。

唐山市艺术学校是唐山市首批非物质文化遗产传承示范基地（评剧、唐山皮影、乐亭大鼓、冀东地秧歌），从1958年建校开始，学校始终致力于对具有唐山地域特色的中华优秀传统文化的保护、传承与创新。张艺谋漓江艺术学校由于侗族语言没有固定的文字，"侗族大歌"没有歌谱词谱，完全是一种口传身教的教学模式，制约了这一民族文化的广泛宣传和传承。学校顺应市场需求，发挥本校人才、技术、设备优势，进行"侗族大歌""天琴"等非遗项目研究、非遗产品开发，以实景演出项目《印象刘三姐》为平台，联合政、校、行、企，为学生和当地渔民、村民提供学习技能与就业的平台。同时，依托文化创意赋能县域传统产业，延长产链，推动地方文化旅游产业的协同发展，推动非遗保护与旅游融合，助力精准扶贫，推动阳朔县打造成美丽休闲乡村。

> **典型案例 2-19　全面推进昆曲社会考级工作（苏州市艺术学校）**
>
> 　　苏州市艺术学校按照"首抓、实干、广推"三步走全面推进昆曲社会考级工作。一是首抓。申请设立全国首家昆曲社会艺术水平考级机构，吸全国八大昆剧院团之长，合作编纂出版《昆曲艺术水平等级考试教材》。二是实干。近三年来成功开展公益性免费昆曲考级 6 场次，共吸引北京、上海、深圳等全国 16 个城市近 2 000 人次报名参与。三是广推。定期组织开展昆曲考级师资培训认证活动，增强辅导师资力量；组织开展线上、线下昆曲考级培训。

（七）国际交流合作

1. 国际艺术交流

艺术类中职学校的国际交流以对外艺术交流为主要形式。通过中外交流活动将中国的古代文化、绘画、表演艺术等通过艺术传播的方式推向世界，产生较好的社会影响力，进而更好地发挥艺术服务社会的能力。艺术类中职学校积极拓展国际交流版图，其中对外艺术交流成为核心且极具活力的重要形式。在这一过程中，学校搭建起中外文化艺术沟通的桥梁，以艺术为独特语言，将源远流长的中国古代文化、蕴含东方美学神韵的绘画艺术以及充满民族风情的表演艺术等，通过精彩纷呈的艺术活动，以灵动鲜活的艺术传播方式，全方位地推向世界舞台。

中央音乐学院附属中等音乐学校参加由中央音乐学院和英国切特姆音乐学校合作共建的独立音乐孔子课堂——"中文音乐教室"，在切特姆音乐学校隆重举办首届"中英青少年音乐周"活动，与英国切特姆音乐学校师生展开交流研讨。校长娜木拉教授举办了大提琴大师班，现场指导切特姆学生演奏俄罗斯大提琴家、作曲家达维多夫的作品《喷泉》。中国音乐学院附属中等音乐专科学校助力"一带一路"建设国音附中受北京市政府外办和北京市教委委派，参与"一带一路"沿线国家阿塞拜疆"奥林匹克文化和教育项目",与阿塞拜疆国立音乐学院附属艺术中学建立友好交流关系,共同开展包括奥运题材在内的文化交流活动,目前项目正在稳步推进。青海省文化艺术职业学校应邀赴土库曼斯坦参加国际舞蹈民俗节。作为唯一应邀参演的中国舞蹈团体代表,青海省文化艺术职业学校牢牢把握主题教育"学思想、强党性、重实践、建新功"的总要求,精心编排了《祝福送给你》《彩虹姑娘》《康巴汉子》等多支舞蹈,用心、用情、用力舞出青海民族民间舞风采,向世界展现了可信、可爱、可敬的中国形象。

2. 中外合作办学

中外合作办学的核心要义在于引进国外优质教育资源,绝非简单的形式叠加,而是合作双方在办学条件、教育教学、管理等多方面展开深度且实质性的合作。这种合作模式,为国内教育注入全新活力,带来国际化的教育理念、先进的教学方法以及前沿的课程体系,使中职学生突破传统教学的局限,拓宽国际视野,了解国际艺术行业的最新动态与标准。同时,双方合作开发兼具本土特色与国际视野的专业课程,培养出既掌握扎实专业技能,又具备国际竞争力的艺术人才。中外合作办学为中职艺术教育搭建起通往世界的桥梁,助力中职学校培养出更多适应全球化艺术发展需求的专业人才,推动我国中职艺术教育迈向新高度。

中央美术学院附属中等美术学校青少年美育中心留学课程开始尝试探索国际基础艺术教育模式,助力中国的艺术留学生在国内就能够顺利通过国际著名艺术院校的入学考核,从而直接升读本科课程。3年制国际基础艺术教育课程,从较为单一的速成式教学,逐渐向"抓好基础、打开思维、勇敢尝试、充分实践"的教学形式和目的转变,开展更为立体化的教学活动,初步搭建出一套与国际接轨的素质化教学体系,致力于向国外一流大学和艺术学院输送专业基础扎实、富有创造力的学生。

3. 接收国外留学生

根据253所中职艺术院校年报中的"国际影响表"数据显示,仅有9所中职学校(见表2-45)填写了有效数据,足见接收留学生进行国际办学对于文化艺术中等职业学校来说比较不易。部分学校充分运用自身办学特长,独立或合作开展留学生的培养工作。

表2-45　2023年文化艺术中等职业学校接收国外留学生数据

序号	学　　校	接收国外留学生专业数/个	接收国外留学生人数/人
1	中国戏曲学院附属中等戏曲学校	5	1
2	河北吴桥杂技艺术学校	1	18
3	营口市戏曲学校	1	1
4	沈阳音乐学院附属舞蹈学校	2	5
5	上海戏剧学院附属舞蹈学校	1	1
6	上海音乐学院附属中等音乐专科学校	1	11
7	中国美术学院附属中等美术学校	1	1
8	青岛西海岸新区音乐学校	1	1
9	广州美术学院附属中等美术学校	1	4

重庆市工艺美术学校在2021年成为"中国—老挝职业教育发展共同体"成员后，学校与四川外国语学院、四川美术学院等院校紧密合作，聘请老挝语言翻译专家，对已有资源进行翻译和国际化改造，形成了《蜀绣》等3门老挝课程。非遗传承人向红霞、张明志，专业教师韩科、唐晚秋等，多次为重庆城市职业学院、重庆城市管理职业学院等职业院校的老挝留学生开设非遗课程，邀请老挝留学生30余名到校非遗传承工作室参观、体验。青岛艺术学校充分发挥青岛区位优势，与驻鲁高校、省内国际学校深度合作，以"山海青缘——我的留学青岛故事"主题活动暨在青留学生才艺大赛为平台，与"一带一路"国家和"上合组织"国家留学生进行艺术交流，促进了来华留学生更深层次地了解山东了解青岛、融入山东融入青岛，同时促进学生了解异域文化和艺术形态，拓展艺术视野。打造"山海青缘"国际艺术交流品牌，强化文化艺术交流，增进中外友谊。通过"山海青缘"的品牌推动青岛艺校服务"一带一路"倡议，提高艺术技能型人才输出能力。河北吴桥杂技艺术学校自2002年开始招收第一批非洲留学生，为欧洲、亚洲、美洲、大洋洲及非洲的20多个国家培养杂技留学生600余人，为承载"一带一路"文化传播工作做出了一定贡献。2023年学校开办"2023年发展中国家杂技培训班"，为期90天，严格训练来自老挝、柬埔寨、塞拉利昂3个国家的18名杂技学员，使其熟练掌握了8个单项和6个集体节目。

> **典型案例 2-20**　打造国际艺术职教联盟（深圳艺术学校）
>
> 2022年深圳艺术学校打造了"国际艺术职教联盟"，成员涵括来自粤港澳大湾区及国内外知名艺术院校、艺术团体、艺术行业协会等从事艺术教育的团体和个人。2023年打造全国文化艺术职业院校对外交流与合作资源库网站平台，学校每年邀请境外大师与教师开展教研活动56场，合作开发课程标准1项，开发教材2本，厚植国际艺术人才培养的理论深度，形成了"国际化视野，开放式治学"的办学特色。

三、挑战分析与未来发展建议

（一）挑战分析

1. 生源萎缩对中等职业学校规模发展的挑战

当前我国职业教育虽已在制度层面确立了类型教育地位，社会认知度持续改善，但"重普教轻职教"的社会观念依然占据主流认知，中等职业教育在实践层面仍被动承担教育托底功能。随着人口结构转型带来的适龄生源递减，普通高中与职业教育间的生源争夺正逐步演变为深层次的结构性矛盾，亟待通过教育供给侧改革破解困局。聚焦文化艺术类中职院校，其发展面临双重挤压：一方面需在有限生源池中与普高展开多维竞争，专业特质与市场需求契合度尚待强化；另一方面受小班化艺术教学模式制约，规模效益难以显现，叠加艺术教育特有的高师资、高投入特性，导致单位培养成本持续攀升。这种办学成本与教育产出的非对称性增长，正在不断考验着艺术职业教育的可持续发展能力。

2. 新艺考对艺术中等职业学校教学质量的拷问

重视文化课是新艺考改革的总要求。2023年11月，教育部办公厅印发了《关于做好2024年普通高等学校部分特殊类型招生工作的通知》。此次通知明确提出，进一步加强艺术类专业省级统考能力建设，完善省级统考科目和内容，考试科类基本实现全覆盖；少数组织校考的高校要加强校考与省级统考衔接，合理确定校考形式及内容，科学制订招生录取办法。对于少数组织校考的高校艺术类专业，在考生高考文化课成绩达到所在省（区、市）普通类专业本科批次录取控制分数线、省级统考成绩合格且达到学校划定的成绩要求基础上，依据考生志愿和校考成绩择优录取。按照要求，使用省级统考成绩作为专业考试成绩的专业，2024年起，高考文化课成绩所占比例原则上不低于50%。同时鼓励高校进一步提高高考文化课成绩录取要求。新艺考改革，促使学校不得不重新审视现有的教学安排，调整教学重点与资源分配。不少学校面临着文化课师资极其短缺的状态，外聘教师比重大、流动性大，这在文化教学质量保障方面存在着很大的缺陷。如何解决这些问题，成为摆在学校面前的一道难题。

3. 产业新需求对传统办学模式的系统性挑战

在当前文化产业数字化升级与消费需求多元化的双重驱动下，文化艺术领域正经历从技艺传承向创新应用的价值转型。数字文博、沉浸式演艺、非遗活化等新兴业态的勃发，要求从业者兼具艺术表现力、数字技术应用能力和商业运营思维，这种综合性的要求对艺术院校培养人才发起了系统性的挑战。比如传统文化艺术订单培养的校企合作模式，已无法完全满足产业侧对人才创新能力的要求，需要提质升级。产教深度融合要求学校教师团队具备"双师型"素质，不仅要有艺术创作能力，同时要有产业项目经验；不仅会传统教学方式，也要能满足数字化教学需求；不仅深耕个体专业，还能实现跨学科整合。以技能考级和毕业展演为核心的评价体系，与"市场价值转化能力"培养也存在一定冲突，学生的项目理解力、创意实现度和团队协作能力等亟待被关注。

（二）未来展望与对策建议

面对适龄人口锐减带来的生源危机、新艺考改革触发的教学体系重构、产业升级倒逼的产教深度融合压力等挑战，文化艺术中职教育未来要从激活内驱力和诉诸外驱力两个维度，在不断改革中寻求创新之路。

1. 更新办学定位，以职普融通奠定人才培养基础

党的二十大明确提出建设教育强国，首次作出教育、科技、人才"三位一体"的战略部署，赋予教育前所未有的使命责任。国家对推动职普融通的关注度愈发提升，一方面，完全独立的职业教育体系形成的标签效应急需淡化；另一方面产业升级需要职业教育提供更为深厚的文化与专业理论素养，普通教育也需要职业教育支撑来强化学生务实精神与实用能力。中职艺术教育亟须通过普职融通更新办学理念。传统中职艺术教育侧重艺术专业技能训练，为拔尖艺术人才培养奠定坚实基础，但同时学生文化素养薄弱、职业迁移能力不足也是客观事实。普职融通理念强调"文化+技能"双轨并行，学生既掌握艺术创作技法，又具备人文社科基础，以适应文化产业、艺术行业对复合型人才的需求，本质上这是一场中职艺术教育供给侧改革。学校通过整合资源、创新模式，加强内涵建设，提升教育教学质量，既回应了学生个性化发展需求和终身学习的需要，又服务于产业升级与社会进步，将"文化为基、技能为翼"的育人模式真正落地生根。

2. 创新办学模式，以高质量产教融合激活竞争力

当前中职教育确实呈现出升学导向增强的趋势，就业内驱力明显减弱，但并不意味着中职学校产教融合的重要性被削弱，与产业发展紧密对接是职业教育的基本属性，反而需要更深入地探索升学与就业双轨并重的产教融合新模式。中职艺术院校需立足职业教育属性与艺术教育规律，构建产教深度融合的育人体系，融入区域文化产业布局，创新校企合作机制，拥抱新时代数字技术趋势，打造智慧教学场景，不仅与企业，更要联合高职，重构人才培养模式。通过校企协同，中高职贯通，培养出真正符合市场需求的技能人才，实现教育链、人才链与产业链的有机衔接，推动产教融合从"形式结合"走向"实质融合"。

3. 打开双向通道，以"五金"建设夯实办学基石

中职艺术院校立足职业教育属性与艺术教育规律，将产教深度融合贯穿"五金"建设始终。聚焦产业优化专业，强化专业与文化创意、数字化等新兴业态的适配性；创新"金课"开发模式，联合行业企业打造特色课程，建强建全文化艺术专业核心课程；建强双师型"金师"队伍，促进校企师资互聘交流，强化师资团队教学能力与行业视野双提升；建设联合行业企业的生产性实训"金基地"，促进实训室兼具教学与生产功能，实现效益良性循环；开发艺术职业"金教材"，增强教学资源的交互性与时效性。引入行业标准、企业评价、毕业生追踪等多维度反馈机制，推进教育供给侧与产业需求侧的同频共振。

除了激活内驱力,更要寻求外部支持。比如获取政策支持,进一步实践艺术人才的长学制与贯通培养衔接。当前,中职学校在试行与高职3+2、中职与本科3+4等贯通培养工作。改革方向为打通技术技能人才成长的通道,改变职业教育"断头教育"的困境,增强职业教育吸引力。基于艺术人才培养长周期性特点,进一步完善聚焦非遗传承、数字艺术、表演艺术等特色化大中小一贯培养,有利于实现人才培养质量的全面提升。比如寻求政府财政支持。学校激活公益性与市场性双轮驱动,以公益树品牌,扩大社会影响力,以市场促活力,反哺教育质量提升。再如,获取多元化资源支持,将文化艺术行业资源优势与教育系统的资源整合融通等。

第三部分
专题报告

专题报告1：中国文化艺术职业教育"三教"改革报告

（2022—2023年）

　　教师、教材、教法（"三教"）是职业教育人才培养的本真要素。自《职业教育提质培优行动计划（2020—2023年）》提出"实施职业教育'三教'改革攻坚行动"以来，推进"三教"改革便成为职业教育界的核心议题，是职业院校高质量发展的关键抓手，也是增强职业教育适应性、彰显职业教育类型定位的重要载体。近年来，文化艺术职业教育将"三教"改革作为深化内涵建设的重要举措，在完善师资队伍建设机制、强化课程与教材内容更新、推进教学模式创新等方面采取了一系列举措，取得了显著成效。与此同时，文化艺术职业教育在教师发展、教材更新、教法改革等方面也面临诸多制约，改革创新成果仍有待进一步巩固和拓展。本报告以全国64所独立建制的文化艺术高职院校为主体，兼顾中职艺术院校及其他职业院校的文化艺术类专业，对各个类别维度文化艺术职业教育的"三教"改革成果进行了梳理分析，通过数据分析和案例研究等方法，系统呈现文化艺术高职院校"三教"改革现状和创新路径，并就推进文化艺术职业教育教师、教材、教法改革创新发展提出建议。

一、文化艺术职业教育"三教"改革成果分析

2022年12月，中共中央办公厅、国务院办公厅出台《关于深化现代职业教育体系建设改革的意见》，提出要提升职业学校关键办学能力，打造一批核心课程、优质教材、教师团队、实践项目，建设职业教育专业教学资源库、精品在线开放课程、虚拟仿真实训基地等重点项目。近年来，教育部持续推出教师、教材、教法国家级重大项目，通过项目申报、遴选、建设与认定，持续推动职业教育人才质量提升。本报告梳理了2022—2023年"三教"改革相关的13个国家级重大成果项目（见表3-1），从教师、教材、教法三个维度进行分类，并结合文化艺术职业教育"三教"改革国家级标志性成果的获取情况进行汇总分析，旨在总结成效、剖析不足，助力文化艺术职业院校探索对策、突破难点、补齐短板。以下所列重大成果数据均来源于官方公开文件。

表 3-1 "三教"改革相关国家级重大成果项目清单

序号	分类	项目	年份
1	教师	第二批全国高校黄大年式教师团队	2022
2		文化艺术职业教育提质培优行动计划"双师型"师资培养扶持项目	2022
3		首批国家级职业教育教师教学创新团队	2023
4		文化艺术职业教育提质培优行动计划"双师型"教师创新发展计划	2023
5		第三批"全国高校黄大年式教师团队"创建示范活动入围	2023
6		新时代职业学校名师（名匠）名校长培养计划（2023—2025年）	2023
7		第三批国家级职业教育教师创新团队立项（培育）建设单位	2023
8	教材	首批"十四五"职业教育国家规划教材（包括"十三五"复核和"十四五"新申报）	2023
9	教法	国家级教学成果奖获奖	2022
10		职业教育国家在线精品课程	2022
11		首批重点领域职业教育专业课程改革试点	2023
12		职业教育示范性虚拟仿真实训基地典型案例	2022
13		全国职业院校技能大赛教学能力比赛	2022、2023

本报告对表3-1所列的13个国家级重大成果项目中与文化艺术职业教育有关的成果进行了汇总，一共有289项（不包括143种"十三五"复核教材），其中由独立建制的艺术职业院校取得的成果有112项，取得成

果数量排名前十的高等职业艺术院校清单见表3-2。排名前三的分别为上海工艺美术职业学院、苏州工艺美术职业技术学院、湖南工艺美术职业技术学院，这3所以传统工艺美术、现代艺术设计等为优势和特色的院校均为国家"双高计划"建设单位。

表3-2　独立建制的高等职业艺术院校"三教"改革相关国家级重大成果排行榜

序号	学校名称	所属省（区）市	成果数量/项	是否为国家"双高计划"建设单位
1	上海工艺美术职业学院	上海市	10	高水平学校建设单位
2	苏州工艺美术职业技术学院	江苏省	7	高水平专业群建设单位
3	湖南工艺美术职业学院	湖南省	7	高水平专业群建设单位
4	无锡工艺职业技术学院	江苏省	6	否
5	广东省外语艺术职业学院	广东省	4	否
6	浙江艺术职业学院	浙江省	3	高水平专业群建设单位
7	山西艺术职业学院	山西省	3	否
8	河北艺术职业学院	河北省	3	否
9	江西陶瓷工艺美术职业技术学院	江西省	3	否
10	山东传媒职业学院	山东省	3	否

与工艺美术类职业院校相比，以戏曲、音乐、舞蹈、艺术设计、文化服务等多门类文化艺术专业为特色和优势的"综合性艺术院校"所取得的国家级成果数量相对较少。排名前三的综合性高职艺术院校为浙江艺术职业学院、山西艺术职业学院、河北艺术职业学院，取得成果数量均为3项；排名第一的综合性中职艺术院校为武汉市艺术学校，取得成果也为3项。具体排名情况见表3-3。

表3-3　综合性艺术职业院校"三教"改革相关国家级重大成果排行榜

序号	学校名称	成果数量/项	成果清单
1	浙江艺术职业学院	3	职业教育国家在线精品课程1门 "十四五"职业教育国家规划教材2种
2	山西艺术职业学院	3	职业教育国家在线精品课程2门 国家级专业教学资源库1个
3	河北艺术职业学院	3	职业教育国家在线精品课程2门 "十四五"职业教育国家规划教材1种

续表

序号	学校名称	成果数量/项	成果清单
4	武汉市艺术学校	3	"十四五"职业教育国家规划教材1种 全国职业院校技能大赛教学能力比赛获奖2项
5	广州市艺术学校	1	全国职业院校技能大赛教学能力比赛获奖1项
6	江西艺术职业学院	1	全国职业院校技能大赛教学能力比赛获奖1项
7	海南省文化艺术学校	1	全国职业院校技能大赛教学能力比赛获奖1项
8	陕西艺术职业学院	1	全国职业院校技能大赛教学能力比赛获奖1项

其他类型高等职业院校中的文化艺术类专业也取得了数量可观的国家级重大成果，排名第一的院校是广州番禺职业技术学院，成果数量为7项；排名第二的院校是河南职业技术学院，成果数量为4项，均为艺术设计类专业成果，两校的成果数量都超过了独立建制的综合性高职艺术院校的成果数量。具体排名情况见表3-4。

表3-4 其他高等职业院校艺术类专业"三教"改革相关国家级重大成果排行榜

序号	学校名称	所属省（区）市	成果数量（教师类）/项
1	广州番禺职业技术学院	广东省	7
2	河南职业技术学院	河南省	4
3	广东轻工职业技术学院	广东省	3
4	安徽工商职业学院	安徽省	3
5	河北工业职业技术大学	河北省	2
6	河北科技工程职业技术大学	河北省	2
7	唐山工业职业技术学院	河北省	2
8	温州职业技术学院	浙江省	2
9	长沙民政职业技术学院	湖南省	2
10	北京经济管理职业学院	北京市	2
11	贵州职业技术学院	贵州省	2
12	江西现代职业技术学院	江西省	2
13	山东科技职业学院	山东省	2

为了更直观地呈现综合性艺术职业院校、工艺美术类职业院校及其他综合类院校在文化艺术类"三教"改革国家级标志性成果上的对比，编制组对上述几类院校的成果进行了分类梳理和占比统计，结果见图3-1。从图中可见，工艺美术类职业院校的成果占比（13.21%），高于综合性艺术

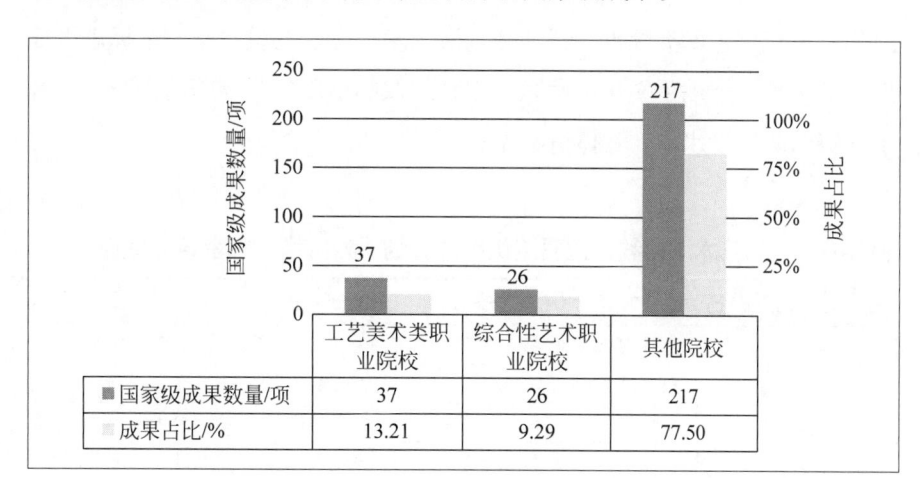

职业院校（9.29%）；其他院校占据了77.50%的成果，结合具体名单分析，这些院校主要依托艺术设计类专业取得了国家级成果。

	工艺美术类职业院校	综合性艺术职业院校	其他院校
国家级成果数量/项	37	26	217
成果占比/%	13.21	9.29	77.50

图 3-1　全国各类别文化艺术职业院校"三教"改革国家级成果数量及占比

（一）教师改革重大成果

教师类"三教"改革相关国家级成果包括全国高校黄大年式教师团队及创建示范活动入围、国家级职业教育教师创新团队及立项（培育）项目、新时代职业学校名师（名匠）名校长培养计划等5类项目。文化艺术职业教育在该领域的成果数量较少，总计6项，主要由工艺美术类职业院校取得，具体情况见表3-5。

表 3-5　"三教"改革教师类相关国家级重大成果获取情况列表

序号	学校名称	成果取得情况
1	湖南工艺美术职业学院	第三批国家级职业教育教师创新团队立项建设单位
		第三批"全国高校黄大年式教师团队"创建示范活动入围
2	苏州工艺美术职业技术学院	第三批国家级职业教育教师创新团队立项建设单位
3	上海工艺美术职业学院	新时代职业学校名师（名匠）名校长培养计划（2023—2025年）
4	江西陶瓷工艺美术职业技术学院	第二批全国高校黄大年式教师团队
5	广东省外语艺术职业学院	新时代职业学校名师（名匠）名校长培养计划（2023—2025年）

除教育部立项的国家级项目外，文化和旅游部自2021年起连续3年实施"文化艺术职业教育"提质培优行动计划。2022年立项15个文化艺

术类"双师型"师资培养扶持项目；2023年立项6个文化艺术类"双师型"教师创新发展计划项目。文化和旅游部的提质培优举措，在一定程度上弥补了文化艺术类院校，特别是表演艺术类专业在教师类改革标志性成果上的不足，推动了文化艺术职业教育"双师型"教师培养的创新，提升了师资团队建设水平。具体情况见表3-6。

表3-6 文化艺术职业教育提质培优行动计划"双师型"师资培养项目

序号	成果名称	学校	项目名称
1	2022文化艺术职业教育提质培优行动计划"双师型"师资培养扶持项目	河北艺术职业学院	石小鹿——石家庄城市更新项目IP形象文创设计
2		辽宁传媒学院	"奉天承艺"——非遗文创研学项目照亮传统文化传承之路
3		黑龙江艺术职业学院	"东北秧歌"专业教师指导学生开展艺术实践的能力提升
4		浙江艺术职业学院	"以文塑旅 以艺赋能"校企协同实践育人模式探究
5		福建艺术职业学院	"三融合"背景下影视专业群数字剧本仿真实训平台建设
6		武汉城市职业学院	乡村旅游文创设计教师企业实践流动站建设
7		广东舞蹈戏剧职业学院	白派粤剧艺术教育研究
8		重庆文化艺术职业学院	校企共建数字媒体专业"5441"育人培养模式
9		黔南民族职业技术学院	遇见非遗 倾心黔地——融入非遗文化的民宿软装设计人才培养创新与实践
10		贵州建设职业技术学院	"强艺德，强艺能，强教研，强创新，强服务"——培育"五强""双师型"音乐教师
11		云南文化艺术职业学院	杂技表演艺术"双师型"培养扶持项目
12		乌鲁木齐职业大学	非遗传承背景下工艺美术专业教学适应性改革研究
13		中国音乐学院附中	"产教融合 校企合作"背景下艺术类职业院校艺术实践创新路径研究
14		北京舞蹈学院附属中等舞蹈学校	中国古典舞数字化赋能的应用与传播
15		广西艺术学院	传统赋能、多方协同——工艺美术大师传承创新基地的设计专业创新人才培养模式研究
16	2023文化艺术职业教育提质培优行动计划"双师型"教师创新发展计划	浙江艺术职业学院	舞蹈表演专业"双师型"教师培养培训基地建设
17		福建艺术职业学院	校政企融通育人·福建古琴制作与修复创新型双师团队培育计划
18		深圳艺术学校	"政校行企"四位融合，文化艺术"双师型"教师提质培优发展计划
19		宁夏艺术职业学院	文旅融合背景下舞蹈专业"双师型"教师队伍建设的创新实践
20		中国音乐学院附属中等音乐专科学校	产教融合视角下艺术类职业院校"双师型"教师队伍建设模式探究
21		上海戏剧学院	上海戏剧学院与上海大剧院艺术中心基于产教融合平台的"双师型"教学创新计划

(二)教材改革重大成果

经统计,文化艺术职业教育教材类"三教"改革相关国家级重大成果共计 255 项,涵盖首批"十四五"职业教育国家规划教材书目中的 143 种"十三五"复核教材和 99 种新申报教材,以及 13 个文化艺术相关的国家级专业教学资源库。由于"十三五"复核教材名单不显示申报单位,本报告没有将其纳入院校取得情况统计。在其余 112 项标志性成果中,由独立建制的艺术职业院校取得的成果有 28 项,上海工艺美术职业学院排名第一,成果数量排名前六位的院校名单见表 3-7。

表 3-7 独立建制的高职艺术院校教材类改革相关国家级重大成果排行榜

序号	学 校 名 称	所属省(区)市	成果数量(教材类)/项
1	上海工艺美术职业学院	上海市	4
2	无锡工艺职业技术学院	江苏省	3
3	湖南工艺美术职业学院	湖南省	2
4	苏州工艺美术职业技术学院	江苏省	2
5	广东省外语艺术职业学院	广东省	2
6	浙江艺术职业学院	浙江省	2

文化艺术大类专业分为艺术设计类、表演艺术类、文化服务类、民族文化艺术类 4 个专业类,从各个专业类的教材成果分布来看,艺术设计类占比最高(81.98%),其次是表演艺术类(8.11%),再次是民族文化艺术类(7.21%),最后是文化服务类(2.70%)。具体见图 3-2。

	艺术设计类	表演艺术类	文化服务类	民族文化艺术类
教材类成果数量/项	91	9	3	8
占据比例/%	81.98	8.11	2.70	7.21

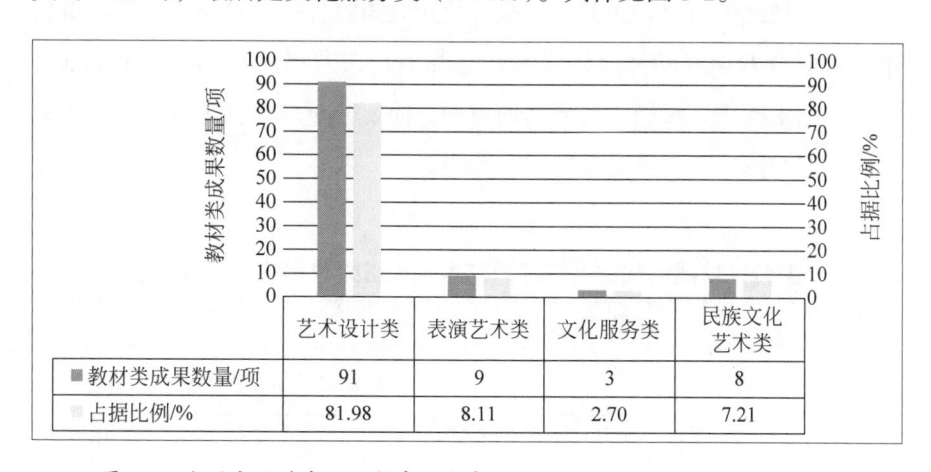

图 3-2 全国文化艺术职业教育 4 个专业类取得的教材类成果数量及占比

(三)教法改革重大成果

教法类"三教"改革相关国家级重大成果包括国家级教学成果奖、国家在线精品课程、职业教育示范性虚拟仿真实训基地典型案例、全国职业院校技能大赛教学能力比赛等四类项目。文化艺术职业教育教法改革国家级重大成果共有169项,其中由独立设置的艺术职业院校取得的有39项,上海工艺美术职业学院仍然排名第一,成果数量排名前六位的院校名单见表3-8。

表3-8 独立建制的高职艺术院校教法改革相关国家级重大成果排行榜

序号	学校名称	所属省(区)市	成果数量(教法类)/项
1	上海工艺美术职业学院	上海市	5
2	苏州工艺美术职业技术学院	江苏省	4
3	无锡工艺职业技术学院	江苏省	3
4	湖南工艺美术职业学院	湖南省	3
5	山东传媒职业学院	山东省	2
6	河北艺术职业学院	河北省	2
7	山西艺术职业学院	山西省	2
8	四川省档案学校	四川省	2
9	石家庄文化传媒学校	河北省	2

值得注意的是,在教育部公布的2022年国家级教学成果奖获奖项目中,以戏曲、音乐、舞蹈、艺术设计、文化服务等多门类文化艺术专业为特色的综合性高职艺术院校,均未取得成果,这是历届国家级教学成果奖中首次出现此类情况。为此,本报告特别收集整理了综合性高职艺术院校上一届省级教学成果奖获奖情况(见表3-9),并将结合本报告第二部分对文化艺术类国家级教学成果奖的梳理,简要分析综合性艺术院校省级教学成果奖与国家级改革成果之间的差距。

表3-9 部分独立建制的综合性高职艺术院校省级教学成果奖获奖情况

序号	成果名称	完成单位	省级获奖等次
1	文旅融合背景下艺术实践教学的"山水课堂"创设	浙江艺术职业学院	一等奖
2	乡村文化服务人才培育"三定"机制的创新与实践	浙江艺术职业学院	二等奖

续表

序号	成 果 名 称	完 成 单 位	省级获奖等次
3	本土文化语境下"3-3-3"舞蹈复合型人才培养模式的探索与实践	浙江艺术职业学院	二等奖
4	"1+3+3"高职音乐表演专业教学模式创新探索与实践	陕西艺术职业学院	一等奖
5	大师引领 团系互动 创演融通：高职表演艺术类专业人才培养模式创新与实践	四川艺术职业学院、四川省川剧院	一等奖
6	植根本土·戏舞相融——川剧元素融入舞蹈剧目教学的创新与实践	四川艺术职业学院、四川省歌舞剧院	一等奖
7	一纲四目四修三品：高职院校文创人才培养模式创新与实践	四川文化产业职业学院、四川艺术职业学院、子谦国际创业教育学院	一等奖
8	三联动·双平台·一目标：服务乡村振兴创意设计人才培养模式创新与实践	四川艺术职业学院、成都幸福公社房地产开发有限责任公司、成都市温江区万春镇幸福村村民委员会	二等奖
9	"9+3"民族音乐与舞蹈专业育人模式创新的探索与实践	四川艺术职业学院、甘孜藏族自治州驻成都"9+3"联络处、阿坝州"9+3"免费教育驻成都协调办公室	二等奖
10	创作引领，剧目驱动——"演编一体"复合型高职舞蹈专业人才培养实践与创新	福建艺术职业学院	一等奖
11	创意人才助力乡村振兴的人才培养实践与创新	福建艺术职业学院	二等奖
12	以戏立德、以剧育人，以原创典型戏剧作品展开课程思政研究与实践探索	北京戏曲艺术职业学院	二等奖
13	实训与实战四阶段戏剧影视人物造型专业教学模式创新与实践	北京戏曲艺术职业学院	二等奖
14	"分层交替能力递进"舞蹈表演专业人才实践教学模式探索与实践	北京戏曲艺术职业学院	二等奖
15	百年曲艺非遗传承人才，"四联"培养模式的创新与实践	北京戏曲艺术职业学院、中国文联曲艺艺术中心、北京曲艺家协会	二等奖
16	新时代校团深度融合的戏曲人才培养模式探索实践	山西艺术职业学院	二等奖
17	"工匠"内涵下，育训结合，四方联动的职业教育实践教学创新探索	山西艺术职业学院	二等奖
18	非遗视域下地方戏专业教学的发展策略与实践效果	黑龙江艺术职业学院	二等奖
19	文化寻根，价值挖掘，融合育人——基于地域文化传承的东北秧歌教学探索实践	黑龙江艺术职业学院	二等奖
20	歌剧赋能：高职音乐表演专业人才培养模式创新实践	湖南艺术职业学院	三等奖
21	"两台融通校团协同多剧种办学"培养德艺双馨戏曲表演人才的探索	湖南艺术职业学院	三等奖
22	高职艺术院校"课堂+舞台"教学改革探索	湖南艺术职业学院	三等奖

注：以上数据部分来源于各省（市）公开的省级教学成果奖获奖名单公布文件，部分来源于各院校提供的教学成果奖获奖信息。

二、文化艺术职业教育"三教"改革的实施路径与创新实践

作为特色鲜明的职业教育类型，文化艺术职业教育在推进"三教"改革过程中，始终遵循文化艺术人才培养规律，着力凸显艺术职业教育类型特征与办学特色，积极探索与其他类别职业院校的差异化发展路径，强化"三教"改革的艺术特色。本报告主要通过分析文化艺术类高等职业院校的年报数据，运用调查统计、案例研究和逻辑分析等方法，系统总结了文化艺术职业教育"三教"改革的实施路径与实践经验。

（一）"双师型"教师队伍建设的特色路径
1. 师德铸魂，推进常态化师德师风建设

师德师风是评价职业院校教师队伍素质的首要标准，在落实立德树人根本任务、提升人才培养质量、推动职业教育内涵式发展等方面具有重要地位和作用。师德师风建设也是一项系统工程，需要理论指导与实践推动的结合、制度建设与个体修养的融合、环境营造与教育宣传的整合。近年来，文化艺术职业院校高度重视师德师风建设常态化和长效化，结合文化艺术类专业特色，通过师德师风网格化管理、树立典型示范引领等举措，持续加强师德师风建设，铸牢师德之魂。

浙江艺术职业学院制订《师德师风网格化预防预警工作实施方案（试行）》，以网格化管理为手段，以预防预警为目的，分工协作，层级联动，对学校全体教职工师德师风进行日常监督和管理。学校还组织开展"80""90"青年教师理论宣讲、优秀教师事迹宣讲，加强师德教育引领，践行师德规范。苏州工艺美术职业技术学院建强师德阵地、强化典型引路，开辟"教师风采"栏目，设立以教书育人为导向的"教学团队""教学名师"系列，以立德树人为核心的"优秀教师"系列，以敬业爱生为角度的"最美职教人""师德标兵"系列，发挥榜样引领作用，营造学习尊崇师德模范、紧跟师德模范步伐、弘扬师德模范精神的浓厚育人氛围。湖南工艺美术职业学院出台并严格执行《师德失范行为负面清单及处理办法》。实施"师德师风标兵"及"管理服务育人标兵"选树活动、"双带

头人"培育工程、师德师风专题教育。2023年，学校开展第四届"美院好老师"评选活动，共评选出"师德标兵"3名，"美院好老师"1人。

2. 引育并举，构建师资人才发展梯队

合理的学历、年龄、能力及专兼职师资结构是提升师资队伍建设水平、推动职业教育稳步发展的关键。在国家和省级"双高"计划收官阶段，全国各文化艺术类高职院校高度重视师资队伍建设，多渠道开展外引内培、引育并举的人才揽蓄行动，扎实推进"人才强校"工程，全面提升师资队伍建设水平。

为掌握文化艺术职业教育师资结构的现状，编制组以64所独立建制的工艺美术与艺术设计类、综合性文化艺术类、传媒类高职院校为样本，对其2023年度教育质量报告附表中的师资建设数据进行了汇总分析（见图3-3、图3-4）。统计显示，2023年度，64所院校教职工总数为32 245人，其中专任教师25 479人；专任教师中，高级职称占比平均为24.45%，10.94%的院校高级职称占比超过40%，45.31%的院校介于20%~30%，6.25%的院校低于10%，表明文化艺术类职业院校专业教师的职称结构仍需优化；就"双师"素质专任教师比例而言，只有3.13%的院校"双师"比例高于90%，4.69%的院校介于80%~90%，21.88%的院校介于50%~60%，4.69%的院校低于10%。大部分院校已形成专兼结合的师资队伍，6所院校共聘请行业导师4 710人，其中包括83名大国工匠和劳动模范。

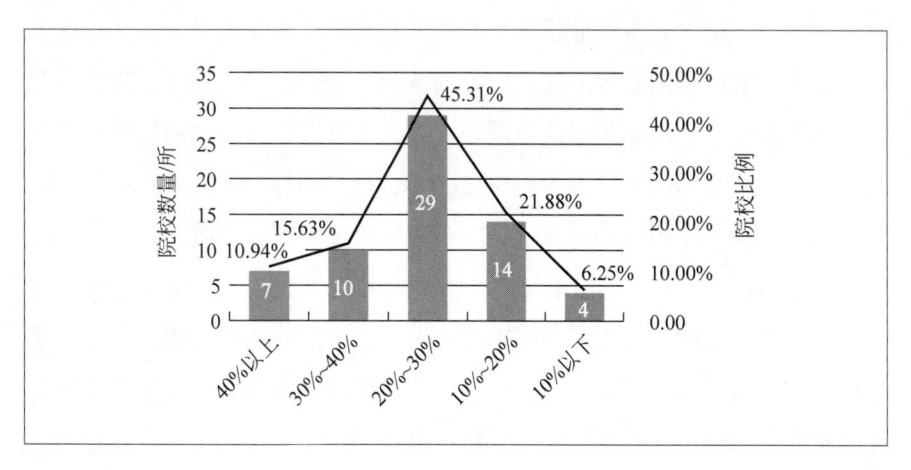

图3-3 全国文化艺术职业院校高级专业技术职务专任教师比例

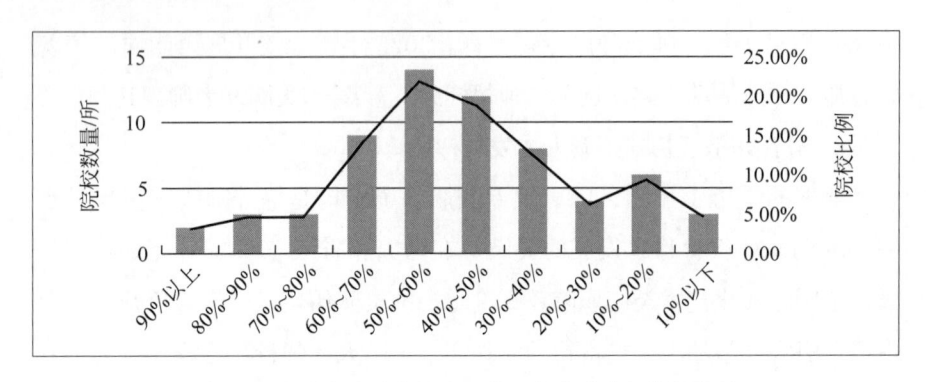

图 3-4　全国文化艺术职业院校双师素质专任教师比例

人才是推动职业教育高质量发展最强大、最持久的动力。各文化艺术职业院校对外拓宽引才，对内重视培养，一方面，重点引进在高校和行业企业中有较强影响力的专业带头人、学术骨干和高技术技能人才，带动专业建设提升育人工作成效；另一方面，通过加强培养培训，卓有成效地提高了校内师资队伍建设水平。上海工艺美术职业学院 2023 年引进学科型 A 类人才 1 人、C 类储备人才（博士）3 人。积极参与上海高等教育人才揽蓄行动、嘉定紧缺高层次人才引才行动，实现多层级政策、信息联动互通，共享人才发展红利。以项目聘用形式，柔性使用高层次人才 43 人，其中博士研究生学历 4 人、硕士研究生学历 10 人，高级职称 6 人、中级职称 5 人，企业行业背景 35 人、高校院所背景 8 人，进一步优化和丰富了学院人才队伍结构。健全高层次人才校内外评审机制，委托上海市教育评估协会对学院专兼职高层次人才进行绩效考核评价，调动人才特长，激发创新活力。浙江艺术职业学院不断完善高端艺术人才引进办法和行业企业骨干人才柔性引进管理办法，以签约特聘、委约作品、建立工作室等形式柔性集聚人才，从业界柔性引进一批具有丰富实践经验和精湛专业技能的行业专家和管理人才充实到兼职教师队伍，聘请一线知名艺术家、学者、高级管理人才担任特聘教授。广东省外语艺术职业学院修订出台《高层次人才引进管理办法》，增加柔性引进人才的方式，吸引更多更优秀的高层次人才。柔性引进著名粤剧表演艺术家、中国戏剧梅花奖获得者、享受国务院政府津贴、国家一级演员、广东省粤剧非遗传承人倪惠英和著名琵琶演奏家、现代五弦琵琶代表人物、国乐"四大天王"之一方锦龙两位大师担任技能导师，通过传、帮、带传授技艺。

3. 项目助力，提升递进成长的人才能级

国家教学名师项目、国家级技能大师工作室、国家级职业教育教师创新团队、新时代职业学校名师（名匠）名校长培养计划等国家级高层次项目建设，是职业院校提升师资建设水平的重要助推器。2022—2023 年，教育部推出了全国高校黄大年式教师团队、首批国家级职业教育教师教学创新团队、第三批国家级职业教育教师创新团队创建示范活动、新时代职业学校名师（名匠）名校长培养计划（2023—2025 年）等重量级项目（见表 3-10）。各省市对标教育部对职业教育师资队伍建设的相关要求，陆续出台各类省级项目文件。部分高职院校也结合本校实际情况，推出校级培育项目，建立"校级—省级—国家级"逐级递进的教师项目建设机制，着力强化基础扎实、结构合理的高素质师资队伍建设。

表 3-10　文化艺术职业教育教师类国家级项目获取情况列表

序号	项目类别	项目/专业名称	学校名称
1	第二批全国高校黄大年式教师团队	陶瓷文化传承教师团队	江西陶瓷工艺美术职业技术学院
2	第三批"全国高校黄大年式教师团队"创建示范活动入围	湘绣传承与创新教师团队	湖南工艺美术职业学院
3		蜀绣文化与技艺传承创新教师团队	成都纺织高等专科学校
4	新时代职业学校名师（名匠）名校长培养计划（2023—2025 年）	名师	上海工艺美术职业学院
5		名师	广东省外语艺术职业学院
6	第二批国家级职业教育教师创新团队	文化创意与策划	苏州工艺美术职业技术学院
7		文物修复与保护	江西陶瓷工艺美术职业技术学院
8		文化创意与策划	广西经贸职业技术学院
9	第三批国家级职业教育教师创新团队立项建设单位	—	湖南工艺美术职业学院
10		—	苏州工艺美术职业技术学院
11		—	北京经济管理职业学院

注：此表列出了所有文化艺术大类专业取得的教师类国家级项目成果，不限于独立建制的文化艺术职业院校。

省级项目主要包括职业教育省级教学名师、省级教师教学创新团队、省级"双师型"培训基地以及各类人才项目。上海工艺美术职业学院申报国家教学名师项目、国家级技能大师工作室、新时代职业学校名师（名匠）名校长培养计划、国家级乡村工匠名师（大师）、上海市东方英才计划（拔尖项目、青年项目、教师项目）、上海市职教名师工作室、上海市文教结合项目、上海市首席技师、上海市杰出人才等各级项目 20 余人。苏州工艺美术职业技术学院除了国家级职业教育教师教学创新团队、国家级"双师型"教师培训基地建设，还加强省职业教育"双师型"名师工作室及省苏作非遗技艺技能传承创新平台管理工作，牵头做好省职业教育"双师型"教师团队文化艺术协作组工作。浙江艺术职业学院舞蹈表演专业教师教学创新团队、戏曲表演专业教师教学创新团队入选浙江省职业教育教师教学创新团队，6 名教师入选省舞台艺术"1111"人才培养计划。河北艺术职业学院舞蹈表演专业群教师团队获首批河北省高校黄大年式教师团队，校内教师获评河北省教书育人楷模、"燕赵文化名家"、河北省师德标兵、宣传思想文化青年英才、河北省文联首批中青年文艺人才培养"燕赵秀林计划""三三三人才工程"资助项目等省级称号、项目。

校级项目设计和培育方面，浙江艺术职业学院依托国家"双高"计划，设计开展"浙艺教学名师"培养计划，培养省校两级专业带头人，构建"青年教师—骨干教师—专业带头人—教学名师"职业发展路径。落实教师"两项能力考核"制度，推进教师专业技能考核和教学能力考核"全覆盖"。上海工艺美术职业学院启动第三批校级首席技师培育项目，制订《"东方学者"特聘教授经费管理办法（试行）》《教职工在职攻读学历学位学费资助的补充规定》，进一步完善了人才资助类制度体系。湖南工艺美术职业学院、四川艺术职业学院、云南文化艺术职业学院、天津艺术职业学院、河北艺术职业学院、广东省外语艺术职业学院、浙江横店影视职业学院、四川文化传媒职业学院、山东艺术设计职业学院等院校根据教育部《职业教育"双师型"教师基本标准（试行）》，制订学校"双师型"教师认定办法，加强"双师型"队伍建设。

4. 名家引领，建设"非遗+"大师工作室

文化艺术职业教育历来以名师授徒的技艺传承方式为特色，长期致力于将传统的家族父子相传、师徒相授等传统单一的技艺传承方式融入学校的科班教育主渠道，引进国家非遗传承人、艺术大师，聘请具有卓越实力和社会声誉的行业领军人才和企业大师名匠为兼职专业带头人，建立传承人·大师工作室。以"名师""工匠"为依托，大力弘扬工匠精神，积极营造"树匠心、育匠人"的浓厚氛围，将精益求精、注重细节、严谨、耐心、专注、坚持、专业、敬业等内蕴的"工匠精神"融入教学中，让大师名师们的"独门绝艺""看家本领"后继有人，促使传统技艺在传承与创新相结合的模式下薪火相传。

江西陶瓷工艺美术职业技术学院在多年现代学徒制实践成果的基础上，持续利用景德镇陶瓷产业资源优势，引进国家非遗传承人、陶瓷艺术大师，建立传承人·大师工作室。聘请了近 80 位国家级、省级工艺美术大师作为特聘教授，到学校开展"国家非遗制瓷技艺进校园"名师授徒活动。

浙江艺术职业学院 2023 年共聘请特聘教授 33 名，组织开展汪世瑜戏剧表演工作室、周煜国音乐表演（民乐）工作室、蓝玲戏剧服装工作室、尤小刚影视编导工作室、汪自强文物修复与保护工作室等多项工作室建设活动。

北京戏曲艺术职业学院建立孙毓敏京剧荀派、李玉芙京剧梅派、张德福评剧表演、京胡演奏家燕守平、京剧程派表演艺术家李文敏、京剧杨派表演艺术家杨少春 6 个大师工作室。

河北艺术职业学院成立有京剧大师尚长荣艺术传承研究室、彭蕙蘅河北梆子艺术传承工作室、李占奎传统道具工作室以及省级技术技能传承平台，并以"彭蕙蘅河北梆子传承工作室""传统道具大师工作室"为依托，申报获批戏曲非遗传承科普教育基地。

山西艺术职业学院工艺美术专业群建成 5 个工艺美术大师工作室。

黑龙江艺术职业学院多维度拓展技能大师、非遗传承人等在学院专业建设、课程建设、教师培训等方面的示范引领平台建设，其中有经中国艺术职业教育学会认定的"乔良首席舞蹈大师工作室"，黑龙江省人社厅认定的"倪秀梅技能大师工作室"。

5. 优化组合，培育高水平教学创新团队

教师教学创新团队建设是职业院校"双师型"教师队伍高质量发展的有力抓手和重要举措。教育部支持国家级团队建设，探索建设模式，集聚优质资源，发挥辐射带动作用，示范引领地方政府、职业院校建设省级、校级教师教学创新团队，以点带面推动职业教育教学模式和人才培养模式改革。2021 年教育部遴选了 240 个第二批国家级职业教育教师教学创新团队，仅有 3 所高职院校的文化艺术大类专业立项。2023 年，教育部公布第三批国家级职业教育教师创新团队立项建设单位，3 所文化艺术大类高职院校入选。湖南工艺美术职业学院组建"湘绣传承与创新团队"，2023 年获批"全国高校黄大年式教师团队"，12 人获全国劳动模范、世界技能大赛金牌等荣誉，首创"名师、大师"同堂授课和"大师工作室＋项目＋产品"培养模式。近年来，各省市均出台了省级职业教育教师创新团队建设方案，强化分级指导，不少文化艺术类职业院校有团队入选。

除了国家级和省级团队建设，文化艺术职业院校在校级教师教学创新团队的机制建设方面进行了探索实践，福建艺术职业学院出台《福建艺术职业学院教师教学创新团队建设与管理办法》，按照"弘扬师德、分类施策、专兼职教师两手抓"的建设思路，构建模块化教师教学创新团队，以校企共同体为依托，构建双师队伍培养体系；天津艺术职业学院根据《关于开展 2022 年天津市思想政治理论课教学创新团队遴选工作的通知》精神，组建"思政课教学创新团队"；苏州工艺美术职业技术学院加大教师创新团队培养，建立健全教师实践锻炼体制机制，依托国有企业、大型民企共建 3 个校级示范性工作站。探索构建"政治师德领航、名师名匠引领、平台项目支撑、产教融合赋能、体制机制保障"的教学团队建设新模式，坚持引才和育才双线聚力的团队教育教学能力提升工程，搭建"教学、科研、培训、竞赛、服务与创新"六位一体的分工协作团队共同体；江西陶瓷工艺美术职业技术学院以"美院八学士"创意团队为核心，打造"大师名师工程"，已经组建了 2 个重点建设团队、5 个一般建设团队和 5 个校级孵化团队。

（二）教材改革的特色路径

1. 校企"双元"合作开发教材

教育部等九部门印发的《职业教育提质培优行动计划（2020—2023 年）》提出加强职业教育教材建设，到 2023 年，遴选 10 000 种左右校企双元合作开发的职业教育规划教材。2022 年，教育部启动首批"十四五"职业教育国家规划教材书目遴选工作，3 326 种新申报的中高职教材入选，其中文化艺术大类专业教材有 99 种，占比仅 2.98%。

近两年，在国家级教材项目的引领和带动下，文化艺术职业教育校企"双元"合作开发教材的力度持续加强，但整体教材数量和质量仍需提升。编制组对64家独立建制的文化艺术高职院校的年报数据进行了梳理（见图3-5、图3-6），数据显示，2022—2023学年，文化艺术高职院校共编写1580种教材，其中校企合作编写教材数量488种，新形态教材350种。院校之间教材建设情况存在较大差异，从总体编写数量上看，5所院校教材编写数量为100种以上，占比为7.81%；4所院校编写数量为50～100种，占比为6.25%；还有39所院校教材编写数量为10种以下，占比为60.49%。从校企合作编写教材数量上看，3所院校编写数量为50种以上，占比为4.69%；3所院校编写数量为40～50种，占比为4.69%；19所院校编写数量为1～9种，占比为29.69%；甚至有33所院校编写数量为0种，占比为51.56%。

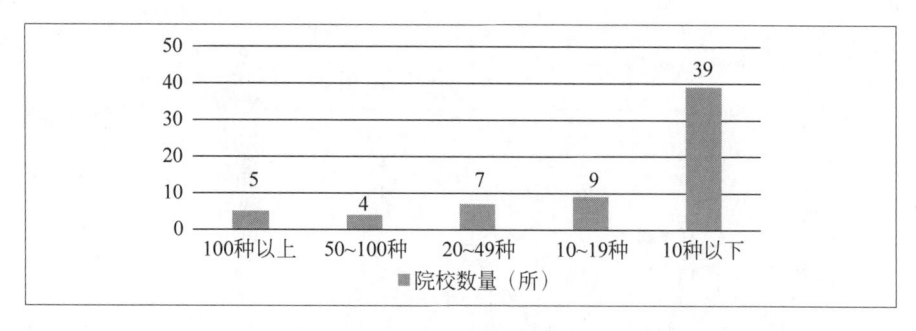

图3-5 全国文化艺术职业院校教材编写数量

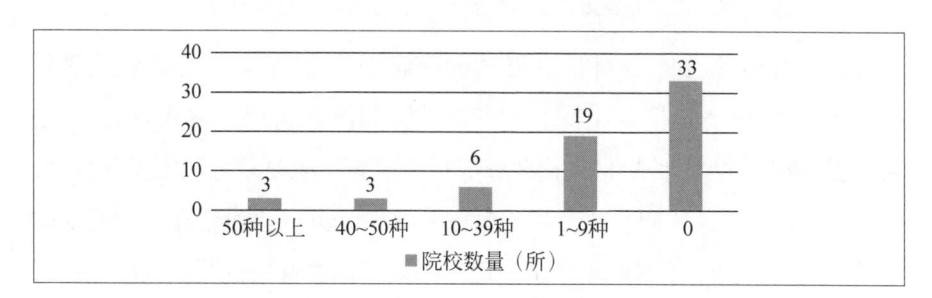

图3-6 全国文化艺术职业院校校企合作教材编写数量

为了强化校企"双元"合作开发教材力度，福建艺术职业学院修订《福建艺术职业学院教材管理办法》，积极推进校企"双元"合作开发项目式、活页式、工作手册式新形态教材，"岗课赛证"融通教材，鼓励建设一批服务地方产业和体现民间传统技艺、民族文化艺术的福建区域特色教材，努力提高教材建设水平；湖北艺术职业学院参与荆州市市域产教联合体建设，与7家关联企业开展了7个专业的共建，共建课程7门，合编教材8种。

2. 动态多元呈现教材形式

教材是培根铸魂、启智增慧的重要载体。推进具有中国特色的文化艺术职业教育高质量教材建设，是适应现代职业教育内涵式发展趋势的必然要求。近年来，文化艺术职业教育教材改革聚焦挖掘新动能，构建教材资源平台，重塑新生态，丰富教材呈现形式。根据对64家独立建制的文化艺术高职院校年报数据的梳理（见图3-7），2022—2023学年，4所院校编写了30种以上新形态教材，占比为6.25%；4所院校编写了10~29种新形态教材，占比为6.25%；38所院校未编写新形态教材，占比为59.38%。由此可见，文化艺术职业教育在教材形式的多元化呈现方面仍有较大提升空间。

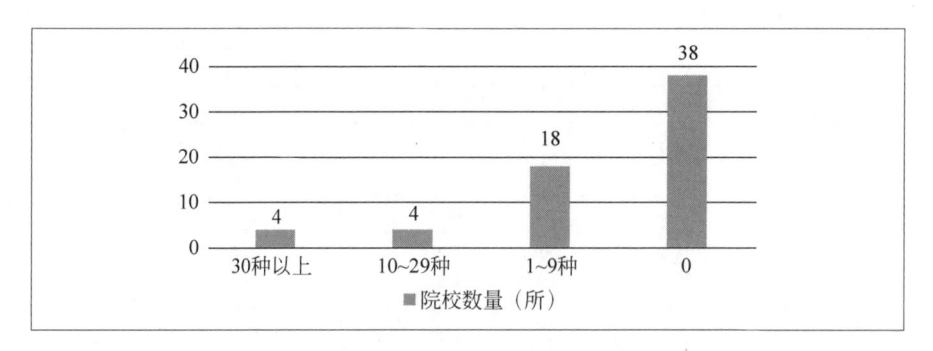

图3-7 全国文化艺术职业院校新形态教材编写数量

在多元化新形态教材呈现形式的探索中，上海工艺美术职业学院2023年紧紧围绕学校专业特点，参与编写和出版新型活页式教材10余种，教师编写的11种教材入选教育部"十四五"职业教育国家规划教材，8种教材推荐申报"职业教育优质教材"评选，教材建设走在文化艺术职业院校前列；河北艺术职业学院利用蓝墨数字化教材平台开展校本数字教材建设工作，邀请专家进行培训和指导，目前有13种数字教材正在建设中；浙江艺术职业学院建设并出版6种省级新形态教材，立项建设20余种校级新型活页式教材，2种教材入选教育部"十四五"职业教育国家规划教材，1种教材推荐申报"职业教育优质教材"。天津艺术职业学院建立传统文化专业群教材研究基地，通过编撰教学讲义，编辑剧目剧本、整理授课对话文字实录等丰富并保留专业教学素材，承担职业教育传统文化专业群相关课题研究任务。

3. 因校制宜开发特色资源

数字化教学资源建设对提升职业教育教学质量具有重要意义，在彰显职业教育类型特色、促进教育教学内涵提升方面发挥着关键作用。2022年12月，中共中央办公厅、国务院办公厅印发《关于深化现代职业教育体系建设改革的意见》，提出"做大做强国家职业教育智慧教育平台，建设职业教育专业教学资源库、精品在线开放课程、虚拟仿真实训基地等重点项目，扩大优质资源共享"，职业教育专业教学资源库建设被列入加快推进现代职业教育体系建设改革11项重点任务之一。在此背景下，各文化艺术职业院校结合自身专业特色与优势，加快推进专业教学资源库建设。

根据对国家职业教育智慧教育平台的统计，目前建有文化艺术大类国家级专业教学资源库14个（见表3-11），上线国家职业教育智慧教育平台的文化艺术大类省级专业教学资源库39个，上线平台的文化艺术大类校级专业教学资源库25个。根据对64家独立建制的文化艺术高职院校年报数据的梳理统计，各院校有省级专业教学资源库52个，校级专业教学资源库197个。

表3-11 入选国家级教学资源库的文化艺术大类专业教学资源库名单

序号	第一主持院校	专业资源库名称
1	广东轻工职业技术学院	广告艺术设计
2	温州职业技术学院	环境艺术设计
3	长沙民政职业技术学院	视觉传达设计
4	湖南科技职业学院	室内艺术设计
5	上海工艺美术职业学院	艺术设计
6	苏州工艺美术职业技术学院	百工录：中国工艺美术非遗传承与创新
7	安徽工商职业学院	徽派技艺传承与创新
8	山西艺术职业学院	民族音乐
9	湖南工艺美术职业学院	少数民族服装与服饰传承与创新
10	唐山工业职业技术学院	陶瓷文化传承与创新
11	北京电子科技职业学院	中国传统金属及泥塑工艺美术传承与创新
12	河北工业职业技术学院	中国烙画艺术传承与创新
13	河南职业技术学院	中国戏曲表演艺术传承与创新
14	湖南工艺美术职业学院	中华刺绣传承与创新

专业教学资源库建设成效稳步提升，湖南工艺美术职业学院以"能学、辅教、促改"为基本定位，面向学生、教师、企业员工、社会人员4类用户，按照"需求牵引、应用为王、服务至上"的基本原则，遵循"一体化设计、结构化课程、颗粒化资源、多场景应用"的建构逻辑，大力推进教学资源库建设，2023年建有教学资源库7个；浙江艺术职业学院联合四川艺术职业学院、湖南艺术职业学院牵头建设戏曲表演专业教学资源库，通过省级认定，并谋划依托全国舞美行业产教融合共同体建设舞台艺术设计与制作专业教学资源库；河北艺术职业学院联合山西艺术职业学院、浙江艺术职业学院建设舞蹈表演专业教学资源库，通过省级认定，还建有视觉传达设计校级专业教学资源库。

在上线国家职业教育智慧教育平台的文化艺术大类国家级和省级50个专业教学资源库中，由独立建制的文化艺术类职业院校建设的有17个，其中上海工艺美术职业学院建设了7个；按类别划分，艺术设计类专业35个，表演艺术类专业4个，文化服务类专业2个，民族文化艺术（非遗）类8个，美育类1个。

（三）教法改革的特色路径

1. 数字科技赋能，改造升级传统教学模式

数字技术是新一轮科技革命与产业变革的核心驱动力，党的二十大报告提出"推进教育数字化，建设全民终身学习的学习型社会、学习型大国"。文化艺术职业教育长期以来以师徒授受、口传身授等传统教学模式为显著特点。在新产业、新工艺、新技术的背景下，顺应数字化发展浪潮，将数字技术融入文化艺术职业教育场景已成为必然趋势。近年来，文化艺术职业教育通过在线精品课程、职业教育示范性虚拟仿真实训基地、教师教学能力比赛等项目和赛事，将数字资源与信息技术有效融入课堂教学，成功推动传统教学模式的改造升级。上海工艺美术职业学院依托非遗传承专业优势，建设虚拟仿真教学与实训中心、红色文化虚拟仿真展示与体验中心及协作共享云平台，通过VR技术融入非遗技艺传承，采用"专业教学＋虚拟技艺"模式，运用虚拟现实技术再现传统工艺情境。"长三角工艺美术虚拟仿真实训创新基地"入选教育部职业教育示范性虚拟仿真实训基地培育项目。浙江艺术职业学院开发推出"越音易通·越剧语音电子字典"App及配套图书《越音易通·越剧音韵字汇》，内容包含越剧音韵基础知识、字韵汇集及流派唱段用韵白表现，配套图书从汉字语音学角度系统整理近6 000个常用汉字，标注音标与声调，按越剧韵目"四尾"排列，便于查阅。项目获中国戏剧家协会副主席茅威涛高度评价，并受到《光明日报》《中国文化报》等多家媒体报道，对戏曲艺术传承发展具有里程碑意义。

编制组对国家职业教育智慧教育平台的数据进行统计，文化艺术大类在线精品课程方面，有56门国家级课程，98门省级课程，249门校级课程；文化艺术大类虚拟仿真项目方面，有1个国家级示范性虚拟仿真项目，1个省级示范性虚拟仿真项目，78个校级虚拟仿真项目。对2022年和2023年全国职业院校技能大赛教学能力比赛文化艺术类作品获奖情况进行了统计，2022年有52个作品获奖，其中由独立建制的文化艺术职业院校取得的获奖作品11个，占比21.15%；2023年有36个作品获奖，其中由独立建制的文化艺术职业院校取得的获奖作品仅3个，占比8.33%。

2. 教学成果导向，推动实现教学改革创新

在建设高质量职业教育体系的背景下，职业教育国家级教学成果奖集中展现了职业教育教学改革的成效，对引领新时代职业教育高质量发展具有关键作用。文化艺术职业教育以教学成果凝练为导向，统筹推进各类教学改革，取得了一定成效。编制组对2022年国家级教学成果奖获奖名单进行整理，梳理出文化艺术类相关成果22项，其中一等奖6项，二等奖16项；从类别看，人才培养类成果14项，育人模式类成果3项，专业教学改革类成果1项，课程改革类成果3项，专业群建设类成果1项；从完成单位看，20项成果为多家单位合作完成，2项成果为一家单位独立完成。具体见表3-12。

表3-12　2022年职业教育国家级教学成果奖获奖情况列表（文化艺术类）

序号	成 果 名 称	完 成 单 位	等 次
1	文化技艺并重，传承创新并举：服装与服饰设计专业人才培养体系的构建与实践	上海工艺美术职业学院，上海东隆羽绒制品有限公司，上海元彩科技有限公司，广西纹藏文化发展有限公司	一等奖

续表

序号	成果名称	完成单位	等次
2	乔匠模式：个性化培养服装技术技能人才的十年探索与实践	杭州市乔司职业高级中学	一等奖
3	小工坊大秀场：服装设计与工艺专业群个性化人才培养模式改革与创新	杭州职业技术学院，温州职业技术学院，中国纺织服装教育学会，达利（中国）有限公司	一等奖
4	立足产业特色，匠师协同、五业联动传承陶瓷文化育人实践新范式	江西陶瓷工艺美术职业技术学院，江西省教育评估监测研究院，景德镇御窑博物院，景德镇皇窑陶瓷有限公司	一等奖
5	基于"视觉感受5E教学法"的高职特教服装专业教学改革与实践	山东特殊教育职业学院，广东省职业教育研究院，浙江纺织服装职业技术学院，广东省卓越人才职业能力评价中心，山东省纺织服装行业协会，山东海思堡服装服饰集团股份有限公司	一等奖
6	"传承文化、引领时尚、科技赋能"的高职艺术设计人才培养创新与实践	广州番禺职业技术学院，广州南洋理工职业学院，广州工艺美术行业协会，浙江中科视传科技有限公司，北京润尼尔网络科技有限公司	一等奖
7	通专互融·虚实链接·内外贯通——中职服装专业"大课堂"的创新实践	江苏省南通中等专业学校，南通大学，南通职业大学，上海赛晖服饰有限公司	二等奖
8	设计服务生活，融通提升创意：艺术设计类专业人才培养模式探索与实践	苏州工艺美术职业技术学院，中国国际艺术设计职业教育集团	二等奖
9	深耕紫砂非遗 打造育人特色：非遗技艺现代传承人培养体系的构建与实践	无锡工艺职业技术学院，江苏省陶瓷行业协会，江苏省宜兴紫砂工艺厂	二等奖
10	深度融合地方特色资源的设计类专业课程思政探索与实践	浙江工贸职业技术学院，安徽新闻出版职业技术学院	二等奖
11	破"茧"成"蝶"——以"舞台"为中心的地方戏曲人才培养创新与实践	闽江师范高等专科学校，福建省实验闽剧院	二等奖
12	"三维三层 润心砺能 展评一体"高职时尚创意设计人才培养模式创新与实践	山东轻工职业学院，上海赛特丝绸进出口有限公司	二等奖
13	东西部协作战略下"扶贫助教、育人促产"非遗人才培养模式的创新与实践	苏州工艺美术职业技术学院，贵州省非物质文化遗产保护中心，贵州文化旅游职业学院	二等奖
14	传承入课堂，创意融技术：服务时尚产业的服装专业课程改革创新实践	无锡工艺职业技术学院，无锡学院，南通蓝印花布博物馆，江苏省服装设计师协会	二等奖
15	依托非遗工匠小镇 育训并举培养"三传型"荆楚非遗人才的探索与实践	长江艺术工程职业学院，湖北省民间工艺技师学院，湖北十八匠文化发展投资有限公司，荆州市创业职业中等专业学校，荆州文物保护中心	二等奖
16	支撑地方性特色产业创新发展的"湘字号"工艺美术专业群建设研究	湖南工艺美术职业学院，湖南金球湘绣有限公司，醴陵市瓷艺堂有限责任公司	二等奖
17	基于专业链对接产业链"四协同 五联动"壮锦技艺人才培养模式研究与实践	来宾职业教育中心学校，广西工艺美术研究院有限公司，来宾市博物馆，广西民族技艺职业教育教学指导委员会，广西维卓服装有限公司，广西壮宏文化发展有限公司	二等奖
18	爱美融合 课课链接：高职艺术设计类专业全课程育人研究与实践	湖南工艺美术职业学院，湖南大众传媒职业技术学院，湖南艺术职业学院，湘西民族职业技术学院，湖南党史陈列馆，湖南湘绣城集团有限公司	二等奖

续表

序号	成果名称	完成单位	等次
19	文化赋能、课创融合、市场连接：高职艺术设计类人才培养模式探索与实践	深圳职业技术学院，北京故宫宫廷文化发展有限公司	二等奖
20	高职艺术设计类专业"工学商一体化"人才培养模式的改革与实践	广东轻工职业技术学院，腾讯云计算（北京）有限责任公司，广东省广告集团股份有限公司，广东省博物馆（广州鲁迅纪念馆），广东东方麦田工业设计股份有限公司	二等奖
21	为民族传技・为文化寻源：非遗传承下"唐卡＋专业"特色学徒制探索与实践	西藏职业技术学院，安徽商贸职业技术学院	二等奖
22	纸烙画非遗技艺人才培养探索与实践	甘肃省山丹培黎学校	二等奖

如前所述，以戏曲、音乐、舞蹈、艺术设计、文化服务等多门类文化艺术专业为特色和优势的综合性高职艺术院校，均没有取得2022年国家级教学成果奖。编制组将综合性高职艺术院校取得的省级教学成果奖与2022年文化艺术类国家级教学成果奖进行比较，分析差距，发现文化艺术职业教育国家级教学成果奖主要具有以下特征：一是在成果主题上，更关注人的培养，具体表述有"人才培养体系""人才培养模式""个性化培养"，搭配的高频词主要是"探索""实践""创新"等。二是成果整合度更高，不仅仅局限于革新某一个专业、搭建某一个平台、创设某一个体系，更多从专业群建设、技术赋能以及跨界融合等角度整合资源。三是校企联合打造成果的属性更强，2022年文化艺术职业教育国家级教学成果奖中约91%的成果由2个以上合作单位完成，其中两类不同性质单位合作的成果数量约占22.73%，合作类型主要是校际、校企、校研、校政；三类不同性质单位合作的成果数量约占36.36%，合作类型主要是校研企、校政企；四类不同性质单位合作的成果数量约占13.64%，合作类型为校政研企。四是支撑地方特色产业的趋势更加明显，在育人模式上注重产教融合，出现的相关高频词有"协同""联动""融通"等。

由此可见，综合性高职艺术院校要取得国家级教学成果奖，在选题上既要秉持"立德树人"根本建设任务，也要立足自身特色做强优势领域，更要将专业主动精准对接产业，加强与合作企业、研究机构、政府的协同共建，高效整合资源以实现共赢共享，解决职业院校在教学成果实践中的难点、痛点。

3. 岗课赛证融通，提升艺术实践育人水平

文化艺术职业教育具有格外强调艺术实践的优良传统，一直将课堂实践训练、艺术展演磨炼、专业赛事历练作为提高专业人才培养质量的重要手段，打造多维实践体系，人才培养成果斐然。近几年，文化艺术职业院校紧跟职教改革的前进步伐，进一步将产业、竞赛和证书体系与课程教育体系进行有机融合，形成一批综合化、证书化、岗位化优质课程，加快推动教学模式创新，加强数字教程、虚拟教室等建设，打开艺术职教新格局，实现能力素质升级。

"学历证书＋若干职业技能等级证书"（"1+X"证书）制度试点工作，是加快培养复合型技术技能人才的重要制度设计。为了掌握文化艺术大类专业相关"1+X"证书制度落实情况，编制组对教育部公布的四批次"1+X"证书名称进行了梳理，共汇总16个相关证书（见表3-13），其中艺术设计类专业相关证书15个，表演艺术类专业相关证书仅"器乐艺术指导"1个。

表3-13 与文化艺术大类专业有关的"1+X"证书列表

序号	证书名称	批次	序号	证书名称	批次
1	数字创意建模	第三批	9	计算机首饰设计	第四批
2	界面设计	第三批	10	人物化妆造型	第四批
3	游戏美术设计	第三批	11	室内设计	第四批
4	数字媒体交互设计	第三批	12	产品创意设计	第四批
5	鞋类设计与制作	第四批	13	动画制作	第四批
6	服装陈列设计	第四批	14	数字艺术创作	第四批
7	器乐艺术指导	第四批	15	文创产品数字化设计	第四批
8	珠宝首饰设计	第四批	16	室内设计	第四批

在打造岗课赛证育人新模式方面，科尔沁艺术职业学院强化岗课赛证融通，将大赛项目、"1+X"证书等纳入人才培养方案，开设微专业课程，开发特色自编教材，建设虚拟仿真实训项目；泉州工艺美术职业学院对照国家级、省级职业院校技能大赛赛项设置，遴选赛项进行课赛融合课程试点，全面推进"1+X"证书制度试点；湖南艺术职业学院按照文旅演艺

行业的相关标准，设置各专业群课程标准，建设特色课程。积极参与器乐类、声乐类、表演类等职业等级证书的开发和试点工作；广东省外语艺术职业学院参照文化和旅游部《民族乐器演奏员》职业标准，教育部《高等职业学校音乐表演专业教学标准》，结合全国职业院校技能大赛、《器乐艺术指导》"1+X"证书等，积极探索岗课赛证综合育人。

根据对 64 家独立建制的文化艺术高职院校的年报数据的梳理显示（见图 3-8），2022—2023 学年，7.81% 的文化艺术高职院校开设了 200 门以上课证融通的课程，8 所院校开设了 100~199 门课证融通的课程，占比为 12.59%；7 所院校开设了 50~99 门课证融通课程，占比为 10.94%；12 所院校开设了 20~49 门课证融通的课程，占比为 18.75%；18 所院校开设了 1~19 门课证融通的课程，占比为 28.13%；14 所院校没有开设课证融通的课程，占比为 21.88%。可见，各文化艺术高职院校间推进岗课赛证育人模式的成效存在差距，大部分文化艺术高职院校的课程建设与就业岗位、职业技能竞赛、职业技能等级证书和职业资格证书的融通深度还有待加强。

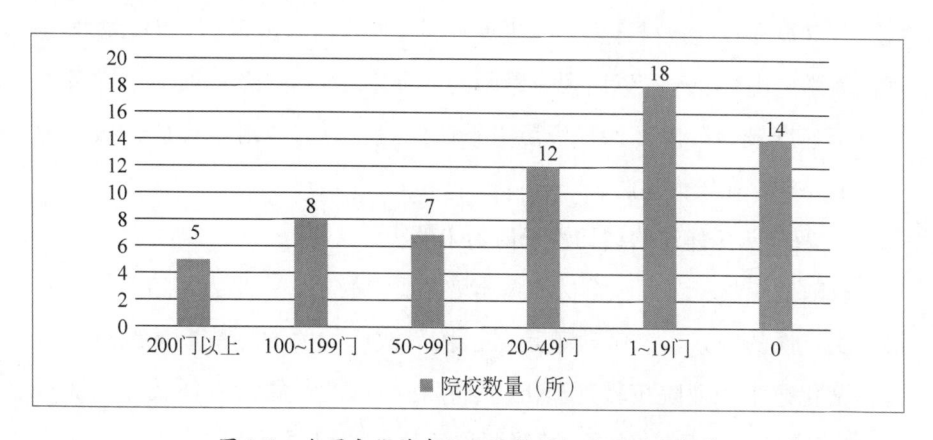

图 3-8　全国文化艺术职业院校课证融通课程数量

三、挑战与展望

党的二十大报告确立了教育、科技、人才"三位一体"的战略布局，将教育强国建设置于首要地位。职业教育作为教育强国建设的重要支撑，当前的核心任务是加快构建现代职业教育体系，以满足经济社会快速发展和产业转型升级对高技能人才的迫切需求。2023年7月，教育部副部长吴岩在常州召开的首个国家重大行业产教融合共同体成立大会上，首次提出要着力提升职业教育关键办学能力，将专业、课程、师资、实践、教材五大根本要素打造成为"金专、金课、金师、金地、金教材"，构建新时代职业教育的"新基建"。从"三教"改革到"五金"建设，标志着职业教育教学实践的深度变革，对传统教育理念和体制机制提出了全新挑战。在此背景下，文化艺术职业教育亟须深入剖析"三教"改革的成效与困境，主动求变，探索内涵建设与服务能力提升的新路径，实现提质增效目标下的高质量发展。

（一）文化艺术职业教育"三教"改革的问题与不足

1. 数字化转型在艺术职业教育中存在深化难点

面对新一轮信息革命，文化艺术职业教育在对传统文化的数字化转化、新一代信息技术与教育教学的深度融合、教师的信息化教学能力、数字化教学场景的建设等方面仍有提升空间。部分院校在激励机制建设、在线课程建设和新型教材开发方面进展较为缓慢，对虚拟现实、大数据等技术的教学应用尚处于探索阶段。教师的数字化教学能力有待加强，课程内容升级速度较为缓慢，课程资源更新迭代的能力与"对接岗位、数智融合"的要求存在较大差距。

2. 教师队伍建设的结构性矛盾尚未解决

教师是专业、课程、教材等人才培养要素的核心，是人才培养体系中最具决定性的因素。教师改革是"三教"改革的关键环节。从调研结果看，文化艺术职业院校教师队伍仍然存在结构性矛盾，专任教师数量不足，"双师型"教师比例低、高级职称教师少的问题还比较突出。教师培养机制尚不完善，重技能轻教学研究的现象比较明显，教师缺乏对教育教学理论的研究学习，导致教学方法和课程设计能力不足。教师培训缺乏系统性和针对性，尤其是信息化教学能力、跨学科教学能力等方面的培训不足，教师开发数字化课程资源和更新教学内容的能力有限，导致课程内容与行业需求脱节，在教学内容、方法和模式上的创新不足，难以适应艺术行业快速变化的需求。

3. 人才培养的特色优势有待进一步彰显

文化艺术职业教育作为职业教育中的独特类型，凭借其注重艺术实践、长学制培养等鲜明特色，具有不可替代的优势。然而，调研显示，部分院校在探索艺术职业教育特色模式方面仍有较大提升空间，长学制培养的潜力尚未充分释放，个性化教育的优势未能完全体现，文化传承的功能也有待进一步深化。同时，办学成果的总结提炼与展示力度不足，艺术职业教育的独特价值尚未充分转化为人才培养模式创新的动力，亟须通过系统性改革，将特色优势转化为教学改革的创新实践。

（二）文化艺术职业教育从"三教"改革到"五金"建设的未来展望

1. 把握职教形势，构建新"双高"背景下的内涵建设新载体

随着首批国家"双高计划"收官和新一轮"双高"遴选启动，"新双高"建设在目标定位、遴选标准和实施方式上呈现新特点：从注重院校自身发展转向服务产业和区域发展，强调社会需求适配度和建设成效贡献度，突出地方与国家的协同推进。在此背景下，"五金"新基建成为提升职业教育内涵发展水平的重要抓手。金专、金课、金师、金教材、金地建设将在人才培养的微观层面切入，推动职业教育系统性改革。文化艺术职业教育应抓住这一机遇，紧跟职教改革步伐，深化内涵建设，实现高质量发展。

文化艺术职业教育内涵建设可从以下几个方面着力：一是以"金专"建设为核心，优化专业布局，聚焦文化产业新业态和区域经济发展需求，打造特色鲜明、优势突出的专业群；二是以"金课"建设为抓手，推动课程体系重构，开发一批具有高阶性、创新性和挑战度的优质课程；三是以"金师"建设为支撑，加强教师队伍建设，完善培养机制，培养一批兼具艺术素养和职业教育能力的"双师型"教师；四是以"金教材"建设为载体，创新教材形式，开发活页式、工作手册式、融媒体教材，满足个性化教学需求；五是以"金地"建设为依托，打造高水平实训基地，构建"虚实结合"的教学环境，提升实践教学质量。通过"五金"建设，推动文化艺术职业教育实现内涵提升，为培养高素质文化艺术技能人才奠定坚实基础。

2. 强化数智赋能，推进产教融合视域下的艺科融合新变革

在数字化、智能化浪潮下，新旧动能转换推动我国产业转型升级持续提速。以人工智能为代表的新一轮技术革命驱动人类社会进入数智时代，促进教育数字化转型是产业变革的客观所需，也是教育变革的主要方向与重要任务。作为经济高质量发展的重要引擎，文化产业的新兴业态发展和传统业态升级对文化艺术职业教育的技术创新赋能水平提出了更高要求。艺术职业教育面临双重挑战：既要应对艺术与科技融合带来的人才培养创新之变，又要回应人工智能等技术变革对教育数字化转型的迫切需求。

为此，文化艺术职业教育应加强教师数字素养培训，推进课程、教材、资源的数字化建设，提升新技术应用能力。可以从以下方面发力：一是加强教师数字素养培训，通过专题研修、校企合作等方式，提升教师运用虚拟现实、人工智能等新技术的能力；二是推进课程数字化建设，开发在线开放课程、虚拟仿真课程，构建"线上＋线下"混合式教学模式；三是创新教材形式，利用大数据、知识图谱等技术，开发智能化、交互式教材；四是建设数字化教学资源库，整合行业企业资源，为学生提供丰富的学习素材；五是打造智慧实训基地，利用虚拟现实技术创设沉浸式教学环境，提升实践教学效果。通过数智赋能，推动文化艺术职业教育实现教学模式的深度变革，培养适应数智时代需求的高素质艺术人才。

3. 凝聚特色优势，形成艺术职教领域的创新改革新格局

文化艺术职业教育应立足文旅行业特色，注重创新改革的独特性，探索独具艺术职业教育特色的"三教"改革和"五金"建设路径。一是要挖掘艺术职业教育特色优势的多元维度，包括文化传承维度、实践教学维度、艺术个性培养维度；二是要探索以特色为驱动的创新改革路径，如开发文旅融合课程、非遗通识课程，建设非遗文化微专业，创新出版知识图谱教材，创设沉浸式艺术教学环境等；三是构建创新改革新格局的保障机制，推动出台专门针对艺术职教创新改革的政策，建立符合艺术职教特点的评价体系，激发"三教"改革新活力，形成独具特色的创新改革格局。

具体而言，文化艺术职业教育可从以下几方面突破：一是深化文化传承特色，将非遗保护、传统文化创新融入课程体系，开发具有地域文化特色的教学资源；二是强化实践教学特色，构建"课堂＋工作室＋项目"

的教学模式，提升学生的艺术实践能力；三是突出个性化培养特色，尊重学生的艺术天赋和兴趣，实施分层分类教学，培养创新型艺术人才；四是创新校企合作模式，与文旅企业共建产业学院，开发特色合作项目，实现人才培养与产业需求无缝对接；五是完善政策保障体系，推动政府、行业、企业多方协同，为艺术职业教育创新改革提供政策支持和资源保障。通过凝聚特色优势，文化艺术职业教育将形成独具魅力的发展模式，为职业教育高质量发展提供新范式。

专题报告2：中国文化艺术职业教育产教融合发展报告

（2022—2023年）

党的二十大报告指出，"统筹职业教育、高等教育、继续教育协同创新，推进职普融通、产教融合、科教融汇，优化职业教育类型定位"这一重要论述标志着我国职业教育发展实现了从"产教融合、校企合作"向"四链衔接"框架下"产教融合、科教融汇"的转型升级，推动职业教育改革探索迈入新阶段。报告着重强调"必须坚持科技是第一生产力、人才是第一资源、创新是第一动力"的战略定位，充分彰显了党中央统筹推进教育、科技、人才协同发展与创新的坚定决心和战略远见，同时也为新时期现代艺术职业教育的高质量发展指明了前进方向，提出了更高要求。

在新的历史方位下，产教融合作为职业教育的基本办学模式和突出优势，被赋予了重要的历史使命和深刻的时代内涵。现代文化艺术职业教育深刻把握"四链衔接"的内涵要义，着力构建产教深度融合、科教协同创新的新发展格局。通过深化教育教学改革，创新人才培养模式，强化科技创新引领，推动艺术职业教育在服务国家战略、支撑产业升级、促进文化繁荣中发挥更大作用，为建设文化强国提供有力的人才支撑和智力支持。

本报告以全国64所独立建制的文化艺术高职院校为主要研究对象，同时兼顾中等职业艺术学校的发展现状。通过系统梳理相关院校的教育质量年度报告，运用文献分析法和数据统计法，对产教融合实施情况进行深入调研和科学分析。报告旨在客观、全面地呈现文化艺术职业院校产教融合的发展现状与实施成效，并对进一步深化文化艺术职业教育产教融合提出意见和建议。

一、文化艺术职业院校产教融合基本情况

近年来，文化艺术职业院校始终坚持特色化办学理念，在充分发挥传统教育职能的同时，贯彻落实产教融合政策，深度整合行业企业资源，精准对接产业发展需求，通过构建多元化的产教融合机制，全面推进教育教学改革创新。这一系列举措显著提升了文化艺术职业教育的核心办学能力，在高等教育领域和社会层面产生了积极的影响，逐步形成了以产教融合为驱动，推进文化艺术职业教育教学改革和人才培育模式创新的发展新格局。

（一）产教融合政策体系持续完善

国家从战略高度持续深化产教融合顶层设计，相继出台了一系列促进产教融合、科教融汇的政策文件，构建了全方位、多层次的产教融合政策体系。从《中国教育现代化 2035》的战略规划到《国家职业教育改革实施方案》的具体部署，从《现代产业学院建设指南（试行）》的实践指引到《关于开展市域产教联合体建设的通知》的区域探索，再到《关于深化现代职业教育体系建设改革的意见》和《职业教育产教融合赋能提升行动实施方案（2023—2025 年）》的系统推进。特别是新修订的《中华人民共和国职业教育法》，以法律形式确立了多元主体参与的办学机制。这些密集出台的政策举措，形成了国家层面推进职业教育产教融合的完整政策支持体系和制度保障框架，为新时代职业教育高质量发展奠定了坚实基础。

文化和旅游部深入贯彻落实国家决策部署，全面推进文化艺术职业教育改革创新，通过深化产教融合、校企合作，提高行业人才培养适应性和技术技能水平。2022 年 4 月，文化和旅游部、教育部印发《关于促进新

时代文化艺术职业教育高质量发展的指导意见》，提出要加大行业对文化艺术职业教育的支持和指导力度，建设10所行业高水平示范院校和50个行业特色专业（群），建设20个行业示范性实训基地，培育30家产教深度融合型文化企事业示范单位，重点支持3~5个文化艺术职业教育集团。2023年1月，文化和旅游部发布《关于实施2023年全国文化艺术职业教育和旅游职业教育提质培优行动计划的通知》，鼓励牵头联合行业上下游龙头企事业单位、相关院校、研究机构共同打造产教融合共同体或学生实践创新中心。

在国家发展改革委、教育部等相继出台一系列深化产教融合的重要政策后，各省市紧密结合区域经济发展实际，重点围绕产业转型升级，结合"职业教育质量提升行动计划""百校千企工程"等重点工程项目，聚焦打通产教融合政策落地"最后一公里"，同步规划产教融合与经济社会发展，统筹职业教育与产业发展布局，深化产教融合迎来空前的重要机遇期和政策发力期。2023年1月，山东省教育厅等11部门联合印发《关于"金融+财政+土地+信用"产教融合10条激励措施的通知》，有效调动了企业参与职业教育的积极性和主动性。2023年12月，教育部、湖南省人民政府印发《关于进一步深化职业教育产教融合服务国家重要先进制造业高地建设的实施方案》，立足本省先进制造业优势产业基础，着力探索产教融合机制创新。2023年10月，浙江省台州市发布《台州市职业教育校企合作促进条例》，以制定专门地方性法规促进产教融合。至此，已完成构建国家、省级、市级的制度设计和布局，推动产教融合建设工作更加系统、有序、高效开展。

（二）产教协同机制建设成效显著

产教融合作为高等教育的重要机制创新，是推动艺术职业教育高质量发展、培养高素质技术技能人才的重要举措。文化艺术职业院校紧密对接区域发展战略和产业升级需求，与地方政府、行业企业展开深度合作，构建多元协同的产教融合平台。通过与龙头企业、行业协会等共建产业学院，联合政府、企业、院校、科研机构组建产教融合联盟，推动校企共建共享实训基地，引进行业大师和非遗传承人设立工作室，持续优化"双师型"教师队伍结构。同时，不断创新人才培养模式，积极推行现代学徒制和订单式培养，将职业技能等级标准融入人才培养方案，以真实项目为依托开展项目化教学。此外，积极争取政府政策支持，加大资金投入力度，建立健全产教融合改革评价体系，及时总结推广成功经验，为深化产教融合营造良好的社会氛围和制度环境。

全国文化艺术职业院校通过深化产教融合体制机制创新，形成了各具特色、成效显著的改革实践。苏州工艺美术职业技术学院制定《产业学院建设与管理办法》，以制度提升管理水平，推动产教融合工作高质量发展。河北艺术职业学院深化办学体制机制改革，通过常态化召开示范性职教集团会议，出台《河北省艺术职业教育集团奖学金管理办法》，成立产教融合和技能大赛专委会等举措，构建起系统化的产教融合管理体系。江南影视艺术职业学院优化管理体制，制订《关于加强建设体制机制若干问题的方案》，建立董事会、党委会、校行政定期议事沟通和交叉任职机制，并设立产业研究办公室，统筹产业发展规划与过程管理。重庆传媒职业学院通过制订《兼职教师管理办法》，规范兼职教师管理，推动企业优秀技术专家、技能大师、能工巧匠和学校教师双向流动。广东省外语艺术职业学院强化顶层设计，成立"现代学徒制试点工作领导小组"和二级学院"试点项目建设工作小组"，构建起两级联动的现代学徒制管理体系。文化艺术职业类院校通过深化产教融合创新实践，普遍形成了"人才共育、过程共管、成果共享、责任共担"的合作办学体制机制，能够更好地适应新时代需求，有效提升艺术人才培养质量，推动新时代文化艺术繁荣发展。

（三）专业与产业匹配度显著增强

文化艺术职业教育主动适应产业变革和经济结构调整的新要求，紧密围绕文化产业升级、文旅市场发展、数字技术革新和群众文化需求变化，动态调整专业设置，构建与区域文化产业结构相适应的专业结构，形成特色专业群。各院校积极推动专业伴随产业技术升级而迭代，大力改造、提升传统专业，从专业名称到专业内涵全面推进数字技术，实现了文艺人才培养动态适应新经济、新技术、新业态和新职业的发展变化。2021年，教育部颁布《职业教育专业目录（2021年）》，为对接经济社会发展和产业变革趋势，新增专业269个，专业总体调整幅度超过60%，重点优化和加强了数字化相关领域的专业设置。在文化艺术大类中，中等职业教育将"计算机音乐制作"更名为"数字音乐制作"，将"图书信息管理"更名为"图书档案数字化管理"。高等职业教育本科专业新增"游戏创意设计"和"数字影像设计"等前沿专业，有效推动了艺术类人才培养与数字时代产业需求的精准对接。

福建艺术职业学院积极对接福建省"六四五"产业新体系和"四大经济"产业发展需求，根据产业结构和县域重点产业链情况，系统推进专业结构优化调整，编制《福建艺术职业学院专业建设发展规划（2024—2026年）》。对存在"同质化"和"趋同化"问题的专业进行整合优化，对建设水平不高、竞争力不强的专业实施招生计划调控、预警整改直至停止招生的措施。根据规划，将优化淘汰作曲技术等11个专业（方向），拟新增文化产业经营与管理、音乐制作等契合产业需求的专业。推行"以群建院"机制，调整组建音乐学院、舞蹈学院、美术与设计学院等7个专业学院。

湖南工艺美术职业学院秉持"面向产业、服务产业、提升产业、引领产业"的办学理念，建立以"专业与产业契合度、专业录取率和报到率、就业竞争力"为核心指标的专业动态调整机制。通过这一机制，学院撤销5个专业（方向），停止2个专业招生，新增5个专业（方向）。在文化创意和工艺美术产业交融化与智能化发展背景下，学院紧密对接产业链高端，实施"人工智能＋专业"计划，对刺绣设计与工艺、陶瓷设计与工艺等16个专业进行数字化升级改革，修订人才培养方案，重构课程内容体系，融入现代智能技术，引领产业升级，促进专业对应职业岗位向产业高端转移，推动专业结构与产业结构精准对接。

烟台文化旅游职业学院构建专业预警与动态调整机制，主动适应产业数字化、网络化、智能化发展新格局，依托"数字校园"和"云服务"功能于一体的智慧校园建设体系，将大数据、人工智能、虚拟仿真等前沿技术融入专业建设和人才培养全过程，推进专业升级和数字化改造。学院专项投入2 700万元用于人工智能技术应用专业建设及各专业信息化装备资源升级。搭建"专业建设发展中心"和"课程建设发展中心"平台，对全院 22 个高职专业数字化改造升级进行动态诊改和过程监督。

（四）双师教师队伍结构持续优化

"双师型"教师队伍是实现职业教育高质量发展的根本保证。近年来，文化艺术职业院校高度重视师资队伍建设，通过多渠道选聘高水平产业教授、行业导师、企业技术骨干与能工巧匠，同时深化专任教师企业挂职、科技项目合作、专业实践等培养机制，显著提升了教师的专业实践能力，使教师结构进一步优化，形成了一支专兼结合的"双师型"教师队伍。统计数据显示，在全国 64 所独立建制的文化艺术职业院校中，"双师型"教师比例超过 80% 的院校仅有 5 所，占比 7.8%，这一数据既反映出"双师型"教师队伍建设已取得阶段性成果，也凸显出整体水平仍有较大提升空间。

在"双师型"教师队伍建设实践中，一批院校积极探索、勇于创新，形成了各具特色的培养模式。在全国文化艺术职业教育和旅游职业教育提质培优行动计划框架下，"双师型"师资培养项目取得显著成效：2022 年，河北艺术职业学院等 8 所院校入选；2023 年，浙江艺术职业学院等 6 所院校入选。这一系列成果不仅彰显了相关院校在深化产教融合、提升教师实践能力等方面取得的显著成效，更为培养高素质技术技能人才提供了坚实的师资保障，在全国职业教育"双师型"教师队伍建设中发挥了示范引领作用。其中，湖南工艺美术职业学院表现尤为突出，截至 2023 年，该校"双师型"教师比例达到 94.82%，在全国高职院校中位列第三。山东传媒职业学院创新构建了以教师胜任力为核心目标的六维评价基础模型，通过建立跨校联合培育机制，有效整合政校行企等多方资源，形成了多元协同的"双师型"教师培养新模式。

全国文化艺术职业院校深入推进行业导师聘任工作，取得了显著成效。据统计，全国 64 所独立建制的文化艺术职业院校已累计聘请行业导师 4 710 人，其中包含 83 位大国工匠和劳动模范。这支高水平的行业导师队伍年均授课总量达 84.8 万课时，院校每年投入的课酬总额约 1.02 亿元。这一举措不仅优化了"双师型"师资结构，更为学生提供了贴近行业前沿的实践指导，有效促进了文化艺术职业教育与产业需求的精准对接。上海电影艺术职业学院立足专业工作室人才培养模式，引入行业优质师资，推行双元导师师徒制，实施小班化教学，量身定制专业实践课程体系，打造独特的"拔尖人才"培优模式及教学路径。湖北艺术职业学院积极引入行业优质资源，聘请国家一级演员担任产业导师，深度参与声乐表演专业建设，产业导师与校内教师团队协同开展"双元教研"，共同开发核心课程与实践课程，全程参与人才培养方案制订与教学改革，构建了"课堂+舞台"的双重培养体系，显著提升了学生的舞台表现力和职业竞争力。

2022年，中国艺术职业教育学会公布了年度技能大师工作室建设项目名单，四川艺术职业学院、黑龙江艺术职业学院、扬州文化艺术学校等8所院校的10个技能大师工作室成功入选（见表3-14）。技能大师工作室的建设，为推动行业技能传承与创新提供了重要平台，将进一步促进院校与行业的深度融合，助力培养更多高素质艺术技能人才。

表3-14 中国艺术职业教育学会2022年度技能大师工作室建设项目

序号	学校名称	工作室名称	工作室职业（工种）
1	四川艺术职业学院	陈智林川剧首席大师工作室	戏剧
2	黑龙江艺术职业学院	乔良首席技能大师工作室	舞蹈教师
3	珠海艺术职业学院	李劲技能大师工作室	工艺美术
4	扬州文化艺术学校	卢小杰胡琴演奏与戏曲伴奏技能大师工作室	器乐演奏
5	重庆文化艺术职业学院	曹光裕川江号子技能大师工作室	歌唱演员
6	嵊州越剧艺术学校	吴凤花技能大师工作室	越剧表演
7	福建艺术职业学院	陆长超古琴制作技艺技能大师工作室	古琴制作技艺
8	重庆文化艺术职业学院	闫永霞非遗蜀绣（乱针绣）技能大师工作室	非遗保护传承
9	重庆文化艺术职业学院	赵婷舞蹈表演与编导技能大师工作室	舞蹈（舞蹈表演与编导）
10	青海省文化艺术职业学校	张明旭技能大师工作室	音乐表演

（五）人才培养模式改革全面深化

人才培养模式是教育体系中的核心环节。文化艺术职业院校根据院校人才培养目标定位的相关要求，主动适应区域文化产业发展和行业转型升级的需求，以行业和职业岗位需求为导向，更新教学内容、改革教学方法和学业评价体系，建设一批特色鲜明的产教融合课程。依托产教融合、校企合作平台，受益于文化艺术行业指导的优势，注重技能教学和艺术实践能力，形成了校团（企）合作、演（工）学结合等一系列产教融合型的人才培养模式。

北京戏曲艺术职业学院创新构建"教学、演出、创研、服务、传承"五位一体人才培养模式，通过"一平台、两对接、三面向"艺术实践教学路径，打造"一标二联三级跳"的立体艺术实践教学体系，在全国文化艺术职业教育领域起到了领先和示范作用。山西艺术职业学院开创性地实施"院团合一"改革，通过打通讲台与舞台的界限，创新以剧目为驱动的艺术人才培养模式。这一全国首创的改革举措，实现了文化资源配置、人才培养质量和社会综合效益的协同优化。上海工艺美术职业学院建立"政校企协同"的紧密型职教集团办学模式，通过深化企业订单班和现代学徒制改革，构建了"艺术素养＋工程素养"双元融合的人才培养体系，培养了大批胜任设计、管理、服务等一线岗位的复合型技术技能人才。上海电影艺术职业学院秉持"艺科融合"的理念，以"影视＋文化＋科技"的融合创新，推动艺术教育与新平台、新技术、新业态、新场景的深度融合，开创了新时代复合型技术技能人才培养的新路径。江西陶瓷工艺美术职业技术学院创新"四共型"人才培养模式，通过德技共修、校企共培、科艺共承、书证共通，依托校企特色学院、创业孵化基地和大师工作室，构建"现代工匠"培养体系，相关成果荣获第七届江西省教学成果二等奖。四川文化产业职业学院聚焦文创人才培养，创新"五方四维三品"育人模式，通过"政行校企研"五方协同、"岗课赛证"四维融通，实现"作品—产品—商品"的价值转化，形成了特色鲜明的文创人才培养体系。

近年来，文化艺术职业院校深入推进产教融合、校企合作改革，在人才培养模式创新方面取得较好成效。通过系统性的实践探索，形成了一批具有示范价值的典型案例。2022年3月，教育部发布2021年产教融合校企合作典型案例名单，上海电影艺术职业学院、泉州工艺美术职业学院、湖州艺术与设计学校3所院校入选。2023年8月，中国艺术职业教育学会发布产教融合典型案例，浙江艺术职业学院、四川艺术职业学院等7所艺术职业院校16个典型案例入选（见表3-15）。这批案例集中展现了文化艺术职业院校在深化校企协同育人、创新人才培养机制方面的最新成果。

表 3-15　文化艺术职业学院产教融合校企合作典型案例名单

序号	项目名称	学校名称	案例名称
1	教育部2021年产教融合校企合作典型案例	上海电影艺术职业学院 中华职业学校	产业引领、校企耦合、双向赋能——中高职贯通教育影视动画专业产教融合校企合作的实践与探索
2		泉州工艺美术职业学院	校企合作共促进，瓷城产业开新章——泉州工艺美术职业学院VR/AR职业教育实训基地
3		湖州艺术与设计学校	校·企·院携手共育定制式高端人才——浙江省湖州艺术与设计学校酒店服务与管理专业开展"3·4·4·6·4"现代学徒制典型案例
4	2023年中国艺术职业教育学会职业教育产教融合典型案例	浙江艺术职业学院	产教融合全过程贯通戏曲表演人才培养的探索与实践
5		浙江艺术职业学院	"产学交叉双主体"模式培育堪当大任的能工巧匠：传统手工艺传承与创新人才培养探索与实践
6		浙江艺术职业学院	产教融合赋能浙艺金鹄电影节
7		四川艺术职业学院	着眼培养抓融合，服务发展见成效——文物修复与保护专业群产教融合典型案例
8		江南影视艺术职业学院	"惠山泥人"非遗文化传承新模式
9		重庆文化艺术职业学院	"一体双向三维四阶"产教融合的路径探索与实践——以新闻传播高水平专业群为例
10		云南文化艺术职业学院	"一基两化两结合"构建杂技与魔术表演专业"3+2+1"现代学徒制育人模式
11		四川艺术职业学院	从教学剧目到"文华大奖"——四川艺术职业学院校地企合作勇攀文艺高峰
12		重庆文化艺术职业学院	构建"三融三合"人才培养体系校企共铸音乐表演人才培养"同心圆"
13		重庆文化艺术职业学院	校企共创"双师双能"教学团队，共建"五四四一"育人模式——以人机交互界面设计课程为例
14		四川艺术职业学院	深化校企合作，助推人才培养——文物修复与保护专业校企合作典型案例
15		重庆文化艺术职业学院	学演赛结合·创传服融合演艺现代产业学院建设产教融合典型案例
16		四川艺术职业学院	教师入企、"福气"入校艺术设计助力乡村文旅——以福村文创工作室为例
17		浙江艺术职业学院	数字赋能校企共建高质量育人模式——云设计虚拟仿真数字化教学综合研创平台建设与实践
18		福建艺术职业学院	福建艺术职业学院国产工业软件产教融合实训示范基地
19		武汉市艺术学校	搭建人才培养"立交桥"，构建校企融合"新生态"

二、文化艺术职业教育产教融合的路径与做法

文化艺术职业院校立足自身专业技能优势，深入把握艺术教育的内在规律与特殊属性，通过深化产教融合与科教融汇，在实践平台和实训基地建设方面取得显著成效。目前已构建起多元主体参与、多种类型并存的产教融合体系，包括15个行业产教融合共同体、78个产业学院、27个职业教育集团（联盟）、75个开放型区域产教融合实践中心、44个虚拟仿真实训室、10个技能大师工作室，以及校企共建生产性实训基地、协同创新中心和技术研发中心等载体。构建产教深度融合的协同育人新机制，探索科技与艺术融合的多元化实施路径，将工匠精神与职业素养融入人才培养全过程，建立了教育链与产业链精准对接的协同育人体系，充分满足了市场对高素质文艺人才的需求。

（一）产教融合平台建设呈现新载体
1. 搭建市域产教联合体

中共中央办公厅、国务院办公厅《关于深化现代职业教育体系建设改革的意见》提出以深化产教融合为重点，构建"一体两翼"的现代职业教育体系发展格局。其中，"一体"聚焦省域层面，着力探索现代职业教育体系建设的新模式；"两翼"分别立足市域和行业维度，重点打造市域产教联合体和行业产教融合共同体。为落实这一改革方向，教育部办公厅《关于开展市域产教联合体建设的通知》正式启动创建工作，明确将市域产教联合体建设作为深化产教融合、服务区域经济发展的重要抓手，以及促进"四链"有机衔接的关键载体。

文化艺术职业院校立足产业园区发展实际，紧密对接区域主导产业，创新"以教促产、以产助教"的协同发展机制，积极参与市域产教联合体建设。院校充分发挥办学主体作用，有组织地推进人才培养和技术服务，将市域产教联合体打造成为产教融合的新载体和区域发展的新引擎。

湖南工艺美术职业学院精准对接区域工艺美术产业发展需求，与工艺美术产业园区、益阳市工艺美术协会等30家龙头企业开展深度合

作，共建益阳市工艺美术市域产教联合体。通过联合共建技术服务中心、创新研发中心和文化传承基地等 10 个技术创新服务平台，打通了"科研开发—技术创新—成果转化"的全链条，不仅为产业园区和企业提供了技术咨询与服务，还促进了技术创新、工艺改进和产品升级，有效解决了企业实际生产问题。校企合作已攻克关键技术难题 5 个，合作研发重要新产品 82 项，有力推动了益阳区域工艺美术产业的高质量发展。

江西泰豪动漫职业学院积极响应江西省制造业重点产业链现代化建设"1269"行动计划，聚焦电子信息等 12 条重点产业链，深化"以教促产、以产助教"的产教融合机制。学院充分发挥政府统筹、产业聚合、企业牵引、学校主体的协同效应，以产业园区为依托，着力打造集人才培养、创新创业、产业升级于一体的市域产教联合体。在具体实践中，学院与南昌高新区、南昌华勤电子科技有限公司、江西科技师范大学等单位共建南昌市光电产业产教联合体。同时作为牵头单位，依托南昌未来科学城管委会，联合 15 家企业、3 家科研机构和 6 所院校，组建南昌市虚拟现实产业产教联合体。

重庆文化艺术职业学院围绕重庆市"33618"现代制造业集群体系，深度参与重庆巴南产教联合体和重庆经开区市域产教联合体建设，成功入选 2023 年重庆市市域产教联合体立项建设名单。

2. 组建行业产教融合共同体

行业产教融合共同体是新时代现代职业教育体系"一体、两翼、五重点"改革的重要载体，为贯彻落实这一战略部署，教育部专门制订发布了《行业产教融合共同体建设指南》，明确了共同体的建设目标、实施路径和保障机制。据统计，2022—2023 年，由 11 所文化艺术职业院校牵头，联合龙头企业、高水平大学、科研院所及产业链上下游企业，成立了 15 个行业产教融合共同体，覆盖率占 64 所独立建制高等文化艺术职业院校的 17%（见表 3-16）。未牵头院校也通过参与共建、资源共享等方式深度融入共同体建设，构建起优势互补、协同创新的产教融合生态体系。

表 3-16 文化艺术职业院校行业产教融合共同体建设情况

成立时间	牵头职业学校	行业产教融合共同体名称	建 设 内 容
2023年10月	上海工艺美术职业学院	全国城市设计数字化行业产教融合共同体	面向城市设计行业的数字化发展与应用人才需求，通过整合产教资源，构建"产业数字化＋专业数字化"新生态，共同推动城市设计领域的教育教学改革和产业升级，联合培养具备数字技术和创新思维的城市设计人才
		全国传媒与创意行业产教融合共同体	面向数字传媒与创意产业对高素质技术技能型人才的需求，通过深化资源共享、协同育人、技术创新等方面的合作，推进传媒与创意产业的数字化转型，培养具有创新思维、数字素养和实践能力的复合型创意人才
		建筑遗产修复行业产教融合共同体	面向建筑遗产修复领域研究、设计、施工等多元化人才需求，构建具有中国特色的多层次、高素质专业人才培养体系。通过保护传统建筑、传承修复工艺，深度融合现代科技手段，推动修复技术创新与成果转化应用，实现传统建筑技艺的活态传承与行业的可持续发展
2023年10月	苏州工艺美术职业技术学院	国家文化大数据行业产教融合共同体	以国家文化大数据体系建设为引领，通过深化产教融合推进数字文化类专业体制机制改革。通过汇聚优质数字文化产教资源，服务区域经济高质量发展和满足数字文化产业链人才需求。重点建设文化数据服务平台、教育平台和技术创新中心，促进文化大数据全产业链协同发展
		全国AI设计产教融合共同体	面向数字设计行业对高端技能人才的迫切需求，深化AI技术在教育领域的应用研究，提升"人工智能＋设计专业"与产业发展的适配度。着力培养适应AI设计行业前沿发展趋势的复合型实用人才，构建覆盖全国的AI设计产教融合生态体系，为数字设计行业创新发展提供强有力的人才支撑和技术支持
2023年10月	湖北艺术职业学院	"湖北艺术职业学院—华强方特文化科技集团股份有限公司"产教融合共同体	探索文旅艺术类专业"双主体"育人模式，通过校企共建"双体系"课程结构、专兼结合的"双师型"教师队伍、协同共享的"双区域"教学空间、统一规范的"双标准"考核评价体系，实现校企人才、设备、技术等资源共享，培养符合行业岗位标准的旅游演艺人才
2023年11月	湖南大众传媒职业技术学院	中国影像传媒行业产教融合共同体	面向未来智媒时代，整合企业、高校和行业机构产教资源，探索"产教融合促发展，多元共生育新人"的发展路径，推动数字创意影像技术与传媒经济深度融合，促进影像传媒行业高质量发展
2023年11月		全国数字文化创意行业产教融合共同体	聚力打造具有国际竞争力的数字文化创意产业集群，以人才培养、师资培训、教学资源、科研创新、技能竞赛、社会服务为重点任务，旨在赋能产教供需对接，服务文创产业发展
2023年11月	山西艺术职业学院	全国演艺行业产教融合共同体	以服务演艺产业集群发展为目标，整合行业产教资源，深入推进职普融通、产教融合、科教融汇，着力培养高素质、高层次演艺人才，推动艺术职业教育高质量发展

续表

成立时间	牵头职业学校	行业产教融合共同体名称	建 设 内 容
2023年11月	浙江艺术职业学院	全国舞台美术行业产教融合共同体	围绕打造"主体融合、要素聚集、资源共享、持久发展"的舞美行业产业生态圈，推进舞美领域科技研发、技术创新和产业转化。协同建设现代产业学院、技能培训基地和技术创新中心，提升舞美行业高技能人才培养质量
2023年11月	四川文化产业职业学院	全国广电和网络视听行业产教融合共同体	以重大文化产业项目为引领，构建产教融合创新中心，精准对接行业需求与教育供给。着力打造高水平引才引智平台，培养适应大视听产业发展格局的高素质复合型技术技能人才
2023年12月	江西陶瓷工艺美术职业技术学院	陶瓷行业产教融合共同体	办特办优陶瓷文化产业专业群，实现人才链、创新链、产业链的深度融合，助力形成以人才引领驱动陶瓷产业高质量发展的新局面
2023年12月	浙江横店影视职业学院	全国影视艺术产教融合共同体	坚持"产教融合、协同发展"理念，通过构建影视创制类专业人才培养体系、促进影视作品创新成果转化、深化产业与教育领域融合等举措，推进影视制作产业高质量发展
2023年12月	山东传媒职业学院	全国融媒体行业产教融合共同体	汇聚融媒体领域优质产教资源，构建开放共享机制，创新产教融合组织形态，优化行业产业与教育教学协同发展布局，着力培养适应融媒体行业发展需求的高素质技能人才
2023年12月	重庆艺术工程职业学院	成渝地区双城经济圈数字文化创意行业产教融合共同体	立足成渝地区区域发展定位和产业特色，持续延伸教育链、服务产业链、支撑供应链、打造人才链、提升价值链，构建与区域市场需求相适应、产业结构相匹配的现代职业教育体系，为数字文化创意产业高质量发展提供坚实的人才保障

湖北艺术职业学院与华强方特文化科技集团股份有限公司携手共建的产教融合共同体，成功入选2023年全国文化艺术职业教育和旅游职业教育提质培优行动计划之学生实践引领计划。上海工艺美术职业学院牵头组建了全国城市设计数字化、全国传媒与创意、建筑遗产修复等3个行业产教融合共同体，通过制订共同体章程和发展公约，设立理事会和专家委员会，为共同体提供了坚实的支持体系和可借鉴的范式。重庆艺术工程职业学院牵头成立成渝地区双城经济圈数字文化创意行业产教融合共同体，并发布《双城经济圈文化数字行业产教融合共同体章程》。这些行业产教融合共同体通过跨区域汇聚多方资源，促进产教布局高度匹配和服务高效对接，着力构建协同创新机制，瞄准产业需求和企业技术难题，

协同开展关键技术攻关，有效服务行业企业技术改造、工艺改进和产品升级。

3. 优化职业教育集团建设

职业教育集团是由职业院校、行业企业等多方主体组成的教育联合体，在推进办学机制改革、促进优质资源开放共享等方面发挥着重要作用。文化艺术职业院校把建设培育示范性职业教育集团作为深化产教融合的重要抓手，紧密对接区域文化事业发展规划、文化产业结构特征以及行业人才需求，创新构建"政行企校研"多元协同机制。通过联合政府部门、职业院校、行业企业、科研院所及其他社会组织，组建了覆盖演艺、非遗传承、文化创意等重点领域的区域型、行业型职业教育集团。2022—2023年，全国64所独立建制的高等文化艺术职业院校中，已有20所院校牵头成立28个职业教育集团（产教联盟），集团化办学覆盖率达31%（见表3-17）。

表3-17 文化艺术职业院校职业教育集团（产教联盟）建设情况

序号	学校名称	文化艺术类职业教育集团（产教联盟）名称	获得荣誉
1	河北艺术职业学院	河北艺术职业教育集团	省级示范性职业教育集团
2	山西艺术职业学院	山西艺术职业教育集团	
3	黑龙江艺术职业学院	黑龙江省艺术职业教育集团	
4	江南影视艺术职业学院	无锡传媒职业教育集团	
		全国文化创意产学合作联盟	
5	苏州工艺美术职业技术学院	中国国际艺术设计职业教育集团	国家级示范性职业教育集团
		长三角艺术设计产教联盟	
		长三角文化创意设计产教融合集成平台	
6	浙江艺术职业学院	长三角戏曲产教联盟	
		全国大学生原创影像产教联盟	
7	泉州工艺美术职业学院	建福建文化创意产教融合联盟	省级示范性职业教育集团（联盟）
8	江西陶瓷工艺美术职业技术学院	陶瓷职业教育集团	国家级示范性职业教育集团
9	山东传媒职业学院	山东省传媒行业职业教育集团	
10	开封文化艺术职业学院	河南省新闻传播骨干职业教育集团	
		开封文化艺术职业教育集团	

续表

序号	学 校 名 称	文化艺术类职业教育集团（产教联盟）名称	获 得 荣 誉
11	河南艺术职业学院	河南省文化艺术骨干职业教育集团	
12	湖北艺术职业学院	湖北艺术职业教育集团	
13	湖南艺术职业学院	湖南演艺职业教育集团	
14	湖南工艺美术职业学院	湖南工艺美术职业教育集团	国家级示范性职业教育集团、省级示范职业教育集团
15	湖南大众传媒职业技术学院	湖南文化产业职业教育集团	
16	广东省外语艺术职业学院	广东省学前教育职业教育集团	
17	广东文艺职业学院	广东文化艺术职业教育集团	省级示范职业教育集团
		广东旅游职业教育集团	
		广东工艺美术产教联盟	
18	重庆艺术工程职业学院	重庆艺术职业教育集团	市级示范性职业教育集团
		建筑职业教育集团	
19	重庆文化艺术职业学院	重庆文旅（广电）职业教育集团	市级示范性职业教育集团
20	四川艺术职业学院	四川文旅职业教育集团	

在教育部公布的两批299个职业教育集团（联盟）中，文化艺术职业院校牵头组建的3个职业教育集团入选，分别是苏州工艺美术职业技术学院牵头组建的江苏艺术设计职业教育集团、湖南工艺美术职业学院牵头组建的湖南工艺美术职业教育集团、江西陶瓷工艺美术职业技术学院牵头组建的陶瓷职业教育集团。

江苏艺术设计职业教育集团已发展升级为中国国际艺术设计职业教育集团，汇聚180余家成员单位，创新构建"高职引领、行业支撑、企业实践"的协同发展模式，形成了企业主导、区域协同、资源整合、互利共赢的发展格局。集团通过承担"长三角文化创意设计产教融合集成平台"建设任务，有效推动了艺术设计领域产教融合项目的开展，现已成为国内规模最大、影响力最广的省级职业教育集团之一。陶瓷职业教育集团依托87家成员单位的资源优势，实现了专业与产业、课程内容与职业标准、教学过程与生产过程、学历证书与职业资格证书、职业教育与终身学习的"五对接"，有效推动了科技发展、企业发展、教育发展与人才培养的"四同步"，着力打造陶瓷产业技术中心、研发中心、教育中心、人才中心和服务中心"五中心",有力支撑了陶瓷产业转型升级。湖南工艺美术职业教育集团集聚129家成员单位,充分发挥"政校行企"协同优势,通过建立"四共建一共享"机制(共建课程、共建专业、共建基地、共建师资、共享资源),校企共建课程226门、共建专业131个、共建产教融合实训基地192个、互聘师资1 216人次,实现资源高效整合与优势互补。集团聚焦湖南服装、湘绣等特色产业转型升级需求,创新"传统工艺＋现代设计"人才培养模式,有效提升工艺美术产业的核心竞争力。

长三角地区作为越剧、昆曲、扬剧、黄梅戏等传统戏曲的发源地,具有深厚的文化底蕴和艺术资源。围绕国家实施长三角一体化发展等区域重大战略,由浙江艺术职业学院牵头,联合上海、江苏、安徽、浙江等地的艺术院团、演出机构、研究单位等近30家戏曲相关单位,组建长三角戏曲产教联盟。联盟通过整合长三角地区的戏曲教育资源与产业资源,深化院校与院团、企业之间的合作,共同推动戏曲艺术的传承与创新,促进戏曲教育与产业需求精准对接,培养符合行业需求的高素质戏曲人才。

(二)产教融合基地建设突显新成效

1. 校企共建产业学院

2020年7月教育部发布《现代产业学院建设指南》以来,文化艺术职业院校积极推进现代产业学院建设。产业学院坚持以校企合作育人为根本,发挥高职院校人才集聚优势,以产业需求为导向,依托优势专业(群),建立紧密对接产业链、创新链的专业体系,构建产学研深度合作平台,提高服务产业的人才培养能力,推动技能人才转型升级。产业学院通过深化拓展校企合作渠道,共建生产性实践基地、产学研合作平台,开展技术改造、产品研发、科技攻关和横向课题研究,加快科技成果转化。2022—2023年,全国64所独立建制的高等文化艺术职业院校中,已有37所院校牵头成立78个文化艺术类产业学院,建设覆盖率达58%(见表3-18)。

表 3-18 文化艺术职业院校产业学院建设情况

序号	学 校 名 称	文化艺术类产业学院名称
1	山西艺术职业学院	华晋舞蹈产业学院
		晋京戏曲产业学院
		华夏音乐产业学院
		工艺美术产业学院
		演艺产业学院
		摄影摄像产业学院
2	辽宁广告职业学院	陶瓷产业学院
3	上海电影艺术职业学院	"双星计划"现代产业学院
4	上海工艺美术职业学院	工艺与装饰产业学院
		凤凰数字产业学院
		苏州珠宝玉石文化产业学院
5	江南影视艺术职业学院	乡村振兴产业学院
		婚庆产业学院
		琴行产业学院
6	苏州工艺美术职业技术学院	全国首家适老化设计产业学院
		长三角时尚产业学院
		东海水晶产业学院
		元宇宙产业学院
7	无锡工艺职业技术学院	江南服饰文化产业学院
		乡村环境设计产业学院
		全媒体产业学院
8	浙江横店影视职业学院	科美美肤产业学院
9	安徽广播影视职业技术学院	安徽创意设计产业学院
10	泉州工艺美术职业学院	建窑建盏产业学院
		陶瓷智造产业学院
		网龙数字产业学院
		京东产业学院
		安溪增材制造（3D设计）产业学院
		闽清陶瓷产业学院
		媒管家&漫鱼动漫数字产业学院
11	福建艺术职业学院	演艺产业学院
		文旅数智装饰产业学院
		"中望+"产业学院
12	江西陶瓷工艺美术职业技术学院	陶瓷数字经济产业学院
13	江西泰豪动漫职业学院	华为ICT产业学院
		完美世界数字文创产业学院
		泰豪AIT产业学院
		国际动画产业学院
14	山东艺术设计职业学院	新迈尔产业学院

续表

序号	学校名称	文化艺术类产业学院名称
15	山东文化产业职业学院	文化创意产业学院
		华为现代产业学院
		大兴电影学院
16	烟台文化旅游职业学院	立张裕文旅产业学院
		中裕产业学院
		中软国际人工智能产业学院
17	山东传媒职业学院	混合所有制创新创业产业学院
18	开封文化艺术职业学院	格莱·深信服产业学院
		数字科技产业学院
19	河南艺术职业学院	文化与科技产业学院
20	江汉艺术职业学院	服装产业学院
21	湖北艺术职业学院	"华强方特"产业学院
22	长江艺术工程职业学院	智能制造产业学院
		电商直播产业学院
		数字经济产业学院
23	湖南艺术职业学院	数字产业学院
24	湖南工艺美术职业学院	完美世界数字文创产业学院
		广告产业学院
		万众珠宝首饰产业学院
		酷家乐产业学院等
25	湖南大众传媒职业技术学院	数字文化创意产业学院
26	珠海艺术职业学院	珠艺麦田华彩影视制作产业学院
		动漫影视动画产业学院
27	广东省外语艺术职业学院	音乐科技产业学院
28	广东文艺职业学院	迪迈数字时尚产业学院
29	广东亚视演艺职业学院	广演艺跨境商贸产业学院
30	重庆艺术工程职业学院	数字文化创意现代产业学院
31	重庆文化艺术职业学院	演艺现代产业学院
		钢琴产业学院
		数字和艺术产业学院
		文化和旅游现代产业学院
		携程乡旅特色产业学院
32	四川艺术职业学院	动漫产业学院
33	四川文化产业职业学院	数字家政产业学院
34	南充电影工业职业学院	信息产业学院
35	贵州文化旅游职业学院	智慧酒店产业学院
36	云南文化艺术职业学院	云南杨丽萍文化艺术产业学院
		教育产业学院
37	宁夏艺术职业学院	宁夏文化和旅游现代产业学院

上海工艺美术职业学院与上海市建筑装饰工程集团有限公司共建工艺与装饰产业学院，获立上海市首批职业教育现代产业学院。创新"3+1"培养模式，即3年高职教育加1年职后"管培生"培养，突破学制界限，实现产教协同育人，加快培育高端技术技能人才。泉州工艺美术职业学院围绕工艺美术全产业链发展需求，依托国家增材制造创新中心、陶瓷智造应用技术协同创新中心等平台，与京东等龙头企业共建7个产业学院。其中网龙数字产业学院、陶瓷智造产业学院、京东产业学院获批省级高职院校产业学院试点。湖南工艺美术职业学院与湖南省广告协会、长沙鱼跃沟通广告有限公司共建广告产业学院，通过签订战略合作框架协议，创新校行企三方协同机制，在人才培养、课程开发、师资建设等方面开展深度合作。山西艺术职业学院与华晋舞剧团、山西省晋剧院等共建音乐、舞蹈、美术、戏曲、戏剧"五大产业学院"，创新"产教融合、院团合一"办学模式，打通教台、案台和舞台，实现艺术人才培育过程的完整性。山东文化产业职业学院与网易有道共建数字文化创意产业学院，以艺术设计专业群建设为核心，在数字技术、数字文化等领域开展深度合作。该学院凭借新的产教融合模式和显著的教育成果，成功获批青岛市"现代产业学院"，为区域数字文化创意产业的发展注入了强劲动力。苏州工艺美术职业技术学院深度对接长三角一体化发展和长江经济带建设，精准对接数字创意产业转型升级需求，创新构建产教融合新生态。学校与行业龙头企业协同共建4个现代产业学院，其中与苏州市民政局共建全国首家适老化设计产业学院，充分发挥设计专业优势，积极应对人口老龄化国家战略；与苏州设界集团共建的长三角时尚产业学院，着力培养高素质时尚设计人才，有力支撑长三角时尚产业创新发展。学校制订实施《产业学院建设与管理办法》，通过制度创新提升管理效能，构建协同育人长效机制。

2. 建设开放型区域产教融合实践中心

教育部办公厅于2023年7月发布了《关于加快推进现代职业教育体系建设改革重点任务的通知》，明确提出建设开放型区域产教融合实践中心，计划到2025年建成300个左右全国性产教融合实践中心。实践中心将汇聚产业、教育、研究等多方资源和主体参与，承担实践教学、社会培训、真实生产以及技术服务等任务，在推动区域职业教育实训实践资源均衡发展、提升职业教育实践教学质量和服务能力方面发挥着重要作用。

文化艺术职业院校积极响应国家重大战略和区域经济发展需求，对标产业发展前沿，整合产教资源，协同政校行企等多元主体，推动区域职业教育实训实践资源均衡配置，提升学校关键办学能力，为企业培养急需人才并提供技术服务。2022—2023 年，21 所文化艺术职业院校共建成 75 个开放型区域产教融合实践中心，占 64 所独立建制高等文化艺术职业院校的 33%。

北京戏曲艺术职业学院成立了"少儿戏剧场产教融合实践中心"，实践中心以少儿戏剧为特色，将艺术教学实践与服务北京中心城市文化建设、艺术创作推广紧密结合，实现了学校课堂教学向舞台实践的延伸，全面提升了师生的艺术水平和教育教学质量。

苏州工艺美术职业技术学院与苏州洛可可创意产业有限公司等合作申报"长三角数字化创意开放型产教融合实践中心"。"传统服饰数字化创新工程技术研究开发中心"获省教育厅的高职院校工程技术研究开发中心立项。安徽黄梅戏艺术职业学院联合黄梅戏艺术中心等单位成立"表演艺术产教融合实践中心"，并由省教育厅推荐申报国家级开放型区域产教融合实践中心。实践中心建筑面积约 6.6 万平方米，仪器设备总值约 1.09 亿元，专业技术人员 142 人，较好地满足了表演艺术各专业的实习实训、社会培训、技术服务等任务。

泉州工艺美术职业学院依托福建省作为工艺美术大省的资源优势，以及泉州"中国工艺美术之都"的产业基础，建立了开放型区域产教融合实践中心——德化县公共实训基地。该基地以服务陶瓷产业为核心，致力于培养陶瓷产业急需的高素质技术技能人才，开展陶瓷科研攻关，打造文化工程技术创新平台，并提供职业技能实训等服务，为区域工艺美术产业的高质量发展提供了强有力的支撑。

湖南工艺美术职业学院积极对接国家战略新兴产业和区域支柱产业，创设湖湘工艺美术、湖湘民族服饰、数字文创、环洞庭湖农特产"品牌与包装设计"等 4 个开放型产教融合实践中心。各实践中心制订了运营计划，有序推进建设任务，运用数字化技术开展实训与培训服务，有效促进了职业教育资源共建共享。

四川文化产业职业学院与百科荣创（北京）科技发展有限公司、龙芯中科技术股份有限公司等企业合作，共建"智慧文旅国产自主信息技术开放型区域产教融合实践中心"，重点服务文旅文创、软件和信息技术服务业。校企双方共同成立领导工作小组，下设以专业为主导的项目小组，并制订《实践中心管理办法》《实践中心专项资金管理办法》等制度，为实践中心的高效运行提供保障。

湖南大众传媒职业技术学院与湖南教育电视台共建校台产教融合发展中心，着力打造"技术引领、资源整合、协同创新"的产教融合新高地。中心系统整合专业建设、科研成果、师资力量和学生技能等优势资源，积极引入全息投影、VR全景、人机交互、扩展现实等前沿技术，构建文化与科技深度融合的创新生态，为文化产业高质量发展注入新动能。

3. 推进生产性实训基地建设

实训教学作为连接理论与实践的关键环节，是培养学生专业技能和创新能力的重要途径。基于行业企业的产品、技术和生产流程，校企共同构建基于产业发展和创新需求的实践教学与实训实习基地，是各种形式、规模的校企合作中的重要内容。2019年，教育部发布《高等职业教育创新发展行动计划》，认定了22所文化艺术职业院校的29个校企共建生产性实训基地。在此基础上，文化艺术职业院校紧跟职业教育改革发展大势，通过校企共建生产性实训基地、搭建虚拟仿真实训数智化教学场景，持续提升专业服务文化产业发展的能力。2023年，合作企业为64所文化艺术职业院校提供的校内实践教学设备价值约1.2亿元，校均投入约188万元。

虚拟仿真实训基地的建设和应用，为传统教学模式带来了深层次变革，推动教育与科技的深度融合，助力人才培养与产业升级的无缝对接。在调研的64所艺术类高职院校中，校内共建有虚拟仿真实训44个，推动了艺术职业院校技术技能人才实训教学模式创新。其中，上海工艺美术职业学院的"长三角工艺美术虚拟仿真实训创新基地"和苏州工艺美术职业技术学院的"数字非遗虚拟仿真实训基地",入选 2021 年教育部首批职业教育示范性虚拟仿真实训基地培育项目,成为引领虚拟仿真实训教学发展的典范。

上海工艺美术职业学院"长三角工艺美术虚拟仿真实训创新基地",建设内容主要包括工艺美术虚拟仿真实训中心、虚拟仿真研创中心、工艺美术虚拟仿真共享云平台信息服务、工艺美术虚拟仿真展示与体验中心以及智能化控制系统等。通过虚拟仿真、虚实互联、数字孪生等前沿技术,基地实现了对工艺美术工厂和企业工作环境的实时展示,支持对操作空间、生产线等进行沉浸式漫游,并对工艺美术大师及毕业校友的技艺技能、实操过程的关键步骤和手法进行动态模拟展示。通过"工艺美术虚拟仿真实训教学资源云平台"和"工艺美术虚拟仿真教学资源库"两大资源平台,实现了学生作品和传统手工艺类非遗资源的高保真传承和虚拟化教学。

苏州工艺美术职业技术学院"数字非遗虚拟仿真实训基地"汇聚陶艺制作、玉雕雕刻、首饰技艺、文物修复等专业的虚拟仿真技术导师,通过"专业教学+虚拟技术"的方式,将 VR 技术深度融入非遗技艺传承的虚拟教学中。学生可通过虚拟实训平台进行实时操作和预览,完成工艺产品的虚拟实践,有效提升了学习效率和实践能力。依托虚拟资源平台,学院专业群已完成 2 000 件传统手工艺非遗实体作品的数字化收藏,并通过 VR 虚拟技术实现非遗技艺内容的沉浸式体验,构建了虚实一体、全面覆盖的教学体系。基地已覆盖 45 项非遗子项目的传承性保护,涉及 200 余项非遗核心技艺,辐射相关非遗项目的比例达 30%。通过高保真数字化技术,基地实现了传统手工艺类非遗技艺的原汁原味传承。

四川艺术职业学院加快推进"巴蜀文化遗产资源开发利用虚拟仿真实训基地"建设,基于"以虚补实、以虚促实、虚实结合"的虚拟仿真实训项目建设思路,以点带面逐步推动信息化实训模式在实训教学中的应用。文物考古技术专业探索建设考古虚拟仿真实训中心,为学生提供沉浸式考古实践体验;舞台艺术设计与制作专业打造的"5G+VR"虚拟舞台场景教学示范体验空间,凭借其创新性和实用性,亮相全国演艺博览会并受到广泛关注。

上海电影艺术职业学院为服务上海科技影都高质量发展，建设完成了上海市首批高等职业院校示范性虚拟仿真实训基地——5G+数字虚拟仿真智能影棚。该基地为学生提供了综合、高端且符合行业一线需求的实训环境，围绕虚拟拍摄技术、虚幻引擎、动作捕捉技术等前沿领域，与多家行业头部企业开展产学研用一体化的深度产教融合。

安徽广播影视职业技术学院与教育部中外人文交流中心深度合作，共建全媒体中心。中心以技术创新和产教融合为双轮驱动，创新性地将传统人才培养目标升级为人才经营目标，构建了与行业需求高度契合的市场化课程体系。项目引入国内首个基于5G低延迟技术、人工智能和大数据追踪的全流程智慧教学平台——"容艺云平台"，依托国内领先的高校全媒体基地建设体系，整合容艺集团生态企业网络资源，为院校引进海量数字文创项目，搭建"环境建设—人才培养—产业运营"三位一体的良性生态闭环。通过创新"边教、边做、边生产、边学习"的项目制教学模式，实现教育链与创新链的深度融合，显著提升了学院在区域数字文创产业中的核心竞争力。

（三）校企双元育人模式呈现新局面

1. 大力推行中国特色学徒制

学徒制作为一种技术传承的教育形式，与艺术人才培养规律高度契合，是深化文化艺术职业教育产教融合的重要路径。为解决文化产业转型升级带来的人才供需结构性矛盾，提升文艺人才培养质量和服务产业发展能力，文化艺术职业院校充分发挥校企双主体育人的作用，积极探索中国特色学徒制的实践路径。通过沿用师傅带徒弟的教育关系，采用口传心授的育人模式，推动"专业与产业、课程与职业、教学与生产"3个对接，人才培养效益初显。经过多年实践，已初步形成可推广、可复制的多元化学徒制育人模式。自2015年起，教育部分3批布局410所现代学徒制试点高职院校，其中包括开封文化艺术职业学院、湖南工艺美术职业学院、泉州工艺美术职业学院、江西泰豪动漫职业学院、上海工艺美术职业学院、苏州工艺美术职业技术学院、浙江艺术职业学院、江西陶瓷工艺美术职业技术学院等8所艺术职业院校。2022年，又有6所艺术职业院校入选中国艺术职业教育学会现代学徒制试点（见表3-19），进一步扩大了学徒制在文化艺术职业教育领域的覆盖面和影响力。

表3-19　中国艺术职业教育学会2022年度现代学徒制试点建设项目

序号	学　　校	名　　称
1	浙江艺术职业学院	戏曲表演专业"现代学徒制"人才培养模式的探索与实践
2	四川艺术职业学院	舞蹈表演专业现代学徒制试点
3	重庆文化艺术职业学院	音乐表演专业现代学徒制人才培养模式探索与实践
4	重庆文化艺术职业学院	舞蹈表演专业现代学徒制试点（欢乐谷班）
5	江西艺术职业学院	戏曲表演专业现代学徒制试点项目
6	金华艺术学校	婺剧专业现代学徒制试点

上海电影艺术职业学院在黄炎培培养"金的人格"的教育理念引领下，依托上海市动漫行业协会，联合上海市惊浪文化传媒有限公司、上海今日动画影视文化有限公司等合作企业，成立"金格"现代学徒制班。校行企三方共同制订人才培养标准，开发专业课程体系与高品质项目教学资源，并成立"金格动画学徒班教学理事会"，协同打造"双元"师资队伍。通过将教育制度与用工制度有机结合，推行工学交替模式，校行企共同完善配套管理制度，联合颁发证书，探索建立校企联合招生、联合培养、双主体育人的长效贯通培养机制，培养一批符合时代需求、具有"金的人格"的动画大工匠。数字娱乐专业群和影视动画专业成功申报上海市现代学徒制试点项目。

江西陶瓷工艺美术职业技术学院聘请50余名国家级陶瓷大师和20余名非遗传承人作为特聘教授，开展现代学徒制和非遗教学，学校通过"国家非遗制瓷技艺进校园"名师授徒制，层层选拔优秀学生进行一对一拜师学艺。自2016级起，学院每年从200余名新生中选拔优秀学生，组建30名左右学生开设"国家非遗粉古彩特色班"，构建"非遗特色班+大师工作室"的新型人才培养模式。目前，已开设新彩、青花、综合装饰、非遗粉古彩、民族技艺传承等7个特色学徒班。

湖南工艺美术职业学院积极推行中国特色学徒制人才培养模式，利用校企资源优势，共建、共治、共享教学资源，协同开展人才培养。

2023年，学校实施学徒制的专业增至14个，较2022年增加2个；学徒制学生942人，比2022年增加69人；学徒制学生占在校生比例为12%，较2022年增长0.8%。

山西艺术职业学院构建"3+1"工作室建设模式，即1名骨干教师为核心，引进1名行业大师，联合1家企业或行业，共同开发1个产品。在此基础上，学院整合资源，构建了专业教学系统、大师工作室和研发中心的组织架构，实施"3块牌子1套人马"的一体化运行机制。通过"大师"引领和"双师"赋能，实现了现代学徒制人才培养，为"专业与企业一体、大师与教师一体、学生与学徒一体、教师与岗位一体"提供了实践平台，有效促进了教师与师傅、项目经理的多重身份融合，推动了学生向学徒、设计师的角色转变。

浙江艺术职业学院联合浙江小百花越剧团、浙江京昆艺术中心等十多个戏曲院团、演艺企业和文博单位，先后共建"小百花""浙昆""浙京""萧绍""宋城""太湖龙之梦"等近15个现代学徒制班，开展戏曲、舞蹈表演以及民族传统技艺人才培养，培养了近500名学生（学徒），实现了招生与收徒对应、教学与习艺相融、出师与就业同步。校企双方重点从协同育人机制、教学管理制度体系、双导师制师资团队构建等方面深入实践，戏曲表演《聚资源 推剧目 出人才——校团合作培养戏曲表演人才的现代学徒制探索与实践》和舞蹈表演《"宋城班"舞蹈表演现代学徒制人才培养模式探索》两个案例入选浙江省现代学徒制典型案例。

2. 开展"订单式"人才培养

订单班作为一种校企深度合作的培养模式，通过学校与企业共同制订人才培养方案、开发课程体系、实施教学计划，实现了人才培养与行业需求的精准对接。这种模式不仅为学生提供了更贴近行业实际的实践机会，也为企业输送了符合岗位需求的高素质技术技能人才，有效促进了产教融合的深化和职业教育质量的提升。文化艺术职业院校积极响应行业需求，创新人才培养模式，广泛开设订单班，为艺术职业教育的高质量发展注入了新的活力。在调研的64所文化艺术类高职院校中，开设订单班的院校共27所，占比达43%。

湖南艺术职业学院秉承服务文化强省建设、繁荣社会主义文化艺术的宗旨，把握文化和旅游融合发展的机遇，充分发挥行业优势，服务演艺行业发展，构建院团结合一体的产教融合生态圈。学院先后与岳阳巴陵戏剧团、桂阳湘剧保护传承中心、澧县荆河戏剧团、资兴文化馆、祁阳祁剧团和零陵花鼓戏保护传承中心合作，采用订单式培养模式，开设戏曲表演班，累计培养了190余名紧缺的地方戏曲人才，实现了"地方有需求、学院有培养、学生有去处"的精准对接。

重庆艺术工程职业学院现有企业订单班和冠名班25个。学校与重庆段记服饰集团合作，连续开设三届"段记西服订单班"，为企业培养适用的服装设计人才。企业派出专业技术人才参与专业教学和实训指导，双方共同编制专业标准、修订人才培养方案、开发专业课程，共同建立"博克智能CAD培训中心"和"服装工艺制作培训中心"。订单班学生参加"巴渝工匠杯"高职学生技能大赛、世界技能大赛选拔赛等省部级以上赛项，共获得一、二、三等奖合计17项。

广东舞蹈戏剧职业学院非常重视少数民族委培班的建设，在少数民族艺术人才培养方面取得了显著成效。学院与西藏自治区林芝市文化局开展深度合作，创新性地开设了7年一贯制舞蹈表演艺术委培班。该班从林芝市6县1区精心选拔了36名少数民族学生，涵盖藏族、门巴族、僜人等民族，开创了"校地合作、订单培养"的民族艺术人才培养新模式。经过7年的系统培养和精心培育，36名学员已圆满完成学业，带着扎实的专业技能和深厚的艺术素养回到雪域高原。他们扎根基层，坚守"为人民而舞"的艺术初心，以优美的舞姿讲述中国故事、传播西藏文化、展现林芝风采，成为粤藏两地文化交流的桥梁和纽带。这些年轻的舞者犹如36朵绽放的格桑花，在雪域高原的艺术大花园中绚丽绽放，为西藏文化艺术事业的繁荣发展注入了新的活力。

浙江艺术职业学院为解决省内基层文化队伍"不足、不专、不稳"的问题，自2017年起启动乡镇文化员定向委托培养计划，以培养兼具现代公共文化服务与管理能力及艺术专业技能的基层文化人才。乡镇文化员定向培养是继农技员、全科医生之后，实行定向培养的第三类职业岗位，实行招生与招聘并轨，注重"多能"与"一专"结合，严把出口与入口关。

截至目前，已连续招生6届，累计培养了300多名学员，陆续投身基层文化服务建设，助力实现全面小康。

3. 突出"艺术 + 科技"能力培育

高等教育的科技创新活动是推动产业转型升级的重要力量。2019年，教育部发布《关于加强新时代教育科学研究工作的意见》，明确提出科研服务要结合区域发展需求，把握科技创新和社会变革的大趋势，推动重点领域和关键环节取得新突破，全面提升服务决策能力并解决教育实践问题。文化艺术职业院校紧跟科技手段革新，积极推进人文艺术与科技融合，围绕人才培养、技术服务、成果转化等核心关键，持续提升人才培育质量，支撑区域经济高质量发展。上海电影艺术职业学院依托中国艺术职业教育学会设立文化艺术科技工作委员会，与中国艺术科技研究所共同建立博士后工作站科研实践基地，推动文化科技领域合作及成果转化。上海工艺美术职业学院成立"艺术与科技融合协同创新中心"，举办"今融予"科技与艺术展。苏州工艺美术职业技术学院举办"智创未来"2023届毕业设计开放展示周，为文创产业及文创经济的提质升级提供了新的市场空间和发展引擎。

湖南工艺美术职业学院充分发挥科研创新优势，深入推进科教融汇，在服务产业转型升级方面取得显著成效。学院累计获得发明专利12项，攻克关键技术难题54个，研发重要新产品695个，主持省级战略性新兴产业重点项目2个。依托专业优势，组建了5支高水平技术服务团队，深度参与非遗传承创新与文创产品开发。2022—2023年，学校为省内文化创意和工艺美术企业提供技术攻关、产品研发等各类服务1 592项，打造"新湘绣""新湘瓷"等非遗创新产品和文创产品415项，其中265项成果实现产业化应用。通过技术创新和设计升级，助力企业产品实现艺术价值与市场价值的双重提升，推动传统工艺美术产业向高端化、智能化、品牌化方向转型升级。

江西泰豪动漫职业学院深入贯彻落实《关于加强高等学校科技成果转移转化工作的若干意见》精神，充分发挥大型企业集团办学的产业优势，紧密对接江西省"2+6+N"产业体系和数字经济发展需求，构建了特色鲜明的产教融合创新体系。学院重点围绕电子信息、装备制造、虚拟现实等战略性新兴产业领域，与企业开展深度战略合作，形成了"任务共担、资源共享、经费共投、教学共抓、文化共融、责任共负"的校企命运共同体。近两年，学院开展横向技术服务 86 项，经费统筹到账 1 400 余万元。凭借在科技成果转化方面的突出成效，学院成功入选第二批江西省高校科技成果转化和技术转移基地。

广东省外语艺术职业学院深入实施科教融汇战略，精准把握科技创新对高技能人才培养的新要求，系统推进教育教学改革创新。通过构建"制度—平台—团队—项目"四位一体的科教融汇体系，全面提升科研创新能力和技术服务水平。在制度建设方面，创新性出台了《技术技能创新服务平台建设与管理办法》等十余项制度文件；在平台建设方面，实施"创新强校工程"，重点打造了 5 个特色鲜明的技术技能创新服务平台；在团队建设方面，组建了 10 支跨学科、跨领域的科研创新团队；在项目实施方面，成功立项省级以上科研项目 17 项，申报各类知识产权 113 项。

上海电影艺术职业学院把握"艺科融合"新趋势，与技术标杆企业共建数字动作资产库，全面提升新技术服务能力。以前瞻性教学改革助推教育、科技、人才"三位一体"协同发展。2023 年，学院整合五大工作室资源优势，按照国际技术标准成功打造虚拟拍摄技术教学实验短片《春回又春》。作为产教融合的典范案例，《春回又春》在中国电影科创峰会暨第十四届中国电影科技论坛上进行了专业技术展示，获得了业界专家和同行院校的高度认可。面向影视行业前沿技术发展趋势，学院率先开发建设"虚拟拍摄技术""虚幻引擎技术"等课程资源库，不断提升人才培养与影视产业发展的契合度。

浙江艺术职业学院服装与服饰设计专业紧跟数字化发展趋势，推动服装课程内容与数字科技结合，整合服装传统制版技术、服装 3D 仿真技术以及人工智能 AI 技术，优化服装从设计、研发到生产的全生命周期。作品《物有灵——尤绵枫香》选取瑶族的动物纹样、几何纹样及图腾崇拜纹样进行提炼和重构，使用 Style3D、2D 制版技术以及 3D 虚拟仿真技术展现传统工艺的艺术魅力，以时尚产业数字化推动民族服饰创新发展。该作品获首届全国高校国产软件应用与设计创新大赛一等奖。

三、挑战与展望

总体来看，文化艺术职业院校积极贯彻落实国家政策，通过汇聚教育界、产业界、科技界等多方资源，加强职业教育理论研究，探索职业教育改革路径，推进产教深度融合，促进科研成果转化，深化科技创新与人才培养的有机衔接，逐步形成文化艺术职业教育施行产教融合的经验特色。当然，我们也清醒地认识到，当前文化艺术职业教育在产教融合的过程中，仍然面临诸多现实困难与深层次矛盾：企业作为重要办学主体的作用尚未充分发挥，参与人才培养的主动性和积极性不足；校企双方在利益共享与风险分担方面缺乏可操作的实施细则；人才培养的知识结构与技能结构与行业需求存在偏差，对接文化事业发展的用工需求仍有短板；支撑产教融合的办学条件有待进一步均衡和完善；产教融合平台的实体化运行能力相对薄弱；新技术在教育教学中的应用深度不够，师生数字素养与技能水平有待提升等。未来，仍需持续加强改进，推动文化艺术职业教育产教融合向更高水平发展。

（一）加强专项政策引导支持，构建高效协同体制机制

文化艺术高等职业院校分布于23个省（自治区、直辖市），受行政区划、财政体制、教育资源和文化传统等多重因素影响，以及职业院校与企业之间组织属性的差异，需要统筹职业教育产教融合的制度政策，强化政策间的协同性与系统性。应充分发挥地方政府在政策保障、统筹规划、资源配置、经费投入和绩效评价等方面的主导作用，注重政府、学校、行业、企业四者之间的协调配合，明确各方职能与权责，构建协同联动的产教融合生态体系。为企业参与职业教育提供政策支持，通过在金融、财政、土地、信用等方面给予激励措施，有效引导和激发企业的内生动力。更好发挥文化艺术、民族民间工艺等行业协会（学会）的作用，推动制订统一的行业标准，规范行业秩序，积极参与政策制定，提升行业指导、评价和服务能力。

（二）优化专业动态调整机制，精准对接产业发展需求

结合国家战略和区域发展特点，建立紧密对接文化事业发展和文化产

业转型升级相适应的学科专业体系,在产业链或者产业群的基础上,优化专业布局并科学确定培养规模。主动吸纳文化行业龙头企业深度参与专业规划、课程设置、教材开发、教学设计、教学实施,精准构建专业课程体系,将新技术、新工艺、新规范等前沿内容融入课程,确保教学内容与行业需求同步更新。加强与影视、演艺、传媒、设计等领域企业开展项目合作,以院团和文艺企业生产实际引领课堂教学,共同开发基于岗位工作内容的课程体系,协同组织教学实施,实现行业用人机制与学校育人机制深度融合。进一步优化构建契合文化产业需求的职业能力框架,将行业最新的技术技能标准转化为专业课程标准,实现"书证融通"的课程体系。构建依托区域产业发展和就业市场相适应的产教融合人才培养模式,系统推进专业内涵建设、课程内容更新、教学模式创新、师资队伍优化和实训实践基地建设,全面提升艺术职业教育服务文化产业发展的能力。

(三)深化企业主体办学模式,打造校企协同发展格局

根据《关于深化现代职业教育体系建设改革的意见》,以深化产教融合为核心,从省域、市域、行业3个维度推进"一体两翼"现代职业教育体系建设。积极对接地方文化产业和区域发展战略,打造市域产教联合体和行业产教融合共同体,优化艺术职业教育与区域发展和文化产业相衔接的布局。注重发挥企业在职业教育中的重要办学主体作用,明确行业企业参与人才培养的权责义务体系,对深度参与校企合作的企业给予税收减免、专项资金支持等优惠政策,调动企业深度参与产教融合的主动性。充分依靠市场机制,使企业通过产教融合在市场竞争中获得更大回报,实现校企互利共赢。推进职业教育集团化办学和产学研用联盟建设,建立职教集团实体化运作机制,推动行业产业资源与教育资源共建共享,实现服务育人与服务企业并重,促进人才培养链与产业链相融合,实现优质艺术职业教育资源共享、成员单位优势互补、协同发展的良好愿望。

(四)创新中国特色学徒制度,探索技能人才培养路径

传统的师徒制在中华传统文化和技艺传承中发挥了重要作用,尤其在戏曲人才培养方面,历史上的官办梨园、教坊以及明清时期的"科班",

如富连成社、崇雅社、易俗社、昆剧传习所等，都是这一模式的典型代表。延续到当下，学徒制作为一种口传身授、高度情境性的学习方式，仍然是文化艺术职业院校深化产教融合的重要突破口，对于解决戏曲表演、非物质文化遗产传承、传统工艺美术、文物修复等民族技艺领域，具有显著的针对性和实践价值。深入推进校企协同育人，联合招生、联合培养，广泛开展委托培养、订单培养和学徒制培养，提高高技能人才供给能力。推动在骨干文艺院团、行业龙头企事业单位设立实习实训基地，为学生提供真实的职业环境和实践机会。健全"双导师"育人机制，加大学校与企业之间人员互聘共用和双向挂职锻炼，打造一支专兼结合的"双师型"教学团队。

（五）深化智能数字技术应用，推动艺术科技融合创新

在数字化与智能化技术浪潮的推动下，艺术新样态与演出新形式正不断推进艺术教育变革与创新，文化艺术职业院校亟须构建数字化教育新生态，系统提升师生的数字素养与技能水平。通过深化5G、人工智能、大数据、云计算、区块链等新一代信息技术的创新应用，充分发挥数据作为新型生产要素的驱动作用，全面推进艺术教育的数字化转型与智能化升级。文化艺术职业院校应立足科技发展趋势，动态优化专业布局，确保专业设置与技术创新和产业升级保持同步。通过将前沿科技深度融入人才培养全过程，构建"科技＋艺术"的复合型人才培养体系。重点开展智能时代的教育教学研究，重构教育目标、创新教学内容、革新教学模式，着力培养学生与人工智能协同工作的能力，打造智能化艺术教育新范式，引领艺术教育在数字时代的创新发展。

（六）强化平台建设与成果转化，提升艺术人才培养质量

文化艺术职业院校应进一步凝练文艺资源优势，立足自身专业技能禀赋，紧密对接文旅融合、乡村振兴、数字中国、产业升级等国家战略需求，实现产教融合高质量发展。通过联合行业组织、高等院校、科研院所及产业链上下游企业，跨区域整合优质资源，共建高水平技术技能创新服务平台，为教育教学提供坚实支撑，精准服务文化产业高质量发展。通过

着力构建"产教融合、科教融汇"的创新发展格局,深化"政产学研用"协同创新机制,促进教育链、人才链与产业链、创新链的有机衔接。强化科技成果转化应用,构建"以融促创、以创提质"的发展模式,推动科技、教育、人才三位一体协同发展。打造文化产业资源集聚与产教融合效能提升的良性循环,实现艺术职业教育与文化产业双向赋能、融合发展,为文化强国建设提供有力的人才支撑和智力支持。

专题报告3：中国文化艺术职业教育致力文化传承发展报告

（2022—2023年）

党的二十大报告强调"发展社会主义先进文化，弘扬革命文化，传承中华优秀传统文化"的重要性，为全国文化艺术职业院校致力文化传承指明方向。全国文化艺术职业教育是我国文化和教育事业的重要组成部分，是文化艺术领域技术技能人才培养输送的主阵地和主渠道，也是文化传承与创新的重要基地，为推动社会主义文化高质量发展做出积极贡献。

为全面系统地反映全国文化艺术职业教育致力文化传承的基本情况、亮点举措，编制组对全国317所文化艺术职业院校展开调查研究，以64所高职院校年度质量报告为主体，兼顾253所中等职业院校质量年报，研究样本覆盖华中、华北、华南等全国各地区，涵括西北、西南等地的少数民族聚居区。同时，编制组还通过不同维度开展分层调研，采用样本分析、问卷调查、深度访谈、大数据技术等多种方法收集数据与资料进行研究，力求客观翔实地呈现全国文化艺术职业教育致力文化传承的全貌，并为文化艺术职业教育在文化传承领域的持续发展提供现实依据与参考。

一、文化艺术职业教育致力文化传承的实施路径

2022—2023 年是文化艺术职业教育转型与升级的关键时期，全国文化艺术职业教育战线积极响应国家号召，立足中华优秀传统文化赓续、革命文化弘扬与社会主义先进文化创新发展，以文培元、以文兴职、以文赋能，突显职业教育的新担当、新作为。

（一）赓续中华优秀传统文化，守护中华文明根基

中华优秀传统文化是中华民族的文明根基所在，是中国特色社会主义植根的文化沃土。文化艺术职业院校通过开设相关专业与课程、建立具有文化传承属性的工作室、创建文化传承基地、开展特色项目等具体做法，将传统文化赓续传承融入现代职业教育体系。

1. 基于文化传承需求的专业与课程设置

（1）文化传承专业建设持续推进。从文化艺术专业大类来看，文化艺术职业院校的文化艺术专业分为艺术设计类、表演艺术类、文化服务类、民族文化艺术类四类。文化艺术职业院校通过整合资源构建专业群，围绕某一行业或领域，将相关度高或有内在关联的数个专业进行整合，强化专业之间的协同效应和资源共享，并在建设专业群基础上争创国家级、省级"双高"专业群。2022—2023 年，在 64 所文化艺术高等职业院校中，3 所学校建有国家"双高"专业群、11 所学校建有省级"双高"专业群，见表 3-20。

表 3-20 文化艺术高等职业院校建有国家级、省级"双高"专业群一览表

专业群类型	专业群名称	建 设 单 位
中国特色高水平专业群	工艺美术品设计、产品艺术设计专业群	上海工艺美术职业学院
	刺绣设计与工艺专业群	湖南工艺美术职业学院
	工艺美术品设计、产品艺术设计专业群	苏州工艺美术职业技术学院
	戏曲表演专业群	浙江艺术职业学院
省级"双高"专业群	演艺新空间专业群	上海电影艺术职业学院
	舞蹈表演专业群	浙江艺术职业学院
	广播影视节目制作、艺术设计、数字媒体技术专业群	湖南大众传媒职业技术学院
	音乐艺术专业群	湖北艺术职业学院
	舞蹈表演、戏剧影视表演专业群	江西艺术职业学院

续表

专业群类型	专业群名称	建设单位
省级"双高"专业群	服装设计与工艺专业群	山东科技职业学院
	服装与服饰设计专业群	青岛职业技术学院
	舞蹈表演、工艺美术专业群	山西艺术职业学院
	艺术设计、珠宝首饰技术与管理	广东番禺职业技术学院
	艺术设计专业群	四川工商职业技术学院
	戏曲表演	四川艺术职业学院

湖南工艺美术职业学院的刺绣设计与工艺专业作为国家"双高"专业群，通过优化专业结构、强化产教融合、重构课程体系、加强实践教学等策略，致力于提升传统文化艺术专业的精深度和专业性。学院对传统艺术设计类专业实施数字化转型与升级，重组并构建了以刺绣设计与工艺专业群、服装与服饰设计专业群为核心的特色专业群，确保专业群与产业链的紧密对接，为地方输送高质量人才资源。浙江艺术职业学院戏曲表演专业群，作为国家双高专业群之一，涵盖戏曲表演、戏剧影视表演、表演艺术以及舞台艺术设计与制作等专业。该专业群基于需求导向原则，深化人才培养模式，创新产教融合机制，在专业建设、人才培养、课程开发、艺术创作等方面均成绩斐然，为地域文化艺术事业高质量发展提供有力支撑。山西艺术职业学院建有省级双高专业群，针对山西文旅产业作为战略性支柱产业的发展需求，探索"课堂教学—艺术创作—艺术实践—市场检验"的人才培养模式，构建了以舞蹈表演、工艺美术品设计等五大专业群为核心的优质特色专业群建设体系，形成了专业建设与地方产业发展需求相匹配的良好态势，为高质量发展储备了核心动能。

非物质文化遗产作为中华民族优秀传统文化的瑰宝，国家正致力于构建和完善其保护与传承的法律体系和制度架构，同时积极探索将非物质文化遗产与现代生活融合的路径，并持续构建其现代传播体系，为国际非遗保护贡献中国经验。《2022年文化和旅游发展统计公报》显示，2022年，全国有国家级非遗代表性项目1 557项，在世国家级非遗代表性传承人2 433名，列入《联合国教科文组织人类非物质遗产代表作名录》项目42个。全年全国各类非遗保护机构举办演出57 762场、民俗活动13 664次、展览 18 107 场。随着非遗融入大众生活，围绕非遗研学、非遗民宿、非遗演艺、非遗文创等产品形态不断涌现。在 2022—2023 年，全国文化艺术职业学校所设立的非物质文化遗产（非遗）相关专业，覆盖了非遗技艺的传承、非遗的保护与管理以及非遗的传播与推广等多个领域。具体而言，非遗技艺传承专业囊括了陶瓷、木雕、泥塑、刺绣、皮雕等传统手工艺术类别，以及戏曲、曲艺、音乐、舞蹈等传统表演艺术类别；非遗保护与管理专业则涵盖了文物鉴定与修复、非遗保护与管理等领域；而非遗传播与推广专业则包括非遗数字化造型艺术、数字媒体与传播（非遗方向）、非遗文创设计等方向，其目的在于促进传统文化与现代社会发展的融合。

在"非遗技艺传承类"的"传统表演艺术专业"方面，浙江艺术职业学院戏曲表演专业作为全国职业院校民族文化传承与创新示范专业的首批入选者，以及国家"双高"专业群的牵头专业，长期致力于为京剧、昆曲、越剧、绍剧等戏曲剧种培育杰出的表演艺术人才。同时，该专业在濒危剧种人才短缺问题上发挥了重要作用，通过校团、校地合作的针对性人才培养，有效弥补和剧、甬剧等地方濒危剧种的人才断层危机。四川艺术职业学院川剧系是国家首批 100 个全国职业院校民族文化传承与创新示范专业点、国家级非物质文化遗产川剧传习展示基地，专业设立以来，持续向四川、云南、重庆等地的川剧院团及文化企事业单位输送专业川剧表演人才，成为培育川剧艺术家的摇篮。福建省泉州艺术学校通过开设南音、提线木偶戏、高甲戏、梨园戏等专业培养地域特色文化所需的非遗表演人才。

在"非遗技艺传承类"的"传统手工艺专业"方面，上海工艺美术职业学院开设有首饰设计与工艺、陶瓷等专业，技术涉及杭绣、海派黄杨木雕、海派玉雕、紫砂陶技艺、掐丝珐琅等；苏州工艺美术职业技术学院开设有工艺美术品设计、刺绣设计与工艺等专业，非遗技艺涉及木雕、陶瓷、桃花坞木刻年画、吴罗、苏绣、核雕、非遗文创设计等，致力于使传统手工艺在现代社会焕发新的生机与活力。

（2）文化传承类课程建设更趋丰富。文化艺术职业院校通过重塑课程架构、更新教学内容、创新教学策略、优化教学资源以及改革传统课程设置，显著提升教育品质与教学成效。北京戏曲艺术职业学院戏曲表演专业群在建设过程中注重课程体系优化，融合教育科技手段，引入行业标准和岗位规范，完成共享课程舞台化妆、戏曲剧目赏析、专业核心课程京剧表演花旦剧目课、评剧花旦剧目课等课程资源制作。湖南艺术职业学院注重教学资源的整合和优化，以及不同学科之间的交叉融合，同时致力于传统艺术专业的迭代升级，在教学与实践中融入行业与职业岗位的新要求、新技能、新工艺。深圳艺术学校的"基于国际化视角的'中国田字格书法'舞蹈空间研究与身体即兴实践"课程，旨在开发学生的肢体技能、舞蹈思维和挖掘内在潜能的同时，将国际舞蹈理论与中华传统文化精神内涵表达相结合，培养学生对中国传统文化的热爱与认同。

同时，文化艺术职业院校将传统文化课程纳入公选课程或基础课程，增强学生的传统文化素养，建立对中华优秀传统文化的整体认知。北京艺术传媒职业学院将国学经典课程纳入公共课，聘请北大教授主讲古汉语、孟子、中庸、大学、诗经等课程，提振文化认同与文化自信。天津艺术职业学院将传统文化元素融入专业课程教学中，同步提升学生的专业技能、文化素养、道德品质和职业素养。重庆艺术工程职业学院将传统文化教育纳入课程体系，开设陶艺制作、旗袍文化赏析、丝绒首饰制作、传统雕刻艺术等人文素质选修课程，引导学生自觉传承和弘扬中华优秀传统文化。

在民族文化传承类课程方面，山东文化产业职业学院邀请地方非遗传承人进校开班传授技艺，并组织学生学习苗族蜡染技艺。科尔沁艺术职业学院开设民族音乐表演专业，将蒙古族长调与短调、呼麦、好来宝、乌力格尔以及马头琴、潮尔、蒙古筝等纳入教学体系。黑龙江艺术职业学院将赫哲族鱼皮制作技艺纳入专业教学内容，旨在培养具有地域特色的非遗传承人才。内蒙古艺术职业学校将民族音乐、民族舞蹈、民族戏剧等课程纳入课程体系，让学生在学习专业技能的同时，接受民族文化熏陶。

2. 非遗传承人与名家工作室的建设实践

（1）院校与非遗传承人合作深化。在文化艺术教育领域，非遗传承人与院校的合作是推动非遗保护与传承、促进文化艺术教育发展的重要举措。2022—2023年，非遗传承人与学校的合作更趋深化，合作领域更为广泛，且因合作侧重点不同，非遗传承人所承担的功能、职责各有差异，见表3-21。

表 3-21 文化艺术职业院校与非遗传承人合作的主要形式

合作形式	具 体 职 责
名誉院长	参与学院的教学、管理及实践活动，利用自身专业优势促进学院发展、专业建设、人才培养以及艺术创新
专业带头人	承担专业发展的规划、教学大纲的制订、教学内容的更新以及教学质量的监控工作。运用自身的专业知识与经验，引导专业发展方向，提高专业教学水平
行业大师	建立校内大师工作室，旨在传授技艺、指导师生实践、参与项目开展和产品研发，以促进传统技艺的传承与创新
客座教授	定期在校园进行教学与指导活动，工作内容涵盖专题讲座的开设、研讨会的参与等，以分享专业技能与经验
实践导师	指导学生进行实践活动，如工作坊、实习实训、艺术生产等，帮助学生将理论知识与实际操作相结合，提高学生实践技能
项目合作者	与学校合作进行艺术创作，或开展教学与科研项目、实践项目等，促进非物质文化遗产的研究与实践创新
文化传承顾问	为学校文化传承工作提供专业咨询与建议，辅助院校构建并实施文化传承策略与具体措施，根据学校需求提供针对性的指导服务

上海工艺美术职业学院聘请国家级非遗传承人、中国工艺美术大师、中国玉石雕刻大师等行业大师担任名誉院长。这些行业大师深度参与学院的教学和管理工作，将自身精湛的技艺和独特的创作理念融入课程体系，为学生带来前沿实用的专业知识。同时从行业发展视角出发，为学院专业建设出谋划策，助力学院优化人才培养方案，有力推动专业建设和人才培养进程。云南文化艺术职业学院聚焦于实践技能提升，建立蒋波杂技表演技能大师工作室，充分发挥其专业优势，通过现场示范、指导练习等方式将多年积累的杂技表演技艺传授给学生，并为学生提供实践机会。这些院校与非遗传承人合作的多元形式，搭建起非遗传承与文化艺术教育之间的桥梁。一方面为非遗传承人提供了传承弘扬技艺的平台，另一方面为院校师生提供学习、实践和研究的机会，促进了非遗传承与文化艺术教育的深度融合。

（2）文化传承工作室功能优化升级。文化艺术职业院校依托非遗传承人、行业大师、名角名家联合建立非遗活态传承工作室、传统手工艺工作室、传统音乐工作室以及戏曲梅花奖工作室等多种类型的工作室。工作室肩负着文化传承发展的重要使命，具体功能因地域文化特色、院校实际需求而各有不同（见图 3-9）。

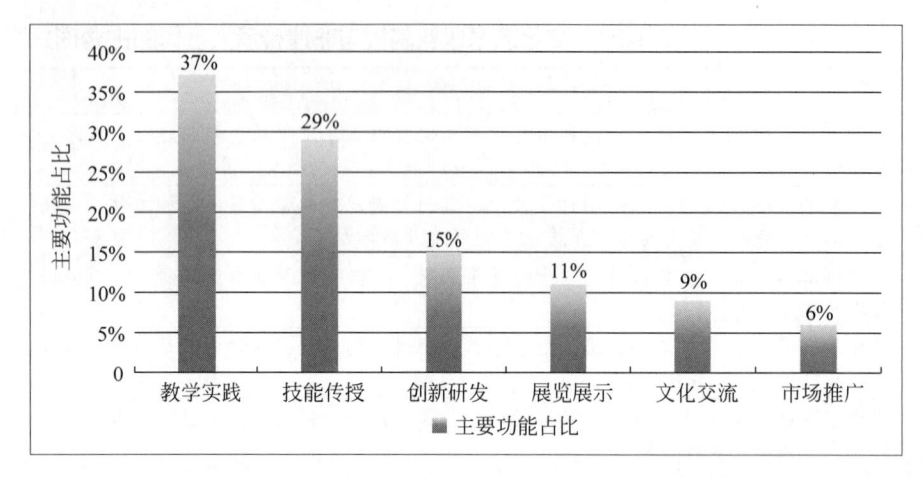

图 3-9　文化艺术职业院校工作室主要功能分布

根据 64 所高职院校调研数据显示，2022—2023 年，文化艺术职业院校文化传承类工作室的功能更趋多元。例如，非遗活态传承工作室，其核心功能为传承保护、教学研发、创新设计，工作内容涵括与非遗传承人合作确保传统技艺传承延续，开展非遗技艺教学，研发文化传承项目，进行非遗产品的创新设计等。传统手工艺工作室在致力传统手工艺传承与创新和开展手工艺技能传授外，往往还承担着作品研发、产品市场推广等职责。传统音乐工作室在参与传统音乐教学、表演、实践的同时，兼顾音乐创作、现代音乐技术融合、音乐录制制作等。戏曲梅花奖工作室则侧重于培养高水平戏曲表演人才、戏曲表演技艺教学、戏曲剧目排练指导、戏曲文化推广等。

北京戏曲艺术职业学院成立大师工作室和技术技能传承平台，建立孙毓敏（京剧荀派）、李玉芙（京剧梅派）、张德福（评剧表演）、燕守平（京胡演奏）、李文敏（京剧程派）等大师工作室，致力于京剧、评剧等传统戏曲艺术传承和培养新一代戏曲表演人才。湖南工艺美术职业学院构建富有特色的"非遗进校园、技艺进专业、大师进课堂"的非遗教育体系，实施"大师工作室＋项目＋产品"的工学结合现代学徒制人才培养模式。大师工作室成为传承非遗技艺的核心阵地，学生在大师指导下参与实际项目，将所学技艺转化为具体产品，实现非遗技艺传承与产业发展的有机结合。

河北艺术职业学院建有京剧大师尚长荣艺术传承研究室、彭蕙蘅河北梆子艺术传承工作室、李占奎传统道具工作室，致力于传承京剧、河北梆子等戏曲艺术和培养戏曲表演、道具制作等专业人才。浙江艺术职业学院设有杨小青导演工作室、灯光大师周正平工作室和戏剧梅花奖工作室等，致力于舞台艺术的传承、艺术精品的创排以及文化传承类项目的研发，并助力戏曲表演、舞台美术等领域专业人才的培养。

3. 文化传承基地与特色项目的建设成效

（1）文化传承基地建设成效彰显。文化艺术职业院校以传承、弘扬、创新文化艺术为主旨，通过以文化传承为主旨任务的基地建设，更好地满足教育教学、实践实训、科研创新、合作交流、文化服务等方面的需求。根据调研案例分析，2022—2023年全国文化艺术职业院校文化传承基地主要有以下类型（见表3-22）。

表3-22 文化艺术职业院校文化传承基地的主要类型

基地类型	主要功能
教育教学基地	主要承担学院教学与科研活动的支撑任务，提供文化传承实践教学的场地及相应的设备设施等
科研创新基地	专注于文化艺术领域的科学研究与创新实践，涵盖戏曲研究院、非物质文化遗产研究中心、文化创意产业研发中心等机构
实践实训基地	为学生提供实践操作及实训机会，如动漫游戏实训基地、影视制作实训基地等
产教融合基地	校、行、企合作共建，目的在于推动教育与产业的深度整合，如文化旅游产业教育融合基地、艺术设计产业教育融合基地等
国际交流与合作基地	致力于推动国际文化艺术交流与合作，如国际艺术交流中心、国际设计合作基地等
社会服务平台	以服务社会为主要任务，如文化艺术普及教育基地、社区文化艺术服务中心等机构

四川艺术职业学院以国家非遗川剧传习展示基地为依托，开展川剧表演、研究及交流活动，致力于培养川剧表演专业人才，以促进川剧艺术的传承与发展。湖南艺术职业学院的湖南非遗展示基地，专注于湖南地区非物质文化遗产的展示与传承工作。上海工艺美术职业学院的上海市职业教育艺术设计公共实训基地，主要提供艺术设计专业的实践教学设施，开展专业技能培训。山东艺术职业学院的山东省文化艺术科研创新基地，聚焦于文化艺术领域的科研创新，开展科研项目和学术交流，以提升学院科研水平。安徽艺术职业学院的艺术设计产教融合基地与艺术设计产业紧密合

作，共同开展产学研项目，推动教育与文化艺术产业的深度融合。无锡工艺职业技术学院的全国普通高校中华优秀传统文化传承（紫砂陶）基地，针对传统手工技艺的传承困境，深耕紫砂陶技艺，提炼现代传承人特质基因，创新构建"三三三"培养体系。

（2）文化传承特色项目广受好评。在文化传承特色项目方面，通过中华民族传统文化、少数民族特色文化等形式传承，通过举办经典诵读、民族节日等方式，增强民族凝聚力和认同感，提升文化自信。同时借助文化进校园、进社区等机制，在传承优秀传统文化中厚植家国情怀。广西演艺职业学院举办"壮族三月三"庆祝活动，通过竹竿舞、抛绣球等传统活动，传承"壮族三月三"民族节日文化，受到当地群众欢迎。太原市文化艺术学校通过戏曲进社区活动，为广大群众展示晋剧折子戏及程式武功技巧、表演晋剧传统剧目，为宣传地域传统文化贡献力量，获得民众好评。

（二）承递革命文化精髓，大力弘扬红色精神

红色资源是不可再生、不可替代的珍贵资源，文化艺术职业院校从红色资源的挖掘、创作、呈现等多个维度精准发力，将革命文化全面融入育人体系，通过全方位、沉浸式的教育过程塑造学生的价值观与精神世界，使其成为有信仰、有责任、有担当的新时代文化艺术传承者与创造者。

根据调研分析，2022—2023年文化艺术职业院校在致力革命文化精神传承与弘扬的实践中，形成了多种行之有效的形式。红色主题活动以41%的占比成为最主要的形式之一，其中包括红色文艺会演、红色文化节、红色主题演讲比赛、革命歌曲音乐会等，通过亲身参与，学生能更直观地感受革命文化的魅力。红色主题课堂占比28%，位居第二。在红色课堂教学中，通过系统地讲解革命历史、红色文化理论，引导学生深入思考革命精神的当代价值。红色原创作品占比17%，内容涵盖戏剧表演、戏曲、小品、合唱、群舞、独舞、绘画、雕塑等形式多样的作品。此外，参观革命遗址和革命纪念馆等形式也从另一角度丰富了学生对革命文化的认知与体验（见图3-10）。

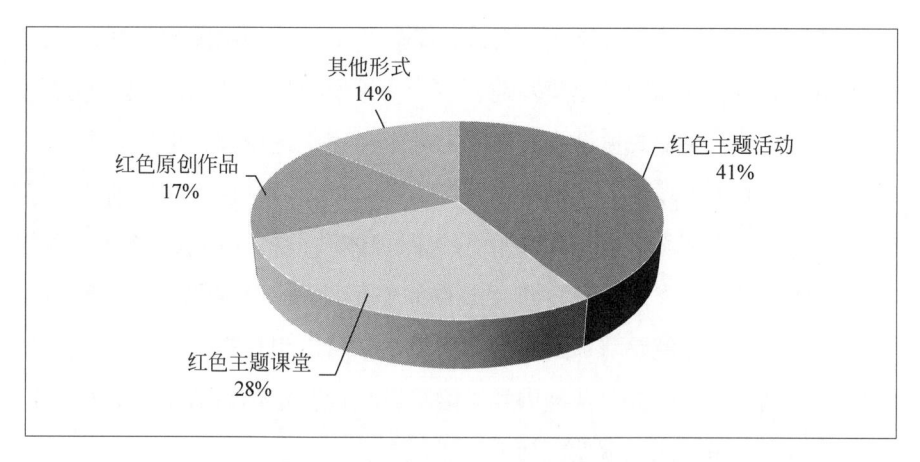

图 3-10　文化艺术职业院校革命文化开展形式比率

1. 红色活动筑牢革命根基

文化艺术职业院校组织师生开展红色主题活动，通过红色专场演出、红色文化宣传、红色资源挖掘、红色文旅走读、红色班级创建等，让学生在实践中筑牢革命根基、坚定理想信念，成为革命文化的传播者、引领者、践行者。

河北工艺美术职业学院师生赴基层开展红色文化主题墙绘活动，深入挖掘红色历史，传承红色基因，将党史知识和爱国主义教育内容融入社会实践具体项目。黑龙江三江美术职业学院举办"青春心向党·剪艺中国"剪纸作品展览，深化学生对党的热爱和对国家的忠诚情感。宁夏艺术职业学院举行"铸牢中华民族共同体意识"专场文艺演出等活动，师生足迹遍及宁夏固原市南部山区，在吴忠市、闽宁镇等地演出 17 场，2 万余人次观看。北京戏曲艺术职业学院 2023 年举办京剧曲艺晚会《说唱北京、艺传北戏》、音乐会《绽放新时代》、话剧《鼎天凤地》、舞蹈展演《善舞如馨、逐光前行》等 15 场演出，为学生厚植爱党、爱国、爱社会主义的情怀。

2. 红色课堂坚定革命信念

红色主题课堂作为革命文化传承与弘扬的重要阵地，各院校通过精心设计教学内容、举办高水准红色主题讲座、在专业课堂中深融思政元素和爱国主义教育，让红色教育在课堂上落地生根，发挥出强大的育人功效。辽宁广告职业学院立足本土红色文化底蕴，深入共产党人精神谱系，通过整合辽宁作为抗日战争起始地、解放战争转折地、新中国国歌素材地、抗美援朝出征地、共和国工业奠基地、雷锋精神发祥地的"六地"红色文化资源，以集中宣讲形式邀请党史专家、老革命家走进校园为学生们讲述红色故事、还原历史场景，鼓励学生以笔为剑，抒发对红色文化的理解与感悟。连云港市艺术学校将革命文化纳入课程体系，精准选取"红色元素"融入专业教学课堂，以讲述王继才事迹的作品《两个人的海岛》、淮海战役英雄事迹作品《就是那片红》等作为教学素材，引导学生从艺术创作角度深入挖掘作品中的红色精神内涵，潜移默化地坚定革命信念，培养学生的社会担当意识和无私奉献精神。

3. 原创作品赓续红色基因

文化艺术职业院校坚持政治性、思想性、艺术性相统一，创作了形式多样、各具特色的原创红色题材作品，涵盖戏剧、音乐、舞蹈、美术、工艺设计等不同艺术领域。重庆文化艺术职业学院传承弘扬红岩精神，创编红岩主题的特色话剧、革命剧目，情景剧《宣言》、舞台剧《信念》《风雪长征路》《写在眼里的诗》等剧目先后在校内外演出，获得良好反响。科尔沁艺术职业学院的师生通过创作并排练了沉浸式红色情景剧《红色箴言》以及创作古筝曲《石榴花开望籽熟》，有效地传承和弘扬了革命文化。宁夏艺术职业学院与宁夏熠玖文旅演艺有限公司合作创编《行走的太阳》《张子华》《再见王二小》等红色剧目，通过舞台再现革命先烈的英勇事迹，以激发民众爱党爱国热情。安徽黄梅戏艺术职业学院创排党建品牌剧目《生命的承诺》，以红色原创作品引导师生党员了解英烈事迹，弘扬革命精神和爱国主义精神，以红色基因培育时代新人、凝聚青年力量。

（三）激发先进文化活力，助力时代文化发展

在社会主义先进文化的组成部分中，校园文化、时代文化、楷模文化以及具有地域特色的民俗文化，对激发先进文化内在活力、营造浓厚的校园文化氛围、强化校园文化育人功能、激发时代文化能量具有积极作用。

1. 知行合一强化校园文化功能

文化艺术职业教育以丰富多元的校园文化活动为抓手，致力于强化校园文化功能，提升校园文化的内涵与品质。天津艺术职业学院依托艺术类院校的专业优势，开展迎新晚会、社团交流月等系列校园文化艺术活动，同时开设有志愿者、电竞、篮球、说唱等形式多样的社团，让学生成为校园文化艺术环境的建设者。厦门演艺职业学院以文明校园、和谐校园、艺术校园、创新校园、绿色校园的"五园建设"为载体，通过形式多样的校园文化活动营造"德为先、人为本、创为魂"的良好育人氛围。

2. 与时俱进激发时代文化能量

在文化传承的进程中，文化艺术职业教育积极整合时代文化元素，密切关注并主动回应当代社会的热点议题，将工匠精神、科技进步、企业精神融入校园育人。湖南艺术职业学院秉承新时代"工匠精神"，策划并实施了"新时代湘湘'传媒工匠'故事研习项目"系列教育活动。通过组织"力学笃行：做新时代'传媒工匠'精神的播种者""锐意进取：做新时代'传媒工匠'精神的传承者"等主题交流研讨会，旨在深化师生对工匠精神的理解，促进其在实践中贯彻执行。山西艺术职业学院创排兼具中国特色、山西风格与三晋气派的专业剧目、曲目11部，生动展现了山西晋商文化，弘扬了太行精神、右玉精神，打造展现时代精神与地域文化的精品力作。

3. 立足地域促进多元文化发展

地域特色民俗文化作为不同地区独特历史、民俗传统和生活方式的生动体现，在文化艺术职业教育中具有自身价值。融入地域特色民俗文化，不仅能够丰富教学内容，还能增强学生的文化认同感和地域自豪感。重庆艺术工程职业学院突出地方民风特色，着力传承铜梁龙舞文化品牌，组建"重艺舞龙队"。通过舞龙表演、传承教学等活动让学生深入了解和传承这一中国非物质文化遗产，感受民俗文化的独特魅力。常州艺术高等职业学校携手国家级非遗乱针绣代表性传承人孙燕云，设立传统文化体验中心，每年组织学生开展乱针绣作品展览和制作展示活动，让学生在实践中学习和传承乱针绣技艺。汕头文化艺术学校不仅传承潮剧潮乐艺术，还注重培养学生对潮州木雕、剪纸等传统手艺的兴趣与技能，使学生在艺术学习中全面了解和传承地域文化。

二、文化艺术职业教育致力文化传承的创新举措

在新时代建设社会主义文化强国的战略指导下，文化艺术职业教育基于文化传承的时代任务，力求在传承中求创新、在创新中谋发展，逐步构建起融合中国文化与职业教育双重属性的特色路径。

（一）育新人：构建新时代文化强国人才梯队

1. 守正创新，致力文化艺术传承人才培养

文化艺术职业教育肩负着培养非遗传承人才的重要使命，是推动文化艺术发展的关键力量。文化艺术职业院校以融合传统师徒传承与现代职业教育理念的现代学徒制育人模式为核心抓手，积极联合校地、校团、校企等多元主体，充分发挥区域办学优势，紧密围绕区域文化产业发展定位，针对非遗项目传承的独特性，精准施策，致力于培养兼具非遗专项技能与创新能力的专门人才。截至2023年年底，已有湖南工艺美术职业学院、上海工艺美术职业学院、苏州工艺美术职业技术学院、浙江艺术职业学院、江西陶瓷工艺美术职业技术学院等院校成为全国现代学徒制试点院校。

浙江艺术职业学院与浙江小百花越剧院、诸暨越剧团、浙江京昆艺术中心等众多专业院团合作开设戏曲表演订单班，以双元主体合作机制为基石，深入推进现代学徒制育人模式，通过课堂教学舞台化、艺术实践体系化，让学生在真实舞台情境中锤炼技艺、成长成才。重庆文化艺术职业学院积极探索建立艺术类职业教育校企联合招生、联合培养、双主体育人的长效机制，深度推广现代学徒制，于2022年入选中国艺术职业教育学会现代学徒制试点。泉州工艺美术职业学院作为教育部第二批现代学徒制试点单位，通过"业界大师＋学界名师"的方式开展现代学徒制人才培养，引导学生在真实职业环境中学习和应用知识、技能。

校团、校企紧密合作的订单式人才培养，紧密贴合非遗传承特点和非遗人才成长规律，其核心目标是为行业、企业、院团量身打造专属人才。校企双方在订单人才培养过程中，共同制订科学合理的教学计划和课程设置，将非遗技艺传承与现代职业教育、企业文化精神深度融合，将文化传承与现代职业教育相结合，为学生提供了丰富的实践机会和就业前景。浙

江横店影视职业学院与浙江红点影视制作有限公司联合开设的"红点订单班",长江艺术工程职业学院与荆州传统工艺企业合作开设的"楚式漆器髹饰技艺"班,江汉艺术职业学院与宜昌市夷陵区歌舞团共同进行的人才订单培养,皆属于订单式人才培养范畴。

2. 纾危存续,承担文化艺术传承人群培训

文化艺术职业院校凭借其专业的职业教育资源和优势,在国家与地域层面的文化艺术传承人群培训中扮演着重要角色,充分发挥院校文化教育功能,为非遗传承人才培养提供系统、专业的培训项目,以坚实的教育支撑,成为推动文化艺术传承与发展的重要力量。在非遗传承人才培养方面,云南文化艺术职业学院开设白剧表演艺术人才研修班、云南花灯剧表演艺术人才研修班,天津艺术职业学院举办曲艺表演专业研修班,河南艺术职业学院举办中国非遗传承人群研培计划河南地区(河南曲剧)研习班,安徽黄梅戏艺术职业学院开展黄梅戏表演人才研修培训,苏州工艺美术职业技术学院开展苏绣技艺传承人群研修班。金华艺术学校作为婺剧人才培养基地,面向社会开展民营剧团演员培训。宁夏艺术职业学院开展非遗传承人群研修研培计划,面向社会开设剪纸、抬阁技艺和贺兰砚制作等培训班。福建艺术职业学院面向社会开设的研修项目,涵盖福建传统陶瓷烧制技艺、脱胎漆器髹饰技艺、福建剪纸、福建民族民间服饰、武夷岩茶(大红袍)制作技艺、福建曲艺以及古琴制作技艺等非遗项目,为弘扬中华优秀传统文化做出积极贡献。这些培训项目打破地域限制,为文化艺术领域输送了多层次人才,助力从一线表演到行业管理的人才梯队良性成长,为文化行业可持续发展奠定坚实基础。培训成果不仅体现在人才队伍能力提升上,更对当地乃至全国的文化生态产生积极影响,使许多已濒临失传的非物质文化遗产重新焕发生机。

3. 与时俱进,探索文化艺术创新人才培育

在时代前进浪潮中,文化艺术领域正经历着深刻变革,文旅融合成为新的发展趋势,文化传承、文化传播方面的新业态不断涌现,对文化艺术传承人才的创新能力提出更高要求。文化艺术职业院校通过一系列举措致力于培育适应时代需求的创新型人才。如通过对接行业一线,积极优化专业布局,加强专业内涵建设,形成动态调整方案,以适应行业发展新趋势。根据业态和岗位变化，及时修订专业人才培养方案，推动现代信息技术与教育教学的融合。重视专业技能与人文素质、创新能力的融合，突出创新思维、创造能力培养等。云南文化艺术职业学院与丽江茶马古城旅游发展有限公司共同培养宋城班，以大型歌舞《丽江千古情》为学生岗位实习实践核心内容，及时更新教学内容，确保学生学到的是最新的知识和技能。上海工艺美术职业学院发挥引领作用，与科技企业合作开展跨学科项目，鼓励学生参与不同专业间的交流学习，打破学科壁垒，培养学生的跨界思维和创新能力，以适应文化创意产业对复合型人才的需求。

（二）兴文化：推动创造性转化和创新性发展

1."校—团—行—企"联盟，催生文化艺术精品

2020—2023 年，中华优秀传统文化的现代表达与创造性转化、创新性发展成为艺术创作中的热点，文化艺术高等职业院校入选国家艺术基金的情况统计见表 3-23。文化艺术职业院校联合文艺院团、行业组织、文化艺术企业之间建立协作共赢的合作关系，通过资源共享、优势互补，优化文化艺术创作环境，共同开展文化艺术研究和创新活动，通过合作研发、项目共建等方式，有效激发创意，提高协同作战能力，共同推动文化艺术领域的创新性发展和文化艺术精品的创造性转化。

表 3-23 文化艺术高等职业院校入选国家艺术基金的情况统计

项目类型	立项时间	项目名称	申报院校主体
小型剧（节）目和作品创作项目	2022 年度	群舞《大秦腔》	陕西艺术职业学院
		群舞《渡江》	安徽艺术职业学院
		独幕剧《油茶花开》	湖南艺术职业学院
		独幕剧《装满星星的花园》	陕西艺术职业学院
		群舞《大秦腔》	陕西艺术职业学院
	2023 年度	歌曲《以青春之名》	山西艺术职业学院
		舞蹈《柔情似水》	四川艺术职业学院
艺术人才培训项目	2022 年度	西部地区现当代舞编导人才培养	重庆文化艺术职业学院
		中西部地区戏曲稀有剧种青年表演人才培养	山西艺术职业学院
		黄梅戏基层剧团骨干演员人才培养	安徽黄梅戏艺术职业学院
		长三角民营文艺表演团体传统戏曲表演人才培养	浙江艺术职业学院
	2023 年度	汉调桄桄表演人才培训	陕西艺术职业学院

续表

项目类型	立项时间	项目名称	申报院校主体
传播交流推广项目	2022年度	川剧《草鞋县令》巡演	四川艺术职业学院
	2023年度	舞剧《洪湖水浪打浪》巡演	湖北艺术职业学院
		木石征程——海派雕刻工艺美术作品交流巡展	上海工艺美术职业学院
青年艺术创作人才项目	2022年度	周密	安徽黄梅戏艺术职业学院
		栾波	山西艺术职业学院

广东舞蹈戏剧职业学院粤剧学院组织的"粤韵新媒—粤剧体验"活动，通过实践活动传承中华优秀传统文化的深厚底蕴内涵，并运用创新型的传播媒介让更多人了解和关注粤剧。开封文化艺术职业学院创作的舞台剧《大河·城摞城》，通过音舞创作表演阐释中华文明的连续性、统一性、创新性和包容性，以"开封视角"挖掘和传承黄河文化，展示中华优秀传统文化的创造性转化和创新性发展。

2. "教—训—研—创"协同，形成文化传承高地

在文化艺术传承与创新的时代命题下，文化艺术职业院校积极探索文化传承发展的新路径，以"教—训—研—创"结合模式为核心，深度融合教育培养、实践实训、项目研发与创新创造，通过联合行业、院团、企业共建产教融合共同体、文化产业学院、职业教育集团（联盟）、产教融合实践中心等形式（见图3-11），致力于打造文化传承协同合作的战略高地。

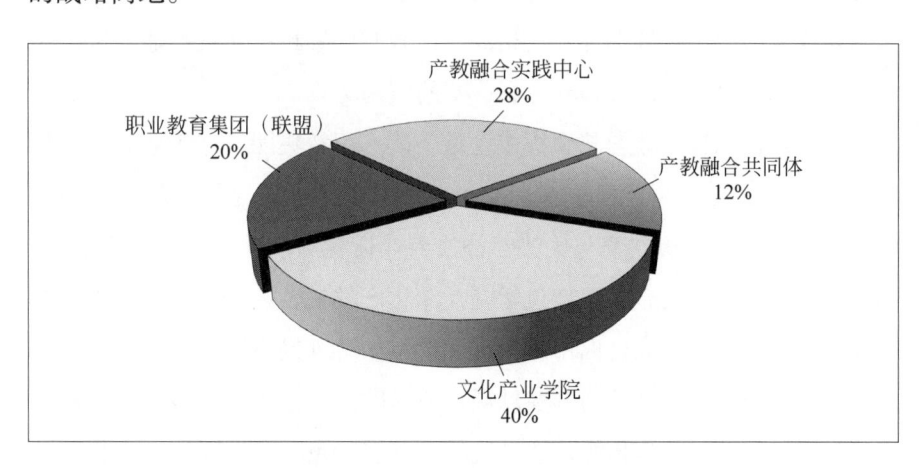

图3-11 文化艺术职业院校文化传承协同合作模式类型

四川文化产业职业学院立足地域文化特色，深度挖掘巴蜀文化内涵，构建了占地500平方米的巴蜀文化教育普及基地。该基地依托传统手工艺大师工作室、传统服饰大师工作室、书画装裱修复工作室、数字非遗空间一期、巴蜀文化与纤维艺术数字活化传习工坊以及纸质文物修复大师工作室等平台，实现传统技艺传承与现代教育、学术研究、创新创作的有机结合。安徽广播影视职业技术学院的明德育人馆，以中华优秀传统文化实践教学板块为核心，系统展示徽州文化、淮河文化、皖江文化、庐州文化等四大文化圈，以及徽剧、徽派建筑等极具代表性的文化载体，引导学生在传承文化的基础上进行创新创作。上海电影艺术职业学院依托上海建设全球影视创制中心、动漫游戏原创中心和打造亚洲演艺之都的时代机遇，聚焦泛娱乐与现代文创产业，将实践训练与行业前沿需求紧密结合，为上海乃至全国文化产业发展输送优秀人才。江西传媒职业学院作为省高校科技成果转化和技术转移基地，积极推动现代信息技术在文化艺术教育领域的深度应用。在数字媒体技术实训基地、腾讯游戏实训基地等平台上，学生们深入学习数字采集、虚拟现实、动作捕捉等先进技术，并将其运用到非遗数字化保护与文化创意产业之中。

3."产教协同，双向赋能"，打造文化艺术新生态

产业与教育的深度融合，是实现二者相互促进、共同发展、合作共赢的关键路径。这种融合模式打破了产业界与教育界之间的壁垒，实现了资源的优化配置和优势互补，将产业需求、前沿技术与教育教学、人才培养紧密相连，形成了良性循环发展格局，使教育能够精准对接产业需求，产业也为教育提供坚实的实践支撑和广阔的应用场景。

重庆艺术工程职业学院牵头成立重庆艺术职教集团、建筑职教集团和重庆市职业院校艺术教育联盟，推动艺术职业教育多元化发展，促进院校、企业之间的资源共享与优势互补、专业设置与产业需求的紧密结合。四川艺术职业学院校企共建特色学院，深化产教融合内涵，联合四川省文物局共建文博学院，联合四川旅投漫话世界旅游开发有限责任公司、四川旅投教育投资有限责任公司共建动漫产业学院，实现了教育教学与产业发展的深度融合。哈尔滨传媒职业学院结合传媒特色，积极融入龙江数字经济、生物经济、冰雪经济和创意设计等新兴产业发展中。浙江艺术职业学院建有长三角戏曲产教联盟，以产教融合体的形式联合上海、江苏、浙江等地的 70 多家企业、院团和学校，搭建戏曲艺术产教融合平台和优秀传统文化传承开放型产教融合实践中心，为长江三角洲地区戏曲艺术传承与创新提供有力支持。

（三）举旗帜：践行文化艺术职业教育使命担当

1. 以文化服务满足共同富裕精神内质需求

文化艺术职业院校以对接基层一线为着力点，借由普及文化艺术教育、丰富文化艺术产品供给、推进文化艺术社会服务等多元形式，致力于满足人民群众日益增长的精神文化需求，在推动社会共同富裕，特别是精神文化层面共同富裕的进程中，发挥着不可替代的重要作用。

山西艺术职业学院深植于山西高质量转型发展的广袤土壤，聚焦三晋大地服务转型升级的迫切需求，学院承办全省艰苦边远地区和基层一线文化人才能力素质提升专题培训，使得 58 个贫困县和 4 个乡村振兴重点帮扶县的文化工作者得以参与培训，促进基层文化人才队伍建设。重庆文化艺术职业学院组织师生参演"第五届川剧节嘉年华"活动，在各大商圈"闪现"巡游，抖音话题突破 3.5 亿人次，助推川剧艺术成功"破圈"。嵊州市越剧艺术学校参与当地的"富乐嵊州·村村有戏"活动，师生们为当地民众演出《梁祝》《五女拜寿》《魅力越剧》《经典折子戏专场》等节目，通过送戏下乡惠及群众 3 万余人，为区域文化繁荣发展注入强劲动力。福建艺术职业学院与浦城县人民政府联合制作出品的大型情景音画《梦笔生花的地方》，将地域文化符号、民风民俗、非遗技艺等融入剧情，不仅丰富了当地群众的精神文化生活，也进一步提升了浦城的文化软实力。

2. 以文化交融筑牢中华民族文化共同体

从国家战略高度出发，发展多民族文化，促进民族团结与文化交融，是文化艺术职业教育肩负的重要使命。文化艺术职业教育积极发挥自身优势，通过多样化的文化艺术服务形式，为边疆地区文化建设提供有力支持。借助文化交流、艺术展览、作品创作、产品服务、人才支援、文化送教等多元途径，向边疆地区输送丰富的文化艺术资源，搭建起广阔的文化艺术交流平台，助力当地文化产业高质量发展。

北京艺术传媒职业学院积极响应国家促进民族教育公平与发展的政策号召，面向西藏自治区、新疆维吾尔自治区开办"播种班"，对学生实施学费减免政策，为民族地区培养文化艺术人才。天津艺术职业学院依托"十四五"援藏项目，组织开展"昌都市灯光师、音响师技能提升培训班"，紧密结合昌都地区文化产业发展需求，通过专业技能培训，提升当地文化艺术工作者的业务水平，推进边疆地区文化艺术事业专业化进程。山西艺术职业学院师生积极投身文化援疆工作，奔赴新疆维吾尔自治区开展巡演，根据传统剧目改编成具有新疆特色的新疆曲子戏，既传承和弘扬了中华优秀传统文化，又尊重和融入了新疆当地的文化特色，促进不同地域文化之间的交流与融合，增进了民族之间的文化认同和情感联系。

3. 以文明互鉴推动构建人类命运共同体

2022—2023年，文化艺术职业教育积极推动中国文化艺术作品、资源与服务走向国际市场，通过参与国际艺术节、开展文化交流项目、与他国艺术家合作创作、出口文化艺术产品以及推进各类文化艺术合作交流项目等方式，与世界各国共享文化艺术成果，促进全球性文化与艺术资源的共享，为提升中国文化艺术国际影响力、构建人类命运共同体贡献文化职教力量。

深圳艺术学校与国内外知名艺术院团合作，牵头组建国际艺术职业教育联盟，构建全国文化艺术职业院校的国际交流与合作资源平台，旨在塑造国际合作交流的"深圳模式"，推动国际化教育办学迈入新的发展阶段。山西艺术职业学院在文化走出去的征程中成绩斐然，舞剧《一把酸枣》《粉墨春秋》先后在国内外标志性剧院多次上演，应邀赴30多个国家和80多个"一带一路"沿线城市及地区进行文化交流和演出，累计演出达2 600余场，生动展现了中国文化艺术的独特魅力，成了中国文化对外交流的一张亮丽名片。江西泰豪动漫职业学院是江西省最早开展留学生招收的高等职业学校，学校为"一带一路"沿线国家培养和输送来自三大洲21个国家的留学生，并在毕业后因优秀的跨文化沟通能力、开阔的国际视野、良好的国际团队协作能力受到当地国家及企业的认可。

三、文化艺术职业教育致力文化传承的挑战与展望

总体来看，文化艺术职业院校积极贯彻落实国家文化传承相关政策，在致力于文化传承的实际进程中取得一系列显著成就与丰硕成果，同时也面临着诸多深层次矛盾与现实挑战，与新时代文化强国建设的战略需求仍存在一定差距。

（一）文化艺术职业教育致力文化传承面临的挑战

1. 文化艺术教育资源的整合与协同效应有待增强

在致力于文化传承的进程中，文化艺术职业教育面临资源分散与整合困难的问题。当前，不同院校及专业间尚未构建起高效的资源共享机制，导致在具体文化传承项目实施时，难以汇聚各方力量以形成协同效应。在64所文化艺术类高职院校中，建立区域性产教融合共同体的院校数量不足半数，而在校企合作项目中，具有产业转化潜力的深度合作比例偏低，未能与文化产业链的需求有效对接。以非遗技艺传承专业建设为例，各院校在课程设置、师资配置、实践基地建设等方面存在重复投资现象，教育资源在院校间的优化共享程度与力度亟须提高。此外，校团、校地、校企之间缺乏长期稳定的合作机制和互利共赢的优质项目，限制了文化艺术职业教育在文化传承与经济发展中积极作用的发挥。

2. 传统文化艺术与现代职业教育融合仍需深化

在科技迅猛发展的背景下，探讨如何高效运用现代信息技术与教育手段促进传统文化的传承与创新，已成为文化艺术职业教育领域亟须解决的关键议题。据统计数据显示，各院校在数字技术应用方面落后于产业变革的实际需求。尽管在教育过程中已整合了部分现代教育方法和数字资源，但整体而言，现代科学技术与传统文化艺术的融合程度及适应性仍显不足。传统文化艺术的传承与现代教育理论、技术之间存在明显隔阂，尚未实现真正的有效结合。此外，虚拟现实、增强现实等现代信息技术在教学场景中的应用程度较低，其教育功能与时代价值尚未得到充分发挥。因此，数字化赋能传统文化的深度融合，依然是文化艺术职业教育领域面临的重要挑战。

3. 文化艺术职业教育文化传承创新力尚待提升

在文化传承领域，文化艺术职业教育的创新与创造能力以及优质作品与产品的研发能力亟待提升。目前，文化艺术职业院校的舞台艺术成果转化率、传统工艺产品数字化开发程度偏低，文化创意产品设计与现代消费需求的契合度尚有较大提升空间。在结合现代社会需求进行创新发展、实践探索及产品开发方面，存在显著的不足。文化艺术职业院校所产出的具有广泛影响力的文化艺术原创精品数量有限，导致文化艺术职业教育的创作与科研成果难以有效转化为具有市场竞争力的实体产品、项目或文化服务。此外，文化艺术产品的创作机制和文化服务活动的开展形式较为单一，限制了文化艺术职业教育在文化传承与创新服务方面的深度与广度。

（二）文化艺术职业教育致力文化传承的未来展望

针对文化艺术职业教育在文化传承领域所遭遇的问题与挑战，结合新时代社会主义文化发展需求与我国职业教育发展趋势分析，建议采取以下策略，以促进文化艺术职业教育在文化传承方面的高质量发展。

1. 构建全方位协同发展的文化艺术职教体系

在"大文化观"和"大职教观"视阈下，文化艺术职业院校必须紧紧把握时代赋予的发展机遇，打破传统办学的局限性，集中力量推进资源整合与协同发展，致力于构建一个全方位协同发展的文化艺术职业教育体系，以期文化艺术职业教育与文化事业、文化产业的高质量发展以及文旅融合发展的需求更加契合。一方面，依托国家文化大数据体系建设，打造跨区域、跨层级的非遗数字化教育资源共享平台。整合优质教育资源，积极推进院校间的资源共享，实现优势互补，构建多层次贯通的人才培养体系，形成具有中国特色、承载文化传承与创新使命的文化艺术职业教育共同体，共同致力于非遗项目的研究、文化传承类课程的建设、技艺传承知识图谱的建立，探索文化传承在当代社会的发展路径。另一方面，深化校团、校地、校企之间的合作维度与深度，建立长期稳定的合作机制，通过产业联盟、非遗联盟、产业学院、非遗数字基地等途径，构建具有中国特色、地域特色、职业教育属性、文化传承功能的文化传承共同体，为文化强国战略贡献力量。

2. 推动传统文化与现代职业教育的深度融合

习近平文化思想为文化传承与发展提供了明确的指导方针，新职业教育法的实施以及新时代文化强国发展战略性布局，为传统文化与现代职业教育的深度融合提供了坚实的政策支持与制度保障。未来，文化艺术职业教育仍需深入挖掘传统文化育人精粹，并将其与现代职业教育模式相结合，进一步完善文化艺术职业教育体系，建立文化传承能力认证体系，实现传统行业大师与职业教师的双向流动。同时，进一步完善中国特色现代学徒制培养体系，创新符合新时代需求的文化艺术高素质人才培养模式与培养机制。通过现代教育赋能，更新教学理念、教学方法、教学形式，构建具有文化传承特色的专业群，创新文化传承人才培养模式，切实加强非遗传承人群的培养与培训，从职业教育角度为建设中华民族现代文明注入源头活水。文化艺术职业院校要与文化新业态、行业新趋势主动对接，强化专业与产业需求的匹配度，实现传统技艺、工艺的虚实融合传承，以文化艺术职教力助力传统文化艺术的当代阐释。

3. 激活文化艺术职业教育创新与转化功能

作为与文化艺术行业紧密相连的教育类型，全国文化艺术职业院校的核心职能在于培养专业化、应用型、创新型人才，并积极参与行业标准制订、传统技艺传承、艺术创新、产品研发等，从而推动文化艺术的创造性转化、创新性发展。通过构建"教学—生产—研发"三位一体的创新生态系统，可以充分实现文化艺术职业教育的文化赋能、文化兴职的作用，将文化艺术职业教育院校转化为文化艺术再生产的创新策源地，培育文化艺术新质生产力，推动艺术创作、教科研成果转化为具有文化、社会、经济多重效能的优质产品，为大众提供更丰富、更优质的文化资源和服务。突破时空限制，多元渠道传播传统文化知识和文化艺术职业教育成果，扩大文化传承的覆盖面和受益面。同时，以职业教育为载体促进跨文明对话，输出中国文化艺术职业教育标准，将茶艺、书法等中国技艺纳入全球职业教育标准体系，构建文化传播"软联通"机制，深度参与全球文化艺术交流。

展望未来，在新时代文化强国战略引领下，中国文化艺术职业教育的发展前景将更为广阔，在传承和弘扬中华优秀传统文化、革命文化以及社会主义先进文化方面的作用亦将日益突显。因此，文化艺术职业教育应把握时代赋予的机遇，充分挖掘和发挥其内在优势，在文化强国建设进程中做出更为显著的贡献，为中国乃至全球人类文明发展，贡献致力于文化传承的中国职业教育样本。

专题报告4：中国文化艺术职业教育助力乡村振兴发展报告

（2022—2023年）

乡村振兴战略作为全面贯彻党的二十大精神、扎实推进中国式现代化的重要实践，锚定"农业农村优先发展"战略定位，肩负着促进共同富裕、实现城乡融合发展的时代使命。文化艺术职业教育凭借其独特的专业优势、人才资源和创新活力，深度参与乡村振兴进程，成为推动乡村全面发展的重要力量。2022—2023年，文化艺术职业院校积极响应国家号召，立足自身特色，从多个维度助力乡村振兴，取得了一系列令人瞩目的成果。

为了深入了解我国文化艺术职业教育在乡村振兴实践中的主要成绩、突出亮点与潜在挑战，编制组精心策划并针对全国64所文化艺术高职院校开展专项调研。调研过程中综合运用深度访谈、问卷调查、大数据技术挖掘等多元研究方法，全面收集、梳理数据资料，力求客观、翔实地展现全国文化艺术职业教育服务乡村振兴的实际状况，以期为后续文化艺术职业教育在乡村振兴领域的持续推进提供具有重要指导价值的现实依据与有益参考。

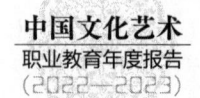

一、成果呈现：文化艺术职业教育助力乡村振兴的实践成效

在调研的64所文化艺术职业院校中，全部院校积极投身于乡村振兴相关项目，充分彰显了文化艺术高职教育界对乡村振兴战略的高度响应与积极参与。这些院校积极响应乡村振兴战略，在人才培养、文化服务、产业扶持等多个关键领域积极作为，形成了全方位、多层次的助力格局。

（一）人才培养成果

1. 专业数量增长态势

在调研的64所文化艺术职业院校中，超过80%的院校开设了与乡村文化艺术产业紧密相关的专业，涵盖民俗文化、传统手工艺、乡村旅游、艺术设计等多个重要领域（见图3-12）。

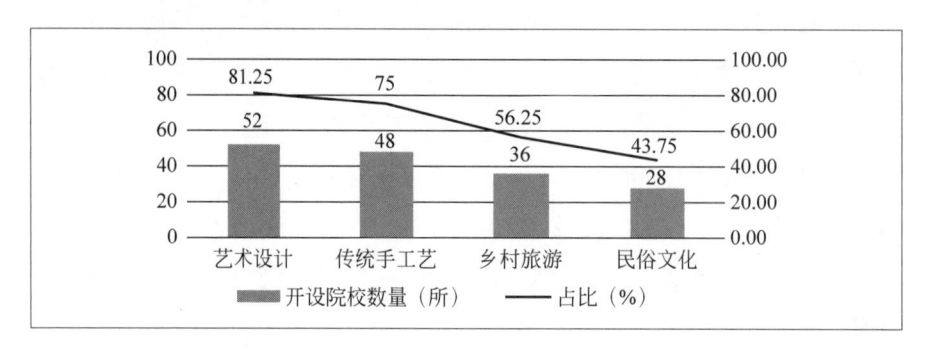

图3-12 文化艺术职业院校开设乡村相关专业统计

黑龙江艺术职业学院开设民族传统技艺专业，并特聘国家级非物质文化遗产项目传承人为教授，开展非物质文化遗产的保护、传承和人才培养工作。重庆艺术工程职业学院旅游管理专业群注重对接旅游产业，培养具备旅游管理、乡村旅游策划与开发等方面能力的人才。这些专业的设置，为乡村振兴培养了多元化的专业人才，有效满足了乡村文化艺术发展的多样化需求。

2. 专业结构调整优化

各文化艺术职业院校紧密围绕乡村振兴的实际需求，不断优化专业结构，加强了与乡村文化产业和艺术发展相关的专业建设。北京戏曲艺术职业学院精心打造的戏曲表演、戏曲音乐等专业，为乡村戏曲文化的传承和发展提供了坚实的专业人才支持；天津工艺美术职业学院开设的工艺美术品设计、影视多媒体技术等专业，为乡村文化创意产业的蓬勃发展提供了强有力的技术支持。

湖南工艺美术职业学院开设的刺绣设计与工艺专业（湘绣设计与工艺方向）专业方向极具代表性，是中国特色高水平专业群（A档）牵头专业，该专业将湘绣技艺传承与乡村文化产业发展紧密结合。在课程设置上，不仅涵盖湘绣的针法、色彩搭配等传统技艺课程，还增设了乡村文化调研、文创产品设计等课程，培养学生既具备扎实的传统技艺，又能将其与现代市场需求相结合，为乡村文化产业输送创新型人才。

3. 人才培养模式创新

校、地、企合作紧密结合。文化艺术职业院校积极与地方政府和企业建立起紧密的合作关系，共同开展人才培养工作。这种合作模式不仅为学生提供了更广阔的实践平台，也确保了培养出的人才能够更好地适应乡村振兴的实际需求。

浙江艺术职业学院为深入贯彻落实"千村示范、万村整治工程"（简称"千万工程"）关于以文化赋能乡村振兴、强化基层文化人才支撑的政策要求，针对浙江省内欠发达地区乡村文化人才队伍"下不去、用不上、留不住"的难题，充分发挥自身文化人才培养优势，于2017年增挂浙江公共文化管理学院校牌，重点面向山区26县开展乡村文化人才定向培养工作。

作为"千万工程"人才振兴战略的基层实践，该院通过系统化的定向培养机制（见图3-13），7年来累计输送331名扎根基层的文化专才，其中前四届211名毕业生已全面投身乡村文化服务岗位，切实肩负起以文惠民、以文兴业、以文润村的文化使命，为"千万工程"持续推进注入新时代的文化活力。这种"订单式培养＋在地化服务"的创新模式，既是"千万工程"20年来"久久为功"方法论的具体体现，也是文化艺术高职院校精准对接乡村振兴人才需求的重要突破，同时这一模式为其他院校提供了宝贵的经验借鉴。

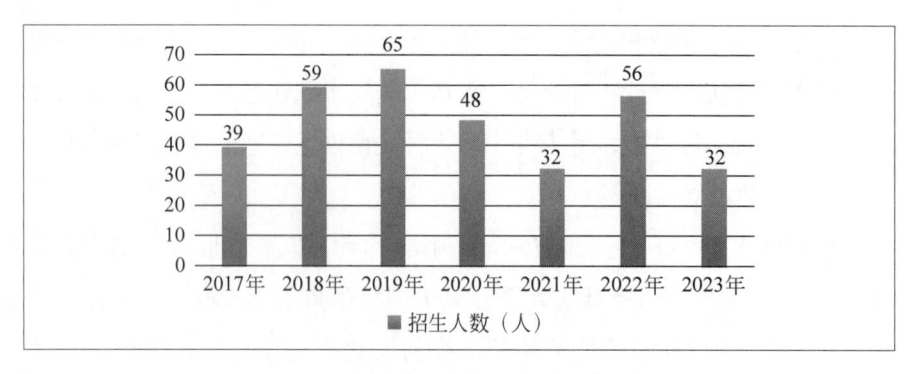

```
70
60              65
50      59              56
40              48
30  39                      32      32
20
10
 0
   2017年 2018年 2019年 2020年 2021年 2022年 2023年
              ■ 招生人数（人）
```

图 3-13 浙江艺术职业学院定向培养乡村文化服务人才招生情况统计

4. 人才培养质量提升

教学改革成效显著。采用项目驱动教学法、案例教学法、情境教学法等多样化的教学方法，激发学生的学习兴趣和主动性。浙江艺术职业学院展示艺术设计专业中，通过项目驱动教学法，让学生参与乡村文化发展实际项目的设计与制作，学生参与项目的数量从 2021 年的每个学生参与 1.5 个项目提升到 2023 年的每个学生参与 2.5 个项目，提高了学生的实践能力和创新能力。

师资队伍建设加强。各文化艺术高职院校根据乡村振兴的需求，建设和加强相应的专业师资队伍。山东传媒职业学院通过名师工作室等形式，聚集专业人才，为乡村振兴提供支持和指导。湖南艺术职业学院通过建设乡村振兴文化服务产业学院，推动不同学科间的教师合作，共同参与乡村振兴项目，促进跨学科知识的融合与应用。广东省外语艺术职业学院通过文化科技赋能，鼓励教师参与乡村振兴相关的科研项目，提升科研与创新能力，为乡村振兴提供智力支持。

学生综合素质提高。注重学生文化素养的培养，部分文化艺术高职院校开设了中国文化概论、中国传统文化、民俗学等课程，让学生了解和掌握乡村文化的内涵和价值。同时通过参与实践教学活动和项目实践，学生的实践能力得到了显著提高。许多学生在参加各类文化艺术比赛和实践活动中取得了优异成绩，为乡村文化艺术的传承和发展做出了贡献。

5. 基层文化人才队伍培训成果显著

基层文化人才培训面向基层、乡村及社区的文化工作者和文化爱好者开展。这类培训的目的是提升基层文化人才的业务能力、文化素养和社会服务能力，以促进乡村文化繁荣和社会发展。

培训数量与规模扩大。浙江艺术职业学院为全国基层文化队伍和全国文化干部培训基地、全国非遗传承人群研修研习培训基地，该校围绕文旅人才队伍综合素质和专业化素质能力提升，全方位构建文旅人才队伍培训内容体系，在2022—2023学年，举办培训班共计133期，培训共计6 780人次，网络干部学院共计学习13.7万人次，完成53.5万学时。山西艺术职业学院承办了2023年度全省艰苦边远地区和基层一线文化人才能力素质提升专题培训班，该培训在上海交通大学、重庆艺术职业学院、四川艺术职业学院、浙江音乐学院等地开班，来自全省62个县（原58个贫困县和4个乡村振兴重点帮扶县）的240余名文化工作者参加了培训。四川艺术职业学院充分发挥文化和旅游部四川培训基地的优势，坚持"立足西部、辐射全国、融合文旅、服务巴蜀"的培训定位。2022—2023学年，开展社会服务项目56项，培训人数9 000余人，总培训量达1.3万余学时。其中文旅干部继续教育培训30项，服务全国各级各类文旅干部2 387人，助力地方文化产业发展。

培训内容丰富多样。各文化艺术职业院校在基层文化人才培训方面的内容涵盖文化知识教育、专业技能培训、文化活动组织能力、文化传承与创新、信息技术应用、公共文化服务、政策法规学习、社会实践与交流等多个方面。

6. 毕业生返乡就业创业渐成趋势

政策支持体系持续完善。根据对各文化艺术职业院校的走访，部分学校出台了返校就业补贴政策，如安徽广播影视职业技术学院为学校对口支扶的方坪村籍学生提供免除学杂费和住宿费的优惠政策，支持毕业生返乡创业。河北工艺美术职业学院提供就业指导和帮扶，鼓励毕业生服务国家发展战略，到基层和重点领域就业，引导毕业生到乡村小学实习就业，参加"三支一扶""西部计划"等。江汉艺术职业学院对未就业的贫困毕业生开展结对帮扶，提供线上心理健康咨询、案例研讨，研究解决毕业生的心理健康问题，并推出国家相关政策、网络求职技巧与简历制作等主题指导活动和讲座，鼓励毕业生到乡村就业创业。通过各种形式提高学生的政策理论水平、社会管理能力、农业科技应用能力、生产经营能力和创业就业能力，鼓励毕业生到乡村就业创业。苏州工艺美术职业技术学院通过校企合作平台，挖掘乡村振兴就业岗位，积极组建乡村美育考察实践团，拓展乡村就业实践基地，成功引导毕业生突破观念、技能、成长"三关"，让乡村成为大学生就业创业的广阔舞台。江西艺术职业学院严格落实帮扶举措，坚持常态化开展控辍保学，开展金秋助学活动，累计教育帮扶15人次，落实帮扶资金1.32万元，保障了乡村学生受教育的权利，为乡村人才培养奠定了基础。

毕业生返乡就业领域多元化。在乡村文化领域，戏曲、音乐、舞蹈等专业毕业生组建文艺团队，丰富乡村文化生活，传承推广乡村文化，让濒危戏曲重焕生机。在乡村旅游领域，旅游管理、艺术设计专业毕业生挖掘乡村资源，打造特色旅游产品与线路，开发乡村民宿，并借助互联网宣传营销，推动乡村旅游产业发展。在乡村教育领域，部分毕业生成为乡村教师，发挥专业特长开设艺术课程，参与教学改革，提升乡村教育质量。在乡村电商领域，数字媒体、市场营销专业毕业生借助电商平台及新兴营销方式，帮助村民销售产品，提升产品知名度，还培育电商人才，推动乡村电商产业可持续发展，毕业生在乡村振兴各领域就业的拓展，彰显了文化艺术高职教育与乡村多领域的深度融合。

（二）文化服务成果

1. 文化活动丰富人民精神世界

64所文化艺术职业院校积极投身乡村地区，开展了各式各样的文化活动。河北艺术职业学院青年艺术团参与了省直劳模"大篷车"助力乡村振兴志愿服务系列活动，演出20余场，承担送文化服务版块。陕西艺术职业学院积极组织师生走进乡村开展志愿服务活动，如戏曲表演、慰问老人等。戏曲学院和音乐学院学生志愿者走进文艺南路社区"金华老年公寓"，为老人带来打击乐、板胡齐奏、秦腔唱段和红歌等表演，丰富乡村居民精神文化生活，传承和弘扬传统文化，增强乡村居民的文化认同感和归属感。宁夏艺术职业学院充分发挥自身专业优势，组织学习贯彻习近平新时代中国特色社会主义思想主题教育专场文艺演出巡演，以及"铸牢中华民族共同体意识"专场文艺演出等活动。这些演出走进乡村，参演师生百余人,演出达 17 场,超 2 万人次观看。这些活动展示了文化艺术职业院校在乡村文艺演出方面的积极贡献,通过多种形式的文化活动,丰富了乡村文化生活,推动了乡村文化振兴。上海电影艺术职业学院积极推进原创精品的创作,将立德树人融入原创,以社区群众喜闻乐见的文艺形式为社区提供文艺活动和服务,满足社区居民的文化需求,促进社区文化建设和社会的和谐发展。河南艺术职业学院的"小梨花"戏曲乡村振兴团赴登封市大冶镇朝阳沟村,开展了送戏下乡的暑期社会实践活动。此次活动不仅让学校青年师生感受到了朝阳沟的风土人情和新时代乡村的发展变化,还通过精彩的戏曲表演,与当地群众共享了文化成果,为乡村振兴战略贡献了力量。

2. 文化传承与创新实现双突破

文化艺术职业教育在乡村文化传承与创新方面发挥了重要作用。通过对 64 所文化艺术职业院校的调研发现,各院校积极参与乡村文化活动,通过举办乡村文化艺术节、开展非遗传承培训等方式,促进乡村文化的传承与保护。湖南工艺美术职业学院通过实施"三精一化"的非遗研培模式,即精准对接学员需求、精准整合培训资源、精准发力乡村振兴以及作品商品化,有效地促进了乡村振兴和非遗项目的对接。该学院近年来共承办了湘绣、侗锦、竹艺等 16 期非遗研修培训,培训了 710 名各级各类非遗传承人,学员满意度保持在 95% 以上,学员作品转化为商品 450 件(套),为湖湘非遗保护传承做出了贡献。珠海艺术职业学院将非遗文化引入乡村,通过教学、研讨、创作等形式,传承和创新乡村非遗文化,促进乡村文化特色发展。邀请"三灶鹤舞"省级传承人走进校园,与师生进行研讨和教学活动,提高师生对非遗文化的认识和理解,推动非遗文化在乡村的传承。学校非遗传承基地师生以"三灶编织"等非遗项目创作作品,如在袁隆平院士逝世 2 周年之际,创作"麦田里的拾穗者"主题竹编作品,传承和弘扬传统文化,为乡村文化增添特色。开封文化艺术职业学院通过举办"寻味传承"第三届传统艺术实践与传承教学成果展演,将国家级、省级"非遗"项目如开封盘鼓、豫剧祥符调、官瓷、汴绣、朱仙镇木版年画等引入校园,既丰富了美育课程内涵,又传承了民族优秀文化。

（三）产业扶持成果

1. 助力乡村文化产业竞争力提升

调查显示，约75%（48所）的参与院校通过与乡村企业合作、提供技术支持等方式，助力乡村文化产业发展。江西陶瓷工艺美术职业技术学院通过整合学院的人才专业技术优势，定点帮扶乐平市十里岗镇丰源村，因地制宜制订发展规划，促使丰源村的产业发展步入快车道，乡村发生了巨大的变化。村集体经营性收入从2020年的15万元跃升到2022年的35余万元，人均可支配收入从2020年的1.2万元增长到2022年的1.6万元，其中全村脱贫人口人均收入从2021年的0.7万元增至2022年的0.9余万元，增长了28.6%，有效巩固了脱贫攻坚成果。全村发展农业专业合作组织4个、培养创业致富带头人8人、创办集体产业6个。泉州工艺美术职业学院联合德化县工信局、农业农村局联合举办2023年德化县乡村电商直播培训班，为90名来自全县的电商（直播）从业人员开展短视频账号定位、运营、视频剪辑、直播脚本话术、直播实操等培训，并组织开展异地现场教学，进一步推动德化县乡村企业、商家和创业人员深入学习和运用直播电商这一新模式，为德化县培养一批具有实践力、创新力、协作力的直播电商技能人才搭建了实用平台。广东亚视演艺职业学院参与德庆县、肇庆市乃至大湾区的文化建设工作，实现资源的互联共享，聚焦社会需求，把艺术资源转化为服务社会经济可持续发展的动能。

2. 推动乡村旅游产业实现升级发展

艺术高职院校在乡村旅游规划、景观设计等方面发挥了关键作用。四川文化产业职业学院坚持"文化+产业"驱动，实施消费帮扶、基层干部能力提升培训、数字文化赋能乡村旅游等帮扶项目，全面推进乡村振兴定点帮扶工作责任。据调查，该校2023年全年共实施帮扶项目8个，共计投入各类帮扶资金110余万元。学校与甘江镇人民政府、成都简兮昭明文化传播有限公司等企业共同筹办2023百里水乡——乡村电竞农旅嘉年华活动。融合"农旅+电商+电竞+文创"多种模式，探索数字文化赋能乡村振兴新路径，创新打造了农旅消费的新场景、新业态、新模式。活动共吸引游客5万余人，带动餐饮、特色农副产品等消费约170万元，助力全面推进夹江县甘江镇乡村振兴。广东文艺职业学院设计与工艺美术学院青年大学生"百千万工程"突击队参与了螺岗镇红色资源和生态资源全域规划，组建特色墙绘工作组、特色空间设计团队等，以文旅融合助力乡村振兴。安徽艺术职业学院围绕庐江县"农旅富民、大美庐江"组织开展深度研学合作，开启合作育人模式，助推庐江文旅产业迸发新活力。广西演艺职业学院将地方民族文化特色融入专业课程，通过教育和实践活动，推动地方文化和乡村旅游的融合发展。组织学生参与乡村旅游景点的文艺表演和文化活动，提升旅游点的文化吸引力。

二、特色实践：文化艺术职业教育助力乡村振兴的创新举措

（一）文旅融合：乡村旅游的创新与突破

1. 融合发展积极探索

文旅融合即文化和旅游的融合发展，是近年来中国教育领域和产业发展的重要趋势。这一概念强调通过将文化与旅游相结合，促进产业升级和区域经济发展。在这一过程中，文化艺术职业院校发挥着关键作用。调查发现，各文化艺术职业院校根据文旅行业的需求，调整专业设置，优化课程内容，确保教育与行业需求保持高度一致。天津艺术职业学院、湖南艺术职业学院等通过调整学院内设机构，更名为文化旅游系，开设导游、旅游管理等专业，为文旅融合发展提供了专业人才支持。在被调查的64所院校中，有18所院校设置了文化旅游学院或者文化旅游系二级学院，见表3-24。

表3-24 文化艺术职业院校文化旅游相关二级学院设置一览表

序号	学 校 名 称	二级学院名称
1	天津艺术职业学院	文化旅游系
2	山西艺术职业学院	文化旅游系
3	浙江横店影视职业学院	影视旅游学院
4	江西艺术职业学院	文化旅游系
5	烟台文化旅游职业学院	旅游管理系

续表

序号	学校名称	二级学院名称
6	开封文化艺术职业学院	旅游管理学院
7	湖北艺术职业学院	文化服务与旅游管理学院
8	湖南艺术职业学院	文化旅游学院
9	珠海艺术职业学院	文化与旅游学院
10	广东文艺职业学院	旅游管理学院
11	广东舞蹈戏剧职业学院	文化旅游学院
12	重庆文化艺术职业学院	文化旅游学院
13	南充文化旅游职业学院	旅游系
14	四川文化产业职业学院	文化旅游学院
15	四川文化传媒职业学院	文旅与经贸学院
16	贵州文化旅游职业学院	旅游管理系
17	昆明艺术职业学院	航空旅游学院
18	云南文化艺术职业学院	文化旅游学院

2. 校企合作紧密

各院校与企业建立紧密合作关系，共同开展人才培养、项目合作、实习实训等活动，为学生提供了更多的实践机会。山西艺术职业学院整合优势资源，与企业进行深度合作，组织师生参与演出活动，高质量提升服务发展水平，支持山西经济发展。截至2023年10月中旬，完成文旅融合项目《如梦晋阳》和《如梦碛口》常态化演出243场，观演达15万人次，为夜间文化旅游做出了积极贡献。重庆文化艺术职业学院的师生针对当地金刀峡镇的旅游淡旺季问题，设计了"偏岩十二趣"定制旅行产品，并开展网络直播带货，推广当地特色农副产品；策划了古镇少儿美术作品展、儿童非遗美术比赛等活动，丰富了古镇的亲子游内容，提升了旅游品质。湖南艺术职业学院与安化县委、县政府以及湖南谦益吉供应链管理服务有限责任公司共建安化黑茶视频直播基地，助力安化黑茶销售与文化传播。此外，学院还在湖南省农业农村厅指导下，共建"湖南农产品网络直播推广中心"，推广农产品直播技能，共同培养湖南"新农人"。

3. 实践成果显著呈现

各文化艺术职业院校在文旅融合促进乡村旅游项目实施的成效显著。浙江横店影视职业学院影视旅游专业群联合磐安县开展茶旅融合项目，开发4条精品茶旅线路、7门研学课程，打造"茶工坊+技能大师工作室"双平台。通过直播带货、电商推广，带动当地茶叶销售额同比增长120万元，吸引游客超3万人次，促进餐饮、民宿等消费增长200余万元。该模式将茶文化传承与乡村旅游结合，实现非遗技艺活化与产业升级的双赢。贵州文化旅游职业学院，开展"文旅帮扶""送教上门"和"人才培训"等专项培训，加强了文化旅游人才队伍建设。

各院校在乡村文旅发展的做法充分显示了文化艺术职业院校在文旅融合方面的多样化探索。这些举措不仅促进了乡村文化与旅游的融合发展，也为地方经济和社会发展做出了积极贡献。通过对各院校在文旅融合背景下促进乡村文旅发展中的具体做法与措施进行总结，主要做法如下。

（1）调整专业设置。根据文旅行业的需求，调整专业设置，优化课程内容，确保教育与行业需求保持一致。

（2）加强校企合作。与企业建立紧密合作关系，共同开展人才培养、项目合作、实习实训等活动，为学生提供更多实践机会。

（3）推进产教融合。将产业需求融入教学过程中，如开展订单式培养、共建实践基地等，提高人才培养的针对性和实用性。

（4）加强师资队伍建设。引进和培养具有丰富实践经验和教学能力的教师，提升教师队伍的整体素质。

（5）开展文旅实践活动。组织学生参与文旅相关的实践活动，如演出、展览、旅游策划等，提升学生的实践能力和创新能力。

（6）服务地方发展。积极参与地方的文化和旅游项目，为地方经济和社会发展提供人才支持和服务。

（7）加强文旅研究与智库建设。开展文旅相关的研究和咨询服务，为政府和行业提供决策支持。

（8）加强国际交流与合作。与国际知名的艺术和旅游院校开展合作，引进国际先进的教育理念和资源，提升学院的教育水平。

（二）非遗传承：指尖技艺的传承与振兴

1. 传承模式多样发展

非遗传承对于乡村文化的延续和经济的可持续发展意义非凡。在调研的64所院校中，超70%（45所）的院校积极开展非遗相关教学与实践活动，形成了多种有效的传承模式。众多院校在课程体系中融入非遗内容，使学生能够系统学习非遗知识与技艺。

山东艺术设计职业学院探索专业课程与非遗技艺融合，学校教务处会同各教学单位，与济南市历城区虞山书院就陶艺、旗袍、鼻烟等非遗文化项目进行深度探讨，并计划将部分可行性项目融入未来学校教学工作中。这种融合将非遗项目的特色与专业课程的需求相结合，使学生在学习专业知识的同时，接触和了解相关的非遗技艺，拓宽了学生的知识面和技能领域，为非遗传承培养了专业人才。江西泰豪动漫职业技术学院通过建立大师工作室，为学生提供与非遗大师近距离学习和交流的机会。该校成立民族织锦大师工作室，由中国织锦工艺大师谭湘光领衔，学生在大师的指导下，深入学习民族织锦的设计与制作技巧，感受传统手工艺的魅力，提升自身的技艺水平和艺术修养。上海工艺美术职业学院建设石林双向非遗工作站，以彝族刺绣非遗技艺为载体，在教育、科研、技术、项目、人才等方面与石林地区开展广泛合作。此外，学院持续建设以往15个非遗工作站，深入推进非遗文化传承、为当地提供非遗人才培育、技艺指导、项目研发等服务，助力地方非遗技艺走出"乡村"，实现非遗经济和文化的双重价值。

2. 产教融合成效显著

各校积极推动非遗传承与产业发展的深度融合，通过校企合作，将非遗项目转化为具有市场竞争力的产品和服务。江西陶瓷工艺美术职业技术学院与当地多家陶瓷企业紧密合作，共同开展陶瓷工艺研发和产品创新。学院为企业提供创意设计和技术支持，企业则为学生提供实习和就业机会，实现了教育与产业的良性互动。学院的学生参与企业的陶瓷产品设计项目，将现代设计理念与传统陶瓷工艺相结合，设计出一系列既具传统韵味又符合现代审美的陶瓷产品，深受市场欢迎。这些产品不仅提升了企业的经济效益，还推动了当地陶瓷文化产业的发展。同时，院校注重非遗项目的市场化推广，通过举办非遗展览、参加文化产业展会等方式，提高非遗产品的知名度和市场影响力。山东文化产业职业学院首届"美育芳华"文创集市以文创现场体验和文创产品创作相结合的方式展开，共设26个文创摊位，其中 18 个学生摊位，共展出展品 2 000 余件，涉及非遗产品、文创产品、手工体验、手工制品、书法绘画、文创饰品等众多类别，这些创意作品吸引了来自该院师生、企业、媒体和社会各界的关注，现场达成了多个合作意向，有力地促进了非遗产品的市场转化。

3. 创新传承成果突出

在传承非遗技艺的同时，各院校积极探索创新传承方式，将现代科技与传统非遗相结合。浙江艺术职业学院于 2023 年年底成立浙江非遗传习院，主动适应职业教育数字化转型趋势和变革要求，建设了丰富的非遗课程资源和数字教学资源，包括国家和省级在线精品课程、省级和校级课程思政示范课程、专业共享通识课程，以及戏曲表演专业教学资源库、越剧唱腔教学资源库、梨园大讲堂资源库等数字资源库，为校内外学习者提供便捷高效的学习服务。学校戏曲表演专业依托重点教学建设项目开发了"越音易通·越剧语音电子字典"App，实现了汉字译越音，被《光明日报》《中国文化报》《杭州日报》、杭州网等多家新闻媒体报道。

苏州工艺美术职业技术学院采取"科技＋文化""数字＋非遗"的互动体验方式，对非遗传统手工艺进行数字化保护，着力解决非遗技艺覆盖范围与传播力度不足的问题。该校数字艺术学院师生"吴地拾遗——非遗文化研发活化传播平台的开拓者"项目在"挑战杯"中国大学生创业计划全国总决赛中获金奖，团队研发的桃花坞系列产品、古琴互动展示墙、"干将莫邪剑"等产品的成功吸引了文化界的诸多关注和社会的认可。目前该项目已与多位非遗传承人、博物馆、非遗保护基地达成合作意向，对宣传、保护和传承吴地非遗文化具有重要的现实意义。

通过对艺术类相关职业学院在非遗传承方面的做法分析发现，在文化艺术职业院校中，传承非遗是一个重要的教育和文化使命，方法、路径多元，具体如下。

（1）非遗课程与专业设置。在课程设置中融入非遗相关的内容，如传统手工艺、民间艺术、传统音乐和舞蹈等，方便学生系统学习和掌握非遗知识。

（2）大师工作室模式。建立由工艺美术大师领衔的工作室，让学生有机会直接跟随大师学习，亲身体验传统技艺的传承。

（3）非遗研究与推广。开展非遗相关的研究项目，出版研究成果，举办讲座和研讨会，提高社会对非遗保护的意识和重视。

（4）校企合作与产教融合。与企业和行业合作，开展非遗项目的研发和应用，为学生提供实践机会，同时促进非遗的现代转化和创新。实现通过实践活动，如展览、演出、比赛等，让学生将所学理论知识运用到实践中，加深对非遗的理解和传承。

（5）数字化保护与传播。利用现代技术，如数字影像、3D扫描等，对非遗项目进行记录和保护，同时通过网络平台进行传播和教育。

（6）社区和民间合作。与社区和民间组织合作，开展非遗教育和传承活动，让更多人参与到非遗保护中来。

通过这些措施，各文化艺术职业院校不仅能够保护和传承非物质文化遗产，还能培养出更多具有传统文化素养和创新能力的专业人才。

（三）艺术乡建：乡村美学的重塑与发展

1. 整体策略与目标明确

艺术乡建作为一种综合性策略，旨在将艺术融入乡村建设的各个方面，从而推动乡村实现全面振兴。其核心目标是借助艺术的独特力量，全方位激活乡村的各类资源，包括自然资源、文化资源以及人力资源等；创新乡村产业模式，为乡村经济发展注入新的活力；美化乡村的自然环境和人文环境，打造宜居宜游的乡村风貌；复活乡村文明，重拾乡村的历史记忆和文化传承；助力乡村治理，提升乡村社会的和谐稳定程度，最终实现乡村物质生活水平和精神生活水平的双重提升，朝着共同富裕的目标迈进。

2. 具体措施丰富多样

通过总结和分析发现，各文化艺术职业院校在艺术乡建中的具体做法、措施丰富多样。

文化挖掘与传承深入。深入挖掘乡村的传统文化、民俗艺术等，通过艺术教育和活动传承、弘扬这些文化。黑龙江艺术职业学院特聘国家级非物质文化遗产传承人倪秀梅为教授，致力于培养非遗传承人才。通过搭建"专业教师＋企业精英"双导师团队，深化培养机制，提升学生非遗创新能力。学院鼓励师生创新，倪秀梅教授在剪纸创作上突破传统技法，保留传统特色，创作大量获奖作品。同时，学院将现代艺术元素融入传统非遗项目，创作出兼具传统文化底蕴和时代感的作品，为非遗传承开辟新途径，推动了非遗的创新发展。

艺术教育与培训普及。在乡村地区广泛开展艺术教育和培训，提高当地居民的艺术素养和技能。如设立艺术教育中心，定期举办艺术工作坊和讲座，培养乡村艺术人才。四川艺术职业学院提出"艺课·艺建·艺品，塑人·塑境·塑品"计划，通过艺术教育赋能乡村振兴。学院组织师生深入乡村，开展艺术课程培训，提升村民审美能力；通过墙绘、村容改造等项目美化环境，打造宜居乡村；挖掘传统民俗文化，举办艺术节庆活动增强文化自信。该计划入选全国提质培优行动计划，已开展合作项目、美育活动30个，成为艺术教育服务乡村振兴的典范。

环境美化与公共艺术展现。利用艺术改善乡村环境，通过壁画、雕塑等公共艺术作品美化乡村景观，提升乡村形象，增强居民的文化自豪感。南京视觉艺术职业学院设计系与吴墟村合作，为吴墟村精心定制特色设计方案，打造了具有独特魅力的特色乡村，提升了吴墟村的品牌形象和文化软实力。内蒙古美术职业学院绘画与设计学院与乡镇企业密切合作，参与到2家乡镇企业品牌设计与推广中，为乡镇企业绘制墙绘超过3项，助推乡镇文化建设与企业发展。

艺术活动与节庆举办。组织艺术活动和节庆，吸引游客，促进乡村旅游业发展，同时丰富当地居民的文化生活。南昌影视传播职业学院音乐舞蹈系师生受邀参演2022年中国农民丰收节。师生们在晚会上展示了精湛的专业功底和积极向上的精神风貌，参演了其中6个节目，以载歌载舞的形式庆祝江西丰收成果，丰富了乡村居民的文化生活，营造了欢乐的节日氛围，为乡村文化建设增添了色彩。湖南大众传媒职业技术学院组织学生到乡村进行文艺演出，为村民带来丰富多彩的文化体验。学生们表演了歌舞、戏剧、戏曲等节目，展现了他们的艺术才华，同时也丰富了村民的文化生活。

产教融合与创新创业推动。将艺术教育与当地产业发展相结合，支持乡村艺术创新创业。通过艺术设计和创意产品开发，提升当地农产品的附加值，促进经济发展。福建艺术职业学院与企业合作，共建产教融合实践基地，积极鼓励引导教师围绕乡村振兴和产业转型开展创业和技术服务，为乡村振兴插上科技羽翼。选派省级科技特派员3人次，为松溪县春茗茶业专业合作社打造农产品品牌形象、提升公共空间文化氛围献计出力；参与蒲城县大口窑陶瓷文创产品开发，帮助当地陶瓷文化企业开发兼具艺术性和实用性、适应现代生活需要、符合市场消费需求的陶瓷文化创意产品，助力文旅经济发展和乡村振兴工作。

合作与共建协同发展。建立政府、企业、学校与乡村之间的紧密合作关系，共同推进艺术乡建项目。如校地合作，企业和艺术院校合作，共同开展乡村艺术实践活动，实现了资源共享、优势互补，为艺术乡建提供了有力保障。

可见，各院校利用自身专业优势，通过不同的艺术乡建实践方式，不仅弘扬和保护了乡土文化，还促进了乡村振兴和经济发展，同时也为学生提供了实践和学习的机会。

3. 建设成效显著

村容焕新。重庆艺术工程职业学院在重庆市长寿区葛兰镇大坝村等地开展古建筑保护工作，通过测绘和设计，帮助村庄实现"古资源"的活态利用，提升了村容村貌。无锡工艺职业技术学院联合江苏静远建设工程有限公司成立"最美乡村设计研究中心"，与企业合作完成一批大中型乡村建设项目，提升了村容村貌，服务美丽乡村建设。

经济拉动。山东传媒职业学院通过视频制作、电子商务等专业参与农产品电商平台建设，提高了当地农产品的销售效率，推动了农村经济发展。重庆艺术工程职业学院通过乡村振兴实践，帮助农村劳动力再就业，促进了当地经济发展。

文化认同。陕西艺术职业学院通过举办展览和研讨会，展示丰富的非物质文化遗产，增强了社区居民对传统文化的认同。广东舞蹈戏剧职业学院组织学生参与"三下乡"社会实践活动，传播优秀传统文化，增强了乡村居民对自身文化的认同。

这些成效表明，艺术乡建不仅改善了乡村的物理环境，还促进了经济的发展，并加深了社区居民对自身文化的认同感。通过艺术和教育资源的投入，各院校为乡村振兴做出了重要贡献。

三、平台搭建：文化艺术职业教育助力乡村振兴的关键枢纽

（一）平台建设广泛开展

为更好地助力乡村振兴，各文化艺术职业院校积极搭建各类服务平台。在调研的 64 所院校中，约 12.5%（8 所）的院校成立了专门的乡村振兴相关研究平台或机构，涵盖乡村研究院、产业学院等多种形式（见表 3-25）。这些平台整合院校专业资源，聚焦乡村发展需求，在提升人才培养质量、促进乡村文旅融合、传承指尖非遗、推动艺术乡建中发挥着关键作用。许多院校成立乡村振兴设计研究院，旨在为乡村振兴提供全方位的规划设计服务。湖南工艺美术职业学院的乡村振兴设计研究院，凭借专业的设计团队和丰富的实践经验，与多个乡村建立长期合作关系，从乡村整体风貌规划到特色产业发展设计，都提供了专业且具有针对性的方案。部分院校设立新农村手工艺职业能力培养建设研究中心，专注于提升乡村手工艺人的职业技能和创新能力。苏州工艺美术职业技术学院的"新农村手工艺职业能力培养建设研究中心"，通过开展培训课程、组织实践活动等方式，为乡村手工艺人提供学习和交流的平台，促进了乡村传统手工艺的传承与发展。

表 3-25 文化艺术职业院校乡村振兴服务平台建设情况一览表

序号	学校名称	研究平台或中心名称
1	湖南工艺美术职业学院	乡村振兴设计研究院
2	苏州工艺美术职业技术学院	新农村手工艺职业能力培养建设研究中心
3	江南影视艺术职业学院	江南影视艺术职业学院乡村振兴产业学院
4	浙江艺术职业学院	乡村文旅研究中心
5	湖南艺术职业学院	乡村振兴文化服务产业学院
6	四川艺术职业学院	川艺乡村创意设计研创中心
7	重庆文化艺术职业学院	乡村振兴学院
8	云南文化艺术职业学院	乡村振兴学院

（二）平台功能多元发挥

如图 3-14 所示，各院校搭建的乡村振兴服务平台具备多种功能，在理论研究与政策咨询、人才培养与教育、技术转化与推广、文化产业规划与指导、文化研究与传承等方面发挥着重要作用。

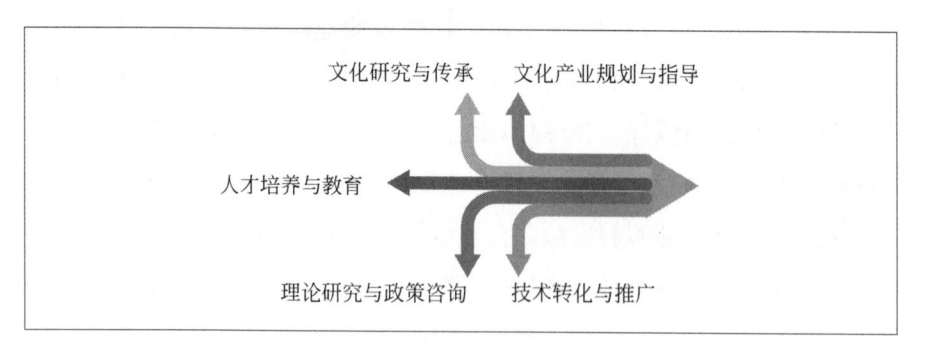

图 3-14　文化艺术职业院校乡村振兴服务平台主要功能

在理论研究与政策咨询方面，浙江艺术职业学院的乡村文旅研究中心，组织专家学者深入研究乡村文化旅游发展的理论与实践问题，为地方政府制定相关政策提供专业建议。该中心撰写的关于乡村文旅融合发展的研究报告，为当地政府规划乡村旅游产业布局提供了重要参考依据。在人才培养与教育方面，湖南艺术职业学院的乡村振兴文化服务产业学院，针对乡村文化及研学文旅行业需求，开设特色课程，培养了大批乡村文化服务技能人才。学院与乡村文化机构合作，为学生提供实习实践机会，使学生在实际工作中提升专业能力，毕业后能够迅速适应乡村文化服务工作岗位。在技术转化与推广方面，四川艺术职业学院的川艺乡村创意设计研创中心，将学院的创意设计成果转化为实际产品和服务，推广到乡村地区。中心研发的乡村特色文创产品，通过与当地企业合作生产和销售，不仅丰富了乡村文化产品市场，还带动了当地相关产业的发展。

（三）平台合作成果丰硕

各院校的乡村振兴服务平台积极与政府、企业、社会组织等多方合作，共同推动乡村建设。江南影视艺术职业学院乡村振兴产业学院与中国水产科学研究院淡水渔业研究中心、无锡金鑫集团股份有限公司合作，整合各方资源，共同开展乡村振兴项目。他们利用学院的艺术创作优势、科研中心的技术优势和企业的资金与市场优势,在乡村品牌建设、文化旅游开发等方面取得了显著成效。平台通过整合各方资源,为乡村带来了先进的技术、充足的资金和广阔的市场渠道。重庆文化艺术职业学院成立乡村振兴学院,通过党建引领、校地合作、文化传承和人才培养等多方面举措,取得了显著成效。该校以党建联建推动组织帮扶,与多地共建实践基地,开展支教、文艺汇演等活动,丰富乡村文化生活。同时,依托专业优势,为乡村提供文旅规划、非遗传承、艺术设计等服务,助力地方文旅产业发展。在人才培养方面,构建"乡村振兴+育人"机制,组织"三下乡"实践,培养专业技术人才,服务乡村建设。学院还通过文艺创作、非遗保护等方式,提升乡村文化软实力,增强居民文化自信。其工作成果被主流媒体报道,形成了可借鉴的乡村振兴示范经验,提升了学校的社会影响力。

四、挑战与展望:文化艺术职业教育助力乡村振兴的未来发展

(一)面临的挑战

1. 资源整合的困难

文化艺术职业院校助力乡村振兴需整合多方资源,但面临诸多难题。多方利益协调难度大,各方对乡村振兴目标、方法和成果预期不同,沟通协调困难,资源分配难以公平高效,责任义务界定不清,信息共享不畅。资源分配受资金、人力、设备技术、时间空间等限制,公平性和效率难以保障。跨领域合作成本高,艺术院校与非艺术领域机构在沟通方式、思维模式、利益目标、资源能力等方面存在差异,管理协调难度大,风险责任分配有争议。城乡文化差异导致沟通障碍、文化认同问题,影响项目实施和社区参与,在文化传承创新中需谨慎平衡。

文化艺术职业院校在整合资源助力乡村振兴时面临多重现实挑战。首先,多方利益协调难度较大,政府、企业、院校和村民等参与方的目标存在明显差异:政府注重政策落地的可视成果,企业追求短期经济效益,院校侧重教学实践与成果转化,而村民更关注实际生活改善。这种目标分

歧导致资源分配难以公平高效，常出现责任划分模糊、信息共享不畅等问题。其次，资源配置存在结构性矛盾，受资金、技术、人力等条件限制，既存在重复建设造成的资源浪费，又面临偏远地区基础资源供给不足的困境。再次，跨领域合作成本较高，艺术院校与农业、科技等领域的机构在专业思维、管理模式上存在"沟通温差"。最后，城乡文化差异形成隐性阻碍，城市化的创新理念有时难以融入乡村传统语境，比如现代艺术改造若忽视在地文化认同，可能引发村民抵触情绪，影响项目可持续性发展。

2. 文化保护与发展的平衡问题

文化艺术职业院校在乡村振兴中面临文化保护与发展的核心矛盾，具体表现为三重张力关系。其一，传统性与现代性融合困境，过度追求文化现代化易导致本土特质流失，而固守传统形态又难以适应现代审美与功能需求，形成"形存神失"的异化风险。其二，传承主体断层与创新边界模糊并存，青年群体对传统技艺认同度降低致使传承链条断裂，同时创新实践若突破文化内核可能解构其核心价值。其三，短期经济利益与长期文化效益冲突，商业化开发虽能激活文化资源，但过度市场导向易造成文化符号滥用与内涵空心化。

3. 长效机制构建的难题

文化艺术职业院校助力乡村振兴的长效机制面临三大难题。一是资金投入缺乏持续保障，依赖财政拨款的文化教育项目易受预算优先级调整影响，常出现资金延迟或中断，导致项目周期延长甚至停滞，影响乡村合作信任。二是政策稳定性不足，宏观环境变化或地方财政压力可能压缩项目支持，加之缺乏科学评估机制，政策波动易造成资源浪费和项目中断风险。三是多元协作效率低，政府、院校、企业、村民之间目标差异显著，政府重显性成效，院校重成果转化，企业求投资回报，村民需实际受益。目标分歧导致资源分配、责任划分难以协调，且缺乏长效沟通机制，易形成低效内耗。

（二）未来展望

1. 构建多方协同的资源聚合网络

面对资源整合难题，文化艺术职业院校需主动作为。一方面，建立多方沟通协调机制，定期组织政府、企业、社会组织等相关方参与的交流会议，深入探讨乡村振兴目标、资源分配方案等关键问题，明确各方责任义务，搭建高效的信息共享平台，以此解决利益协调与信息共享问题。另一方面，拓宽资源筹集渠道，积极争取政府专项扶持资金，与企业合作开展项目获取资金支持，鼓励社会捐赠并合理分配资金；同时，充分利用互联网和新媒体技术整合线上教育资源，打破时间与空间限制，为乡村提供丰富的学习资料。此外，加强跨领域合作协同，邀请非艺术领域专家参与院校课程设计，培养学生跨领域合作能力；与非艺术机构联合开展项目，在实践中磨合合作模式，降低合作成本，推动城乡文化融合，促进乡村振兴项目顺利实施。

2. 促进文化保护与发展协同共进

针对文化保护与发展的平衡问题，文化艺术职业院校应积极探索有效路径。在文化融合方面，深入研究乡村传统文化，挖掘其中具有现代价值的元素，将其融入艺术设计、文化创意等专业课程，开发出既保留传统文化内涵又符合现代审美的文化产品。在传承人培养方面，设立专项奖学金，鼓励年轻人学习传统文化技艺；与中小学合作开展非遗进校园活动，培养青少年对传统文化的兴趣；邀请非遗传承人走进校园举办讲座和工作坊，增强学生对传统文化的认同感。在创新与保护平衡方面，建立文化创新审核机制，确保创新在保留传统文化核心价值的基础上进行；鼓励学生参与文化创新实践，在实践中把握创新尺度。在应对市场与保护冲突时，制订乡村文化商业化规范，明确开发边界；在开发乡村文化产品时，引导企业注重文化内涵保护，实现文化与经济的双赢。

3. 深化可持续的校地共生机制

为解决长效机制构建难题，文化艺术职业院校需完善资金、政策与利益相关者协调机制。在资金保障方面，推动政府设立乡村文化艺术发展专项资金，确保资金稳定投入；鼓励金融机构开发针对乡村文化产业的金融产品，为项目提供贷款支持；引导企业和社会组织设立乡村文化艺术投资基金，拓宽资金来源。在政策应对方面，加强政策研究团队建设，及时解读政策变化，为院校制定发展策略提供依据；与政府部门保持密切沟通，参与政策制定过程，争取有利政策；建立政策风险预警机制，提前做好应对政策变动的准备。在利益相关者协调方面，构建合理的利益分配机制，根据各方贡献合理分配项目收益；建立纠纷调解机制，及时解决合作过程中的矛盾；制订共同发展目标，增强各方合作动力，形成稳定的协作关系，推动乡村振兴项目长期稳定发展。

在乡村振兴的伟大征程中，文化艺术职业教育以其独特的专业优势与实践活力，正成为连接传统与现代、城市与乡村的重要纽带。本报告通过聚焦人才培养、文化服务与产业扶持三大领域，展现了文化艺术职业教育在激活乡村资源、赋能文化传承、驱动经济创新中的多维价值。值得强调的是，这些实践探索与国家"千万工程"的战略目标高度契合。无论是指尖非遗的活态传承、艺术乡建的村容焕新，还是文旅融合的产业升级，均呼应了"千万工程"对乡村全面振兴的顶层设计要求——以文化塑魂、以生态筑基、以产业富民。未来，文化艺术高职院校将继续以"千万工程"为引领，深化校地协同、创新服务模式，为打造"各美其美、美美与共"的现代乡村贡献智慧与力量。

乡村振兴本质是人与文化的振兴。通过文化艺术职业教育的深耕、社会力量的汇聚，让每一寸土地都焕发生机，让每一处村落都成为传承文明、孕育希望的沃土。

附 录

附录一　图　索　引

分报告1：中国文化艺术高等职业教育年度报告（2022—2023年）

图 2-1　全国文化艺术大类——艺术设计类专业开设情况

图 2-2　全国文化艺术大类——表演艺术类专业开设情况

图 2-3　全国文化艺术大类——文化服务类和民族文化艺术类专业开设情况

图 2-4　全国文化艺术高等职业院校在校生规模

图 2-5　2023年各院校毕业生人数分布情况

图 2-6　2023年文化艺术类高职毕业生去向落实率

图 2-7　2023年文化艺术类高职毕业生平均月收入占比分布

分报告2：中国文化艺术中等职业教育年度报告（2022—2023年）

图 2-8　全国文化艺术中等职业学校省域分布统计

图 2-9　全国文化艺术中等职业学校办学性质占比情况

图 2-10　全国中等职业学校表演艺术类专业设置数量及比例

图 2-11　全国中等职业学校艺术设计类专业设置数量及比例

图 2-12　全国中等职业学校民族文化艺术类专业设置数量及比例

图 2-13　全国中等职业学校文化服务类专业设置数量及比例

图 2-14　文化艺术中等职业学校省级行政区学生总规模

图 2-15　文化艺术中等职业学校省级行政区平均每所学校规模

图 2-16　文化艺术中等职业学校直接就业情况

图 2-17　文化艺术中等职业学校不同生师比学校数量分布

图 2-18　文化艺术类中等职业学校学生及教师总量情况

图 2-19　文化艺术类中等职业学校平均每所学校学生和教师数量情况

专题报告 1：中国文化艺术职业教育"三教"改革报告（2022—2023 年）

图 3-1　全国各类别文化艺术职业院校"三教"改革国家级成果数量及占比

图 3-2　全国文化艺术职业教育 4 个专业类取得的教材类成果数量及占比

图 3-3　全国文化艺术职业院校高级专业技术职务专任教师比例

图 3-4　全国文化艺术职业院校双师素质专任教师比例

图 3-5　全国文化艺术职业院校教材编写数量

图 3-6　全国文化艺术职业院校校企合作教材编写数量

图 3-7　全国文化艺术职业院校新形态教材编写数量

图 3-8　全国文化艺术职业院校课证融通课程数量

专题报告 3：中国文化艺术职业教育致力文化传承发展报告（2022—2023 年）

图 3-9　文化艺术职业院校工作室主要功能分布

图 3-10　文化艺术职业院校革命文化开展形式比率

图 3-11　文化艺术职业院校文化传承协同合作模式类型

专题报告 4：中国文化艺术职业教育助力乡村振兴发展报告（2022—2023 年）

图 3-12　文化艺术职业院校开设乡村相关专业统计

图 3-13　浙江艺术职业学院定向培养乡村文化服务人才招生情况统计

图 3-14　文化艺术职业院校乡村振兴服务平台主要功能

附录二 表 索 引

分报告 1：中国文化艺术高等职业教育年度报告（2022—2023 年）

表 2-1　全国文化艺术高等职业院校数量分布统计

表 2-2　全国文化艺术高等职业院校省域分布统计

表 2-3　全国职业本科院校开设文化艺术类专业情况

表 2-4　全国职业本科文化艺术职业院校省域分布统计

表 2-5　全国文化艺术类职业本科专业布点数量

表 2-6　全国文化艺术高等职业院校"全国党建工作样板支部"名单

表 2-7　全国高校思想政治理论课教学展示获奖教师名单（第二届、第三届）

表 2-8　全国高校大学生讲思政课公开课展示活动获奖名单（第六届、第七届）

表 2-9　全国高校大学生微电影展示活动获奖作品名单（第六届、第七届）

表 2-10　全国文化艺术职业院校"学习二十大　铸魂育新人"课程思政展示优秀名单

表 2-11　第四届"梨花杯"全国青少年戏曲教育教学成果展示活动名单

表 2-12　第八届中国校园戏剧节入选名单

表 2-13　第十四届全国舞蹈展演参演作品名单

表 2-14　2023 年文化艺术类高职毕业生人数排名

附　录

表 2-15　2023 年文化艺术类高职毕业生本省去向落实率

表 2-16　2023 年文化艺术类高职毕业生面向三次产业就业的院校分布（前十）

表 2-17　2023 年文化艺术类高职毕业生就业满意度

表 2-18　2023 年文化艺术类高职毕业生专升本占比分布（前十）

表 2-19　2023 年文化艺术类高职毕业生自主创业高于总体水平院校分布

表 2-20　2023 年文化艺术类高职毕业生选择到西部和东北地区就业分布前十名院校

表 2-21　中国特色高水平高职学校建设单位（文化艺术类）

表 2-22　省级双高专业群建设单位（文化艺术类）

表 2-23　第十三届"桃李杯"全国青少年舞蹈教育教学成果展示活动精品课

表 2-24　省部级以上科研项目立项清单

表 2-25　文化和旅游系统青年科研人才扶持计划入选项目

表 2-26　国家艺术基金（一般项目）项目统计

分报告 2：中国文化艺术中等职业教育年度报告（2022—2023 年）

表 2-27　全国文化艺术中等职业学校学生规模院校数量

表 2-28　第十三届"桃李杯"全国青少年舞蹈教育教学成果展示活动优秀学校

表 2-29　第四届"梨花杯"全国青少年戏曲教育教学成果展示活动入选名单

表 2-30　艺术类全国职业院校技能大赛（中职组）获奖名单

表 2-31　文化艺术中等职业学校参与其他重要艺术专业赛事

表 2-32　文化艺术中等职业学校第三届 CEFA 全国艺术职业教育舞蹈教学群舞剧目展演

表 2-33　2023 年文化艺术中等职业学校学生全部实现升学的学校名单

表 2-34　2023 年学生全部升入本科的学校名单

表 2-35　文化艺术类部分国家级重点中等职业学校建设名单

表 2-36　省级双优计划文件及部分内容摘要

表 2-37　全国省级文化艺术类高水平学校建设名单
表 2-38　全国文化艺术中等职业教育专业简介研制清单
表 2-39　全国文化艺术中等职业学校部分国家及省级精品课程（国家职业教育智慧教育平台）
表 2-40　全国文化艺术中等职业学校部分国家及省级精品课程（中职艺术类学校质量年报）
表 2-41　第三届CEFA全国艺术职业教育舞蹈教学精品课程展示
表 2-42　全国文化艺术中等职业学校部分"十四五"职业教育国家规划教材
表 2-43　文化艺术中等职业学校内班主任、思政教师、体育和美育专任教师情况
表 2-44　文化艺术中等职业学校全国职业院校技能大赛教学能力比赛名单
表 2-45　2023年文化艺术中等职业学校接收国外留学生数据

专题报告1：中国文化艺术职业教育"三教"改革报告（2022—2023年）

表 3-1　"三教"改革相关国家级重大成果项目清单
表 3-2　独立建制的高等职业艺术院校"三教"改革相关国家级重大成果排行榜
表 3-3　综合性艺术职业院校"三教"改革相关国家级重大成果排行榜
表 3-4　其他高等职业院校艺术类专业"三教"改革相关国家级重大成果排行榜
表 3-5　"三教"改革教师类相关国家级重大成果获取情况列表
表 3-6　文化艺术职业教育提质培优行动计划"双师型"师资培养项目
表 3-7　独立建制的高职艺术院校教材类改革相关国家级重大成果排行榜
表 3-8　独立建制的高职艺术院校教法改革相关国家级重大成果排行榜
表 3-9　部分独立建制的综合性高职艺术院校省级教学成果奖获奖情况
表 3-10　文化艺术职业教育教师类国家级项目获取情况列表
表 3-11　入选国家级教学资源库的文化艺术大类专业教学资源库名单
表 3-12　2022年职业教育国家级教学成果奖获奖情况列表（文化艺术类）
表 3-13　与文化艺术大类专业有关的"1+X"证书列表

专题报告 2：中国文化艺术职业教育产教融合发展报告（2022—2023 年）

表 3-14　中国艺术职业教育学会 2022 年度技能大师工作室建设项目

表 3-15　文化艺术职业学院产教融合校企合作典型案例名单

表 3-16　文化艺术职业院校行业产教融合共同体建设情况

表 3-17　文化艺术职业院校职业教育集团（产教联盟）建设情况

表 3-18　文化艺术职业院校产业学院建设情况

表 3-19　中国艺术职业教育学会 2022 年度现代学徒制试点建设项目

专题报告 3：中国文化艺术职业教育致力文化传承发展报告（2022—2023 年）

表 3-20　文化艺术高等职业院校建有国家级、省级"双高"专业群一览表

表 3-21　文化艺术职业院校与非遗传承人合作的主要形式

表 3-22　文化艺术职业院校文化传承基地的主要类型

表 3-23　文化艺术高等职业院校入选国家艺术基金的情况统计

专题报告 4：中国文化艺术职业教育助力乡村振兴发展报告（2022—2023 年）

表 3-24　文化艺术职业院校文化旅游相关二级学院设置一览表

表 3-25　文化艺术职业院校乡村振兴服务平台建设情况一览表

附录三 案例索引

分报告 1：中国文化艺术高等职业教育年度报告（2022—2023 年）

典型案例 2-1　党建助力"三全育人"畅通育人"最后一公里"（上海工艺美术职业学院）

典型案例 2-2　数字化手段助力非遗文化传承，以赛促教赛教融合推动双创提质（苏州工艺美术职业技术学院）

典型案例 2-3　拓展学生实习就业渠道（山西艺术职业学院）

典型案例 2-4　"三驾马车"打造艺术职教人才培养"湖艺模式"，服务"三高四新"美好蓝图（湖南艺术职业学院）

典型案例 2-5　打造黄大年式教师团队，培养新时代湘绣工匠（湖南工艺美术职业学院）

典型案例 2-6　浙江非遗传习院暨非遗创意产业学院成立（浙江艺术职业学院）

典型案例 2-7　产教同频，打通服务区域高质量文艺作品生产新链条（四川艺术职业学院）

典型案例 2-8　政校行企携手，共促职教生动实践（重庆文化艺术职业学院）

典型案例 2-9　弘扬红色革命文化，致敬闽西儿女（福建艺术职业学院）

典型案例 2-10　舞动文化艺术嘉年华，共建友好交流新篇章（北京戏曲艺术职业学院）

分报告 2：中国文化艺术中等职业教育年度报告（2022—2023 年）

典型案例 2-11　开学第一课"敬师三礼"（浙江艺术学校）
典型案例 2-12　专业赛事助力职业舞蹈之路（上海戏剧学院附属舞蹈学校）
典型案例 2-13　中职学校职普融通探索（北京市国际美术学校）
典型案例 2-14　校企共建国家级在线精品课程（浙江省湖州艺术与设计学校）
典型案例 2-15　开发职业教育国家规划教材（济南传媒学校）
典型案例 2-16　全国教师教学技能比赛一等奖（广州市艺术学校）
典型案例 2-17　打造"行走的课堂"（中国美术学院附属中等美术学校）
典型案例 2-18　惠及边疆少数民族学子的暖心工程（山东省威海艺术学校）
典型案例 2-19　全面推进昆曲社会考级工作（苏州市艺术学校）
典型案例 2-20　打造国际艺术职教联盟（深圳艺术学校）